Archibald Hart

DAMIT DIE WUNDEN HEILEN

Archibald Hart

Damit die Wunden heilen

So werden Kinder mit der Scheidung ihrer Eltern fertig

Bibliografische Information Der Deutschen Bibliothek
Die Deutsche Bibliothek verzeichnet diese Publikation in der Deutschen Nationalbibliografie; detaillierte bibliografische Daten sind im Internet über http://dnb.ddb.de abrufbar.

ISBN 3-86122-637-5

Originaltitel: Helping children survive divorce

Published by Word Publishing, Dallas, USA

35037 Marburg an der Lahn
Deutsch von Ingo Rothkirch
Umschlaggestaltung: Henri Oetjen, Design Studio Lemgo
Satz: Verlag der Francke-Buchhandlung GmbH
Druck: Ebner & Spiegel, Ulm

Ratgeber-Taschenbuch

Inhaltsverzeichnis

Vorwort

Sind Scheidungskinder anders als „normale“ Kinder? Auf den ersten Blick scheint es nicht so zu sein. Sie verhalten sich wie alle anderen Kinder auch: sie lachen und weinen, tragen coole Klamotten und kennen die gängigen Serienstars. Worin sollen sie sich dann unterscheiden? Es gibt diesbezüglich durchaus einiges. Meine Meinung gründet sich sowohl auf eigene, persönliche Erfahrungen als auch auf Erkenntnisse, zu denen ich durch meinen Beruf gelangt bin.

Meine Eltern ließen sich scheiden, als ich zwölf war. Dieses Ereignis hat mein weiteres Leben verändert. Als Psychotherapeut habe ich im Lauf der Jahre mit vielen gearbeitet, die von der Scheidung der Eltern betroffen waren. Meine Frau und ich haben zudem für Geistliche, Ehepaare und Geschiedene zahlreiche Seminare gehalten. Die dabei gewonnenen Erfahrungen haben mich überzeugt, dass Kinder, die eine „normale“ Eheauflösung mit Zank und Streit miterleben, das nicht ohne Schäden überstehen.

Warum müssen wir uns mit dieser Tatsache abfinden? Eine Scheidung ist zwar längst nicht mehr so stigmatisierend wie früher, dennoch bleibt sie ein wesentlicher Eingriff in das Leben eines Kindes. Durch die Trennung wird eine Serie von schmerzenden Ereignissen in Gang gesetzt, die wiederum andere Veränderungen und Anpassungen nach sich ziehen, mit denen viele Kinder oft völlig überfordert sind. Eine derartige Entwurzelung wird *immer* Spuren hinterlassen. Entscheidend dabei ist, wie tief die Wunde geschlagen wurde und was davon zurückbleibt, wenn der Sturm sich gelegt hat. Dann nämlich fangen die Schwierigkeiten erst richtig an. Nach der Scheidung ist die Verbitterung meist groß. Deshalb wird in dieser Zeit oft mehr Schaden angerichtet als bei der Trennung selbst. Es kommt zu Verwundungen, die bei allen Beteiligten, vor allem aber bei den Kindern, bleibende Narben hinterlassen.

Ich habe genug gesehen und miterlebt, was mich überzeugt hat, dass eine Scheidung auf keinen Fall der harmlose „Unfall" ist, nach dem man mit der lapidaren Bemerkung zur Tagesordnung übergehen kann: „Die Kinder werden schon darüber hinwegkommen" – wie es viele heute behaupten. Wenn Eheleute sich trennen, ist dies ein ausgesprochen komplexes Geschehen, das Ursache für mannigfache psychische Probleme ist. Es kommt zu einer Krise mit ungeahnten Folgen. Und Kinder auf der ganzen Welt sind davon betroffen.

Was ich in diesem Buch an Erkenntnissen zusammengetragen habe, wird von Forschungsergebnissen gestützt: Eine Scheidung hat immer schwerwiegende Folgen für die beteiligten Kinder. Der angerichtete Schaden jedenfalls ist in den meisten Fällen ernster und lange nicht so schnell behoben, wie die Befürworter zügig eingeleiteter Scheidungen behaupten. Es gibt nur wenige Soziologen und Psychologen, die eine gegenteilige Meinung vertreten.

Ich will hier allerdings nicht den Eindruck erwecken, die Lage nach einer Scheidung sei hoffnungslos. Ich habe die gute Nachricht für Sie: Scheidungskinder müssen längst nicht immer dauerhaft geschädigt und gezeichnet sein. Viel hängt davon ab, wie sich die beteiligten Eltern verhalten und wie sie ihren Kindern helfen, über die Trennung hinwegzukommen. Es kann sogar vorkommen, dass getrennt lebende Eltern bei richtiger Begleitung ihre Kinder mit besseren Ergebnissen erziehen, als wenn sie zusammengeblieben wären. Scheidungskinder meistern ihr Leben unter Umständen selbständiger und erfolgreicher. Wer das erreichen will, muss sich aber einsetzen und engagieren. Was wir im konkreten Fall tun müssen und können, ist das Thema dieses Buches.

Sind Kinder gläubiger Eltern bei einer Scheidung besser gerüstet als andere? Ich meine nicht! Ich behaupte sogar, dass sie vielfach schlechter dran sind. Weshalb? Zu den Problemen, mit denen sich jedes Scheidungskind konfrontiert sieht, muss sich das Kind aus einem gläubigen Elternhaus auch noch mit der Tatsache abfinden, dass es mit dem elterlichen Glaubenssystem nicht gelungen ist, den Ehekonflikt zu vermeiden. „Warum hat Gott nicht dafür gesorgt, dass sich Mutti und Papa mögen?“ Und: „Warum hat Gott meine Gebete nicht erhört?“ Ein Scheidungskind verliert schnell das Vertrauen in den Glauben und wird sich ernsthaft fragen, ob geistliche Werte praktische Bedeutung im Leben haben.

Zweck dieses Buches ist es, Eltern, die sich scheiden lassen, mit Rat zur Seite zu stehen – jedoch nicht nur ihnen. Es möchte allen Erwachsenen helfen, die in irgendeiner Form Umgang mit betroffenen Kindern haben. Vor allem Großeltern können – wie wir sehen werden – sehr viel dazu beitragen, dass die schädliche Langzeitwirkung einer Scheidung minimiert wird. Aber auch andere Angehörige, Freunde und sogar die Lehrer können dazu beitragen.

Ich möchte Schaden mildern. Ein Kind aber ganz und gar vor Leid zu bewahren, ist nicht nur unrealistisch, sondern auch nicht unbedingt hilfreich. Um unseren Charakter zu formen, müssen wir lernen, mit Leid umzugehen. Bäume, die vom Sturm verschont werden und so in die Höhe schießen, werden leicht entwurzelt. Erst die Windlast sorgt dafür, dass sich starke Wurzeln im Boden verkrallen. Geschiedene Eltern dürfen deshalb hoffen, dass das Unglück, das sie heraufbeschworen haben, sich zu einem Sturmwind wandelt, der zur persönlichen Reife ihrer Kinder beiträgt.

Archibald Hart

1. Geschiedene Eltern – und ich war erst zwölf

„Davon geht die Welt nicht unter." Immer wieder hat meine Mutter versucht, mich mit diesen Worten zu beruhigen. Wie aber überzeugt man einen Zwölfjährigen, dass das Auseinanderbrechen seiner Familie nicht der endgültige Verlust von Geborgenheit und Verlässlichkeit im Leben ist?

Meine Mutter packte unsere Koffer. Mein Bruder, der damals erst zehn war, schien weit weniger besorgt zu sein als ich. Er war allerdings auch schon dafür bekannt, hart im Nehmen zu sein. Er weinte nie, so sehr er sich auch wehgetan hatte. Und er nahm jede Prügel meiner Eltern hin, ohne mit der Wimper zu zucken. Beim Anblick der vielen Koffer und Taschen, die meine Mutter um sich verstreut hatte, geriet er so aus dem Häuschen, als würde es auf eine Sommerreise gehen.

In der typischen Manier des älteren Bruders sagte ich mir damals: „Er ist einfach noch zu klein, um zu begreifen, was hier abläuft. Ich werde ihm beistehen müssen, wenn er es begreift."

Ich war wütend auf meine Mutter. Wie konnte sie uns das antun? Hatte sie den Verstand verloren? Ich hatte zwar mitbekommen, dass sie schon längere Zeit nicht mehr glücklich war. Konnte aber Weglaufen das Problem lösen? Ich versuchte es mit Betteln: „Überleg es dir doch noch einmal! Merkst du nicht, was für eine Angst ich habe?" Doch sie meinte nur, ich sei zu jung, um zu verstehen, was Erwachsene durchmachen.

Es gelang mir nicht, meine Mutter zur Vernunft zu bringen. Meine Gefühle fuhren Achterbahn mit mir. Man hatte mir eine Last zu tragen gegeben, die viel zu schwer war für mein junges Leben. Ich fühlte mich hilflos wie ein kleines Kind, fing an zu weinen – zunächst schluchzend, was schließlich in Wutschreien endete, die einzig meiner Mutter galten. Ich schrie sie an, dass ich sie hasse. Doch sie nahm das anscheinend nicht zur Kenntnis. Sie wusste, wie man mit Kindern umgeht, die außer sich geraten sind.

Ich weiß nicht mehr genau, was danach geschah. Ich besinne mich nur noch, dass ich Herzschmerzen bekam und mich in ein anderes Zimmer zurückzog.

Ich grübelte darüber nach, wie alles gekommen war. Meine Mutter hatte keineswegs offen gesagt: „Ich werde mich scheiden lassen." Es sollte nur eine vorübergehende Trennung sein. Entweder war sie sich selber noch nicht im Klaren, was sie wirklich wollte, oder sie wollte mich möglichst schonend mit der Realität vertraut machen. Doch ich hatte längst begriffen, was vor sich ging. Und die Tatsache, dass sie nicht ehrlich zu mir war, machte alles nur noch schlimmer. Rückblickend kann ich sagen, dass meine Angst deswegen so genährt wurde, weil ich so wenig wusste. Hätte sie mich damals stärker ins Vertrauen gezogen, wäre ich mit der Situation bestimmt viel besser zurechtgekommen.

Warum wollte meine Mutter die Scheidung?
Nachdem ich viele ganz persönliche Berichte von anderen Schicksalen gehört habe, habe ich festgestellt, dass die Erfahrungen der allermeisten Betroffenen ziemlich gleich sind.

Bereits jahrelang hatten sich meine Eltern häufig und heftig gestritten. Wenn ich heute darüber nachdenke, ist mir immer noch nicht ganz klar, warum ihre Ehe so konfliktbeladen war. Vielleicht weil meine Eltern sehr jung geheiratet hatten, bevor sie richtig erwachsen waren. In den 30er Jahren hatte die Weltwirtschaftskrise auch Südafrika nicht verschont. Arbeit war knapp, und so entschloss sich mein Vater, dorthin zu ziehen, wo er bessere Aussichten auf Arbeit in den Goldminen hatte. Vorher heiratete er noch seine Jugendliebe, um zu vermeiden, dass die weite räumliche Trennung zu Komplikationen führte. Die beiden haben zu früh geheiratet. Als sie reifer und erwachsener wurden, lebten sie sich dann mehr und mehr auseinander.

Das sind aber noch nicht alle Gründe. Ihr Unvermögen, miteinander recht ins Gespräch zu kommen, war eine weitere Ursache von Konflikten. Man muss allerdings dabei bedenken, dass vor dem Krieg kaum jemand über die Qualität ehelicher Kommunikation nachdachte. Dennoch waren meine Großeltern glücklich verheiratet. Ihnen gelang es, auch im Konfliktfall einen Gedankenaustausch zu führen, selbst wenn es noch so kriselte. Meine Eltern dagegen konnten nicht einmal bei kleinen Meinungsverschiedenheiten einen gemeinsamen Nenner finden.

Beide fühlten sich durch ihre Lebensumstände verunsichert. Das ging damals vielen Menschen so. Wenn der Lebensunterhalt durch die wirtschaftlichen Verhältnisse nicht gesichert ist, gerät man schnell aus dem seelischen Gleichgewicht. Diese allgemeine Verunsicherung machte sie gereizt und eifersüchtig. Jeder wollte sich des anderen bemächtigen. Besonders bei meinem Vater machte sich das in seiner Herrschsucht bemerkbar. Es gab keinen Freiraum in dieser Beziehung und keine Freude am vertrauten Miteinander.

Manchmal beschäftigt mich die Frage, ob die Ehe meiner Eltern überdauert hätte, wenn sie Christen gewesen wären – ich meine gläubige Christen. Kirchgänger waren sie allemal. Sie achteten darauf, dass mein Bruder und ich regelmäßig die Kinderstunden während des Gottesdienstes besuchten. Dafür bin ich ihnen noch heute dankbar. Soweit ich mich erinnere, gab es in meiner Jugend keine Zeit, in der wir nicht regelmäßig zur Kirche gingen. Sie erzogen uns zu Ehrlichkeit und Aufrichtigkeit. Aber sie kannten den Gott nicht persönlich, der sich ihrer Verletzungen hätte annehmen können und der ihnen helfen konnte, Vergebung zu schenken und anzunehmen. Wäre ihre Ehe zu retten gewesen, wenn sie gewusst hätten, wie man die geistlichen Kraftquellen anzapft? Ich glaube, sie hätten es geschafft!

Die emotionalen Folgen

In den Monaten nach unserem Auszug wohnten wir zunächst in einer Pension. Dann zogen wir in eine richtige Wohnung. Mein Vater litt später sehr unter der Trennung und bekam Depressionen. Er versuchte alles, um meine Mutter noch umzustimmen. Aber sie ließ sich nicht darauf ein. Eines Tages reichte sie dann die Scheidung ein, und die Würfel waren für viele Veränderungen in unserem Leben gefallen.

Wie wirkte sich das auf mein Seelenleben aus? Ich war schrecklich unglücklich, schlief schlecht und verlor das Interesse an meinen Hobbys. Ich hatte keine Lust mehr, zur Schule zu gehen, weil ich keine Zukunftsperspektive mehr sah. Ich kann mich deshalb recht gut in meinen 12-jährigen Enkel hineinversetzen, der sich auch mit dem Verlust des Vaters auseinander setzen muss. Dieser starb vor neun Monaten bei einem tragischen Verkehrsunfall. Mein Enkel sieht heute genauso pessimistisch in die Zukunft wie ich damals, denn das Leben, das er kannte, ist vorbei. So empfand auch ich damals.

Ich wurde vom pflegeleichten Kind zum Problemfall. Ich fing an, Dinge zu tun, die meine Eltern ärgerten. Heute glaube ich, dass ich das nur tat, um die Aufmerksamkeit meiner Mutter zu bekommen.

Mir ist jetzt natürlich klar, dass ich es mit meinen Verhaltensweisen darauf anlegte, meine Eltern für ihr Tun zu bestrafen. Vermutlich habe ich darauf spekuliert, dass sie wieder zusammenleben würden, wenn sie mitbekämen, wie schlecht es mir ging. Vielleicht wäre unsere Geschichte dann wie viele Märchen ausgegangen: „Und sie lebten glücklich und zufrieden ..." So ist es allerdings nicht gekommen. Meine Eskapaden wurde weitgehend ignoriert. Mutter war viel zu beschäftigt mit ihrem eigenen Schmerz und hatte nicht mehr die Kraft, sich mit meinen Belangen auseinander zu setzen.

Nach und nach gab ich meine Versuche auf, mich durch Aufmüpfigkeit verständlich zu machen, und meine eigentliche Trauerarbeit begann. Ich trauerte tatsächlich so, wie wenn ein geliebter Mensch gestorben wäre. Mir dämmerte, was für eine Tragweite diese Scheidung für mein Leben haben würde. Der seelische Schmerz ergriff nun Besitz von meinem Verdauungstrakt. Inzwischen weiß ich, dass dies das Zeichen für einen Gefühlswandel war: Die Angst (in der Brust) wich der Resignation (im Bauch). Das jedoch war der Anfang eines Heilungsprozesses. Ein verkrampfter Unterleib ist ein gutes Zeichen dafür!

Ich weiß nicht mehr genau, wie lange ich getrauert habe, meine aber, nach drei bis vier Wochen das Gröbste überstanden zu haben. Es folgte jedoch eine Zeit unterschwelliger Depressionen, die lange anhielt. Auf Zeiten, in denen ich zur Ruhe kam, folgten wieder Phasen tiefer Traurigkeit, und zwar immer dann, wenn mir ganz neu der Verlust von Dingen bewusst wurde, an die ich zuvor überhaupt noch nicht gedacht hatte. Damit Eltern verstehen, wie ein Kind die Scheidung seiner Eltern erlebt, möchte ich ein paar von jenen Dingen nennen, die ich damals als größten Verlust empfunden habe:

* *Ich hatte mein Elternhaus verloren.*
* *Ich hatte meine Freunde aus der Nachbarschaft nicht mehr.*
* *Wir hatten kein Auto mehr (das hatte mein Vater behalten).*

* *Unserer Lebensstandard sank dramatisch.*
* *Wir machten keine gemeinsamen Ausflüge mehr.*

Das waren Veränderungen in meinem Leben, die ich als echten Verlust erlebte. Darüber hinaus gab es noch viele Dinge, die ich zwar nur unbewusst vermisste, also nicht konkret benennen konnte, die aber dennoch zu meinem Schmerz beitrugen.

Zu den peinlichen Unabwendbarkeiten, die ich damals durchzustehen hatte, gehörte es, meinen Freunden von der Scheidung zu erzählen. Scheidungen kamen zwar immer häufiger vor, trotzdem haftete ihnen immer noch eine gewisse Aura des Mysteriösen an. Und so kam es, dass die Kinder aus der Nachbarschaft, als sie es mitbekamen, nicht so sehr ihr Mitgefühl zeigten, sondern selber Furcht bekamen, auch ihnen könne ähnliches Missgeschick passieren.

Einer meiner Freunde erzählte mir, dass Kinder von geschiedenen Eltern selber auch meist nicht lange verheiratet blieben. Was würden also die Eltern eines Mädchens denken, wenn sie erführen, dass ich ein Scheidungskind bin?

Irgendwann begann ich, Mädchen als begehrenswert zu betrachten. Vorbei war die Zeit, da sie nur ein lästiges Ärgernis waren. Besonders ein Mädchen erregte meine Aufmerksamkeit. Sie mochte mich und lud mich eines Tages zu sich nach Hause ein, wo ich ihre Eltern kennen lernen sollte. Durfte ich ihnen verheimlichen, ein Scheidungskind zu sein? Wie würden sie darauf reagieren, wenn ich es verschwieg? Um der Peinlichkeit zu entgehen, zog ich mich zurück und bereitete mich innerlich darauf vor, mein

Leben als Eremit zu verbringen. Ich bin dann doch kein Einsiedler geworden, aber ich habe noch längere Zeit soziale Kontakte gemieden. Mein eigenes Ich rückte ins Zentrum meiner Aufmerksamkeit. Ich hatte zudem das Gefühl, man würde mich meiden wie einen Aussätzigen.

Einmal wurde in der Kirche die Geschichte von Jesus und der Heilung des Aussätzigen erzählt. Der Aussätzige bewegte mich besonders, denn ich wusste ja, was es bedeutet, sich wie ein Ausgestoßener zu fühlen, der andere vor der Annäherung warnen muss, damit sie sich nicht anstecken. Ich fühlte mich damals tatsächlich wie ein Aussätziger.

Was ich für meine Mutter empfand

Nachdem die Mutter uns aus unserer gewohnten Umgebung gerissen hatte, traf sie mein ganzer Zorn. Schließlich war sie es, durch die unsere Familie endgültig zerbrach. In meiner ohnmächtigen Wut wollte ich ihr Leid zufügen, sie am liebsten körperlich bestrafen.

Wenn ein Kind so von Gefühlen überwältigt wird, kann es nicht mehr klar denken. Den Kummer meiner Mutter nahm ich überhaupt nicht wahr. Ich dachte nur an mich selbst. Für mich war im Augenblick nur wichtig, was ihr Handeln mir einbrachte. Das entspricht im Grunde dem natürlichen Selbsterhaltungstrieb, den Gott in jeden Menschen hineingelegt hat.

Die Geborgenheit in der Familie und das sichere Gefühl, in geordneten Verhältnissen zu leben, ist für uns alle wichtig, um uns gesund entwickeln zu können. Wir alle brauchen einen Zufluchtsort, wo wir Schutz finden vor den Stürmen gerade der Jahre, in denen wir uns zu erwachsenen Menschen entwickeln. Wir brauchen einen Hafen, in dem wir unser Schiff bauen, das allen Widrigkeiten einer kalten und wirren Welt trotzen kann. Wenn wir den Eindruck haben, diese Geborgenheit wird bedroht, aktivieren wir alle Schutzmechanismen, die Gott in uns hineingelegt hat. Es ist deshalb nicht verwunderlich, dass die Scheidung der Eltern das Kind zum Zorn reizt. Solch ein Ereignis bedroht das Fundament, auf dem sein ganzes Leben ruht.

Nachdem die Trennung meiner Eltern auch formell vollzogen war und mein Bruder und ich anfingen, unseren Vater in Abständen zu besuchen, wurde aus Wut tiefer Hass meiner Mutter gegenüber. Ich ließ sie spüren, dass ich allen Respekt vor ihr verloren hatte. Sie sollte wissen, was sie mir angetan und wie sehr sie unser aller Leben zerstört hatte. Manchmal redete ich kein Wort mit ihr und benutzte mein eisiges Schweigen als Waffe. Sie war an allem schuld – so fand ich –, nicht nur an der gescheiterten Beziehung, sondern auch an der Trennung an sich. Schließlich hatte sie sie in die Wege geleitet.

Doch es sollte noch schlimmer kommen. Kaum war die Scheidung rechtlich vollzogen, verkündete uns unsere Mutter, dass sie in Kürze wieder heiraten werde. Ich hatte in diesem Augenblick das Gefühl, nun endgültig k.o. geschlagen zu werden. Tiefer konnte ich nicht mehr sinken. Was hätte einem Schlimmeres passieren können? Alle Träume von einer Versöhnung zerplatzten. Meine Hoffnungen, Gott werde doch noch ein Wunder tun und uns alle wieder vereinigen, zerplatzten. Meine Gebete und Wünsche waren nicht gehört worden. So verzweifelt wie damals war ich noch nie gewesen.

Ich hatte überhaupt nicht mitbekommen, dass sich meine Mutter mit einem anderen Mann traf. Sie war ihm kurz nach unserem Auszug begegnet, und es war ihr gelungen, seine Existenz vor uns geheim zu halten. Es sollte sich zwar bald herausstellen, dass dieser Mann einen wesentlichen Anteil an meiner Heilung haben würde, doch zu jener Zeit konnte ich das noch nicht ahnen. Ich verlangte, bei meinem Vater wohnen zu dürfen.

Was ich für meinen Vater empfand

In all den Jahren, in denen ich heranwuchs, hatte ich eine Art Hassliebe für meinen Vater entwickelt. Ich bewunderte seine Geschicklichkeit. Ich war überzeugt, er könne alles. Was er auch anpackte schien ihm zu gelingen. Ich habe viel davon profitiert. Es machte großen Spaß, mit ihm zu spielen. Wenn er von seinen Heldentaten in der Jugend erzählte, waren mein Bruder und ich immer ganz aus dem Häuschen. Er musste der Waghalsigste in seiner Clique gewesen sein.

Ich hatte allerdings auch schon mitbekommen, dass er ein sehr eifersüchtiger und besitzergreifender Mann war, der schnell die Fassung verlor. Unser Familienleben war alles andere als harmonisch, doch wir Kinder hatten uns damit irgendwie arrangiert. Wir wussten genau, wann es besser war, den Mund zu halten und uns aus dem Staub zu machen, wenn es wieder einmal zwischen meinen Eltern krachte. Trotz der Streitereien zu Hause war ich niemals auf den Gedanken gekommen, dass die Ehe meiner Eltern kurz vor dem Zerbruch stand.

Nach dem ersten Schlag, der mit unserem plötzlichen Auszug kam, wandelte sich meine Hassliebe in Mitleid für meinen Vater. Er tat mir Leid, obwohl ich tief im Innern doch wusste, dass auch er seinen Anteil an all dem Unglück hatte. Jedes Mal, wenn mein Bruder und ich ihn dann besuchten, fragte er uns aus: „Hat es sich eure Mutter inzwischen anders überlegt? Wann kommt ihr zurück?" Bald freute ich mich nicht mehr auf die Besuche, weil ich wusste, was dann wieder auf uns zukam. Es war eine unangenehme Situation für uns alle.

Mein Mitleid verwandelte sich allmählich in Zorn und Groll. Immer wieder wollte er meinen Bruder und mich dazu bewegen, bei ihm zu bleiben. Ich ahnte allerdings, dass er das nur tat, um unsere Mutter unter Druck zu setzen. Ich ließ mich deshalb nicht darauf ein. Ihr trug ich zwar nach, dass sie die Trennung letztlich vollzogen hatte, aber ich ahnte auch, dass dies eine Reaktion auf eine für sie unerträgliche Situation gewesen war. Ich wusste, wie verunsichert sie selber war und dass sie unseren Beistand brauchte, um sich nicht ganz allein gelassen zu fühlen. Allmählich begriff ich, dass unser Vater uns – sicher unbewusst – als Druckmittel gegen unsere Mutter benutzte. Er wollte uns ganz bestimmt nicht bewusst schaden. Er war einfach verzweifelt, weil alles, was sein Leben ausgemacht hatte, nun bedroht war.

Was ich für Gott empfand

Meine Großmutter war eine gläubige Christin. Ihr Einfluss auf mich in meinen ersten Lebensjahren war beträchtlich. Die Beziehung zu Gott war Teil ihres Lebens. Und das, was sie mir vorlebte, war für mich als kleines Kind Beweis genug, dass es Gott gab. Sie las aus der Bibel vor, betete mit uns und sang mit uns Choräle. Und weil sie fröhlich glaubte, war auch ihr Gesang Ausdruck dieser Freude.

Meine Großeltern lebten ungefähr 120 Meilen von uns entfernt auf dem Land. Die Stadt lag am Ufer eines großen Flusses, der in den Sommerferien viele Camper anzog. Meine Großeltern waren dorthin gezogen, nachdem Großvater in den Ruhestand getreten war.

Mein Bruder und ich verbrachten unsere Ferien bei meinen Großeltern, weil wir uns dort wohl fühlten und den Spannungen zu Hause entfliehen konnten. Mit Unbehagen sah ich unserer Rückkehr entgegen, weil ich nie wusste, was uns zu Hause erwartete. War wieder einmal das große Schweigen angesagt? Würde „dicke Luft“ sein oder eitel Sonnenschein? Manchmal wurden wir fröhlich empfangen, doch meistens war die Stimmung miserabel.

So lernte ich beten: „Bitte, Gott, mach Mutti und Papa glücklich!“ Meistens half es aber nicht. Ich nahm mir vor, Großmutter zu fragen, warum Gebete manchmal erhört werden und manchmal nicht, tat es dann aber doch nicht. Großmutter sollte nicht mitbekommen, wie schlecht es um unsere Familie stand.

Nach und nach wurden aus meinen schlichten Bitten trotzig vorgetragene Anliegen: „Gott, du musst Mutti und Papa endlich glücklich machen!" Schließlich bekam der Ton sogar eine ziemlich unfreundliche Note. Ich wollte mit Gott streiten: „Warum machst du sie nicht glücklich? Was ist los mit dir? Liebst du mich denn gar nicht? Kümmerst du dich vielleicht überhaupt nicht mehr um mich?"

In der Zeit, als meine Mutter uns wissen ließ, dass sie sich von Vater trennen wolle, kam ich auf den Gedanken, Gott könne den Zwist meiner Eltern am Ende dazu benutzen, um mich zu bestrafen. Er erhörte meine Gebete nicht, weil ich ungezogen gewesen war. Ich suchte also nach Wegen der Sühne für meine Sünden, damit Gott mich nicht mehr bestrafen musste. Alles, was ich fortan tat und dachte, wurde sorgfältig daraufhin abgeklopft, ob es Gott gefallen würde oder nicht.

Nachdem wir ausgezogen waren, dämmerte mir, dass sich absolut nichts ändern würde. Meine Mutter war fest entschlossen, sich ihre Freiheit zu nehmen und ein neues Leben anzufangen. Ich fühlte mich schrecklich hilflos, als ich begriff, dass ich nichts tun konnte, um an der Situation etwas zu ändern oder die Scheidung zu verhindern. Das Resultat war tiefe Hoffnungslosigkeit. Damals kam ich zu der Überzeugung, es könne nur einen Grund für die nicht erhörten Gebete geben: Gott existierte gar nicht! Und wenn es ihn doch gäbe, dann sei er zu beschäftigt, um sich auch noch um mich kümmern zu können.

Die Heilung meiner Gefühle

Es wäre ein trauriger Ausgang, wenn ich danach keine weiteren Erfahrungen mit Gott mehr gemacht hätte. Es ist schlimm genug, von seinen Eltern tief enttäuscht zu werden, aber sich dann auch noch von Gott verlassen zu fühlen, ist niederschmetternd. Ich war so beschäftigt mit meinem Kummer, dass ich nicht mitbekam, was sich bereits anbahnte. Der langsame Heilungsprozess begann bereits, als ich mich noch am Tiefpunkt meines Lebens wähnte. Gott war bereits am Werk.

Das Jahr nach der Scheidung meiner Eltern brachte für mich ein Chaos der Gefühle. Ursache dafür war die Depression, die sich einstellte, weil unsere Familie zerbrochen war. Aber auch die ungeordneten Verhältnisse im täglichen Leben trugen dazu bei.

Als meine Mutter von ihrer Absicht sprach, erneut zu heiraten, entschlossen sich mein Bruder und ich, zu unserem Vater zu ziehen, wenigstens für eine gewisse Zeit. Unsere Mutter reagierte zwar erbost, aber sie gab schließlich unserem Drängen nach.

In dem Jahr nach der Scheidung zog mein Vater mindestens viermal um. Er war ständig auf der Suche nach Lebensbedingungen, die uns und ihn zufrieden stellten. Nichts wollte klappen, und mein Vater war selber viel zu sehr mit seinem eigenen Groll beschäftigt, als dass er uns hätte zur Seite stehen können. Ich musste die Oberschule wechseln und mir einen neuen Freundeskreis suchen, was gar nicht einfach ist, wenn zu Hause das Chaos herrscht.

In dieser Zeit setzte die Heilung bei mir ein. Geholfen haben mir dabei meine Großeltern, die Leiterin der gemeindlichen Jugendstunden und – der Mann, den meine Mutter heiratete.

Meine Großeltern waren in dieser Zeit besonders lieb zu meinem Bruder und mir. Wenn wir sie brauchten, waren sie für uns da. Wenn sie vielleicht wütend auf meine Eltern waren, so zeigten sie dies doch nie. Sie mischten sich niemals ein. Aber sie luden uns ein, zu ihnen zu kommen, wann immer wir dies wollten. So manches Wochenende verbrachten wir bei ihnen, obwohl das die Regelung gar nicht vorsah. Wir fühlten uns jedes Mal wie in einer Oase inmitten einer ausgetrockneten Wüste. Sie sorgten dafür, dass wir von den Spannungen zu Hause immer wieder Abstand gewinnen konnten.

Dadurch gelang es mir, halbwegs im seelischen Gleichgewicht zu bleiben. Ich hatte immer die Sicherheit, dass ich bei meinen Großeltern bleiben konnte, wenn sich die Verhältnisse zu Hause verschlimmern würden. Die Vorstellung, dass es diese Alternative gab, war beruhigend.

Bis zu meinem 17. Lebensjahr besuchte ich regelmäßig die Kinder- und Jugendstunden unserer Gemeinde. Im Kreis meiner Schulkameraden gab ich mich zwar raubeinig und abgeklärt, und tat so, als zwängen mich meine Eltern zum Gottesdienstbesuch. Tief in meinem Herzen aber bedeutete mir die Gemeinde doch sehr viel.

Eine Mitarbeiterin beeindruckte mich besonders. Sie war die Mutter eines Jungen in meinem Alter und leitete die gesamte Kinder- und Jugendarbeit. In ihrer Jugend war sie an Polio erkrankt, so dass sie etwas hinkte. Was mich besonders an ihr beeindruckte, war ihre Fähigkeit, bedingungslos Liebe zu verschenken. Was immer wir auch anstellten, sie wurde niemals wütend oder ausfallend. Sie war ein wunderbarer Mensch.

Sie wusste wahrscheinlich von meinem zerrütteten Elternhaus, aber sie brachte mich niemals in eine peinliche Situation. Es war offenbar kein Thema für sie. Dennoch nahm ich ihr Mitgefühl wahr. Ihre Botschaft für mich war: Das Leben ist mehr als seine äußeren Umstände, und es gibt mehr, wofür es sich zu leben lohnt, als die eigenen Eltern.

Durch die Begegnung mit dieser Frau gewann der Bibelvers in Matthäus 6,33 sehr an Bedeutung für mich: „Euch aber muss es zuerst um sein Reich und um seine Gerechtigkeit gehen; dann wird euch alles andere zufallen.“ Ich lernte Gott ganz persönlich kennen und schätzen, nicht für das, was er für meine Familie getan hatte, sondern für das, was er für mich durch seinen Tod am Kreuz vollbracht hatte. Der Bibelvers half mir, meine Verbitterung und meinen Hass loszuwerden und die Folgen eines Verlustes zu überwinden, der wohl für jedes Kind ein Alptraum ist – der Verlust der eigenen Familie. (Als sich meine spätere Frau und ich Jahre später verlobten, ließ ich Matthäus 6,33 in ihren Ring eingravieren; und heute nach 43 Jahren begleitet dieser Vers sie noch immer.)

Als meine Mutter wieder heiratete, war ich noch zu betäubt, um irgendetwas zu empfinden. Erst nach der Hochzeit begegnete ich meinem Stiefvater zum ersten Mal. Ich hatte keine Lust gehabt, zu diesem Mann Kontakt aufzunehmen.

Er aber nahm mich so an, wie ich war. Obwohl ich damals erst 13 Jahre alt war, ging er mit mir um wie mit einem Erwachsenen, respektierte meine Meinung und ermunterte mich häufig, sie auch zu äußern. Wenn ich meine Mutter besuchte, gab er mir keine Sekunde das Gefühl, ein Eindringling zu sein. Ganz allmählich baute sich ein Vertrauensverhältnis zwischen uns auf, und meine Angst wich. Fast unmerklich, aber doch beständig normalisierte sich mein Leben. Neue Gewohnheiten und Verhaltensweisen etablierten sich. Und irgendwann stellte ich erleichtert fest, dass dieser neue Lebensabschnitt keine unüberwindlichen Hürden für mich bereithielt.

Später zogen mein Bruder und ich wieder zu meiner Mutter, als auch mein Vater wieder heiratete und weit fortzog. Auch in seinem Leben kam vieles wieder ins Lot, und es stellte sich heraus, dass auch meine Stiefmutter ein sehr wertvoller Mensch war. Meine Mutter bekam noch zwei Söhne. Auch sie habe ich lieb gewonnen, obwohl uns heute ein gewaltiger Ozean trennt.

Das Leben ist weitergegangen. Ich bin älter geworden, erfolgreich und wirklich sehr, sehr glücklich. Ich übertreibe nicht. Meine über vierzig Ehejahre sind der Stolz meines Lebens. Meine Frau, die mir sehr viel bedeutet, ist ein Gottesgeschenk von unschätzbarem Wert. Meine drei Töchter sind das Beste, was sich ein Vater wünschen kann, ebenso meine sieben Enkel.

Dennoch frage ich mich zuweilen, ob mein Leben nicht schon gleich am Anfang leichter und glücklicher gewesen wäre, wenn meine Eltern ihre Konflikte anders gelöst hätten und zusammengeblieben wären. Zwar haben meine Mutter und mein Vater getrennt ihr Leben in den Griff bekommen, aber ich werde das Gefühl nicht los, dass das, was wir uns trotz allem erarbeitet haben, nur die zweitbeste Wahl ist.

Ich will damit sagen: Nutzen wir um jeden Preis die erste Chance. Wenn uns jedoch die zweite geboten wird, sollten wir wenigstens sie ergreifen und das Beste daraus machen. In jedem Fall müssen wir verhindern, dass unsere Kinder, die am wenigsten dafür gerüstet sind, unsere Fehler ausbaden und die Früchte unserer eigenen Verfehlungen ernten müssen.

2. Die Scheidung und ihre schlimmen Folgen

Debbie war immer ein fröhliches und kontaktfreudiges Mädchen gewesen. Doch eines Tages reagierte sie plötzlich ganz anders. „Haut ab! Ich kann euch nicht ausstehen", rief sie. Nach dem Unterricht verschwand sie gleich, damit niemand sie in ein Gespräch verwickeln konnte. Sie war abweisend und mürrisch.

„Hast du Kummer, Debbie?", fragte ihre Lehrerin sie eines Tages.

„Ich habe keinen Kummer, aber das Leben stinkt mir gewaltig!", entgegnete sie trotzig.

Danny war genau das Gegenteil. Er gab sich nett und freundlich. Wegen seiner Art mochten ihn die Mädchen. Es mangelte ihm an Selbstbewusstsein, doch was er anpackte, gelang. Es war zu erwarten, dass er, mit einem guten Stipendium versorgt, eines Tages studieren und später Arzt werden würde. Das war sein Traumberuf.

Als eines Tages in der Schule eine Biologiearbeit geschrieben wurde, griff Danny seinen Kugelschreiber und begann, ihn zwischen seinen Fingern hin- und herzudrehen. Die anderen Kindern arbeiteten konzentriert an ihren Aufgaben, während Danny in die Luft guckte und mit seinem Stift spielte.

Der Lehrer bemerkte dies und fragte ihn: „Hast du Probleme, Danny?"

Danny stand von seinem Platz auf und ging ohne ein Wort der Erklärung hinaus. Zwei Monate später griff man ihn betrunken auf und sperrte ihn ein, weil er randaliert hatte.

Ähnliche Dinge ereignen sich immer wieder. Es sind alles Geschichten über Scheidungskinder. Wie ich damals haben sie ein traumatisches und schmerzliches Erlebnis hinter sich: das Auseinanderbrechen ihres Elternhauses.

Mir selber hat damals nach der Scheidung meine Einstellung zum Weinen sehr geschadet. Ich hasste mich, wenn ich weinen musste, weil ich schon immer Menschen verachtete, die Tränen vergossen. Ursache für diese starke Abneigung war mein eiserner Wille, kein Mitleid zu erregen, so sehr ich auch litt. Das war seit frühester Kindheit so. Der Grund war die Furcht, von meinem Vater ausgelacht zu werden. Er verachtete Menschen, die weinten. Er selber weinte nie und rühmte sich, schon als Kind ein harter Kerl gewesen zu sein.

Sie können sich also vorstellen, wie überrascht ich war, als ich meine Ausbildung zum Psychologen und Psychotherapeuten begann. (Dies wurde mein zweiter Beruf, nachdem ich 15 Jahre lang als Bauingenieur gearbeitet hatte.) Weinende Menschen waren mir ein Gräuel. Ich musste mich deshalb zwingen, mich an das Weinen zu gewöhnen. Schließlich kommen Menschen in die Praxis des Therapeuten, um sich auszuweinen.

Langsam gewöhnte ich mich an die Tränen meiner Klienten, und im Laufe der Zeit wuchs meine Fähigkeit, mich in ihre Lage zu versetzen. Die Herrschaft über meine eigenen Tränen gab ich jedoch nicht auf. Andere Menschen konnten und sollten auch weinen.

Das war gut für sie. Doch für mich selber waren Tränen ein Tabu. Sie waren für mich ein Zeichen der Schwäche, das ich nicht duldete.

Erst nachdem ich bereits zehn Jahre meinen neuen Beruf ausgeübt hatte, lernte ich es, mit meiner übertriebenen Abneigung gegen das Weinen richtig umzugehen. Inzwischen macht es mir nichts mehr aus, meinen Tränen freien Lauf zu lassen.

Im Nachhinein ist mir klar geworden, dass erst mit dem Tod meiner Mutter die Blockade gelöst wurde. Wahrscheinlich hatte sich der Groll gegen sie nach der Trennung vom Vater in einem Winkel meines Herzens festgesetzt. Auf jeden Fall wurde ich nach ihrem Tod viel toleranter meinem inneren Drang gegenüber, auch einmal Tränen zu vergießen. Inzwischen kann ich weinen, wenn es nötig ist, weil ich die Freiheit habe, dieses gesunde emotionale Ventil zu benutzen.

Schädliche Folgen einer Scheidung

Grundsätzlich sind mir Scheidungen zuwider. Ich finde es entsetzlich, was dadurch den beteiligten Menschen angetan wird. Und ich finde unerträglich, wie aus jenen Feinde wurden, die sich einst gegenseitig ewige Liebe schworen. Vor allem aber tun mir die betroffenen Kinder Leid, die mit den Folgen leben müssen.

Ich möchte nicht missverstanden werden. Die Mehrheit meiner Leserinnen und Leser wird geschieden sein oder in Scheidung leben. Deshalb möchte ich nicht, dass Sie durch meine harten Worte der

Abneigung noch mehr Schuldgefühle bekommen und sich noch schlechter fühlen als zuvor. Ich möchte lediglich hervorheben, dass eine Scheidung kein harmloses Alltagsereignis ist, wie es uns die modernen Kaffeesatzleser aus der Psychologie weismachen wollen. Ich möchte Ihre Aufmerksamkeit darauf lenken, dass Sie jetzt und später Ihre Kinder nicht aus den Augen verlieren dürfen. Wenn sie Ihnen jetzt entgleiten, werden sie es auszubaden haben.

Ich muss zugestehen, dass Scheidungen in einer gefallenen und zerrütteten Welt leider oft nicht zu vermeiden sind. Wir alle machen Fehler im Umgang miteinander. Menschen verändern sich, und es wird plötzlich offenbar, dass der Partner nicht derjenige ist, für den man ihn vor der Hochzeit gehalten hat. Auch wenn ich der Meinung bin, dass alles Menschenmögliche getan werden muss, um eine Ehe zu retten, so wird eine Scheidung im einen oder anderen Fall dennoch nicht zu verhindern sein.

Viele geschiedene Mütter oder Väter haben die Scheidung nie gewollt. Sie sind die Opfer eines anderen Menschen geworden, der Schuld auf sich geladen hat. Und sie hätten die Chance ergriffen, einen Neuanfang zu wagen, wenn man sie ihnen gegeben hätte. Die Auflösung einer Ehe ist immer eine Tragik, aber eben auch die unvermeidliche Konsequenz unseres sündigen Menschseins.

Vermeiden Sie es also, längere Zeit über Ihre mögliche Schuld und Ihre Fehler nachzugrübeln. Nehmen Sie Gottes Vergebung an, und brechen Sie auf zu neuen Ufern. Konzentrieren Sie sich darauf, wie

Sie allen Beteiligten zur Heilung verhelfen – vor allem aber den Kindern.

Geschiedene Eltern können viel tun, um Schaden von ihren Kindern abzuwenden. Wer jedoch rundweg leugnet, dass eine Scheidung Schaden anrichtet, wird wahrscheinlich mehr Leid verursachen als durch andere Fehler, weil er sich einen Vorwand zurechtlegt, sich nicht besonders um die Kinder kümmern zu müssen.

Ich muss leider gestehen, dass auch unter meinen Kollegen viele die schädlichen Folgen einer Scheidung herunterspielen. Und weil in Scheidung lebende Eltern wohl fast immer auch unter Schuldgefühlen leiden, greifen sie allzu bereitwillig die beschwichtigenden Parolen auf, die da sagen: „Keine Sorge! Die Kinder kommen schnell darüber hinweg. Sie sind erstaunlich widerstandsfähig." Entspricht das den Tatsachen? Ich meine nicht. Und deshalb möchte ich in diesem Kapitel eindeutige Fakten auf den Tisch legen.

Ich möchte zwar nicht Probleme schaffen, wo gar keine sind, aber ich bin überzeugt, dass es höchste Zeit ist, die schädlichen Folgen einer Scheidung schonungslos darzustellen. Das motiviert hoffentlich so manches geschiedene Paar, aktiv zu werden, um Schaden von seinen Kindern abzuwenden.

Manche Kinder sind widerstandsfähiger

Immer wieder hört man, dass Kinder die Scheidung der Eltern ohne Blessuren überstanden haben. Kinder seien diesbezüglich ziemlich widerstandsfähig. Auch später im Leben würden sich keine negativen

Auswirkungen zeigen. Ihr Selbstbewusstsein sei deshalb besonders gut entwickelt, weil die Liebe von zwei getrennt lebenden Elternteilen meist sehr intensiv sei. Sie hätten es gelernt, sich selbst zu beherrschen. Und durch die besonderen Lebensumstände hätten sie Sicherheitsventile für die Seele gefunden, durch die es ihnen nun möglich sei, inneren Druck abzubauen, ohne von äußeren Umständen übermannt zu werden.

Es ist allerdings ein Irrtum, anzunehmen, diese Widerstandskraft sei ohne Zutun der Eltern entstanden. Scheidungskinder, die sich selbst überlassen bleiben, leiden sehr.

Ein weiterer Irrtum ist, dass Kinder, die sich äußerlich nicht unterkriegen lassen, nicht auch leiden. Ein Kind, das sich nichts anmerken lässt, weint vielleicht heimlich und leidet im Stillen. Gerade das Verdrängen von Kummer ist ein Zeichen für die Unfähigkeit, das Missgeschick zu verarbeiten. Es ist deshalb kein Grund zur Besorgnis, wenn ein betroffenes Kind viel weint, zerbrechlich wirkt oder schnell aus der Haut fährt.

Man sollte bei einer Scheidung unbedingt davon ausgehen, dass die Seele des Kindes in irgendeiner Form Schaden genommen hat, auch wenn es nach außen noch so gelassen und unbeteiligt reagiert. Entscheidend ist, ob der Schaden schnell behoben werden kann oder zu einem chronischen Problem wird. Und das ist die gute Nachricht, die ich für Sie habe: Sie als Eltern haben es in der Hand. Sie können dafür sorgen, dass alles ein gutes Ende nimmt.

Anzeichen für langfristige Schäden

Die Beweise dafür, dass Kinder nach einer Scheidung mit Beeinträchtigungen leben müssen, wenn man nicht rechtzeitig gegensteuert, sind erdrückend. Es gibt so viele, dass ich gar nicht weiß, womit ich Sie zuerst überzeugen soll. Da wir nicht allzu wissenschaftlich werden wollen, möchte ich bei den entscheidenden Fakten bleiben.

Die schon klassisch zu nennenden Studien, die unser Bewusstsein für die Schäden bei allen Beteiligten einer Scheidung geschärft haben, sind von Judith Wallerstein und ihren Kollegen durchgeführt worden. Sie arbeiteten an einem Forschungsprojekt, das viele Jahre dauerte und damit die Langzeitschäden von Scheidungen erfasst hat. Trotz der kritischen Stimmen, die immer wieder laut wurden, haben sich ihre Ergebnisse als korrekt erwiesen.

Über einen Zeitraum von 15 Jahren haben sie und ihre Mitarbeiter geschiedene Paare mit ihren Kindern begleitet. Sie haben ihre Hoffnungen, Ängste und Enttäuschungen registriert und jedes Detail im Zusammenleben dieser Menschen aufgezeichnet.

Nach Wallersteins Beobachtungen war die Zahl der Kinder beträchtlich, die noch viele Jahre nach der Scheidung unter psychischen und sozialen Defiziten litten. Darüber hinaus war zu beobachten, dass diese Kinder auch noch als Erwachsene unter den Folgen zu leiden hatten. Sie waren auffällig ängstlich und depressiv, hatten Schwierigkeiten mit ihren sozialen Bindungen, zeigten Leistungsschwächen, und es fiel ihnen schwer, dauerhafte Bindungen einzugehen.

Doch hierzu muss man anmerken, dass die beobachteten negativen Folgen nicht sein müssen. Die meisten Eltern in diesen Studien haben keine Hilfe gesucht und bekommen. Niemand hat sie beraten, was in ihrer Situation zu tun sei, und so wurden sie Opfer ihrer eigenen Verbitterung und Hilflosigkeit.

Die Forschungsergebnisse stimmen zwar darin überein, dass jede Scheidung die Wahrscheinlichkeit schwerer Folgeschäden in sich birgt, doch ich habe auch die Erfahrung gemacht, dass bei richtiger Begleitung und Beratung Eltern ihre Feindseligkeiten schneller ablegen können und damit ihren Kindern ein erfülltes Leben ermöglichen. Selbst dann, wenn Eltern immer neue Fehler machen, muss noch längst nicht alles verloren sein. Auch ich habe es schließlich geschafft, mein Leben in geordnete Bahnen zu lenken. Das müsste eigentlich Mut machen!

Ein Forschungsprojekt, das meinen Optimismus stützt, hat man in Kanada durchgeführt. Die Wissenschaftler vom Calgary Family Service Bureau haben herausgefunden, dass fünf Faktoren Kindern helfen, eine Scheidung besser zu überstehen:

1. Die seelische Gesundheit beider Elternteile
2. Die Qualität der Bindung zwischen dem jeweiligen Elternteil und dem Kind
3. Die Qualität von Sympathie zwischen den beteiligten Personen
4. Der Erziehungsstil
5. Die Widerstandsfähigkeit des Kindes

Scheidungskindern kann also effektiv geholfen werden!

Wie und warum die Kinder leiden

Es hilft den Eltern, wenn sie wissen, wie und warum die Kinder leiden. Sie können dadurch auf dem Weg zur Gesundung viele Fehler vermeiden.

Der bekannte Kinderpsychologe Dr. Lee Salk hat einmal gesagt: „Schlimmer als das Trauma einer Scheidung ist nur der Tod. Die Kinder erleben sie als entsetzlichen Verlust, und sie fühlen sich plötzlich Kräften ausgesetzt, über die sie keinerlei Kontrolle mehr haben." Diese Aussage entspricht meinen Erfahrungen als Psychologe. Es gibt im Leben betroffener Kinder kaum ein Ereignis, das größeren Stress verursacht. Der akute Schock, die intensiv empfundene Angst vor dem Unbekannten, die tiefe Verunsicherung, der Verlust von Geborgenheit und die Trauer über den Verlust des gewohnten Familienlebens wirft auch den Stabilsten aus der Bahn.

Hier einige entscheidende Gründe, warum eine Scheidung für Kinder so schädlich ist:

* *Die familiären Strukturen, in die das Kind eingebunden war, lösen sich auf. Das Kind fühlt sich allein gelassen. Es bekommt Angst. Die empfundene Einsamkeit kann akut traumatisch sein und lange im Gedächtnis haften bleiben.*
* *Vater und Mutter können ihre Elternrolle nicht mehr vollgültig ausfüllen. Sie sind mit ihren eigenen Emotionen beschäftigt und müssen in den kritischen Monaten um die Scheidung ums eigene seelische Überleben kämpfen. (Manchmal sind es sogar Jahre.)*
* *Es entstehen Loyalitätsprobleme. Auf wessen Seite soll*

sich das Kind stellen? Oft sind Kinder hin- und hergerissen zwischen Liebe und Loyalität.

* *Die Unsicherheit über die weitere Entwicklung produziert Zukunftsängste. Außerdem verunsichert die totale Abhängigkeit von nur einem Elternteil.*
* *Der mit einer Scheidung fast immer einhergehende ständige Streit zwischen den Eltern und ihre Reaktionen lösen große Ängste bei den Kindern aus. Je kleiner das Kind, desto größer wird der Schaden sein, den ein solches feindseliges Klima verursacht.*
* *Kinder machen sich um ihre Eltern Sorgen. Wie werden die Eltern getrennt voneinander zurechtkommen?*
* *Wenn ein Umzug notwendig wird, verliert das Kind die gewohnte Umgebung zu Hause, in der Schule, in der Nachbarschaft und in der Gemeinde. Außerdem muss es oft seinen Freundeskreis aufgeben. Die Scheidung bedeutet den Verlust von so vielen Dingen gleichzeitig, dass eine tiefe Depression häufig unvermeidlich ist. Doch viele Eltern bekommen diese gar nicht mit.*
* *Die meisten Scheidungskinder erleben einen sozialen Abstieg nach der Trennung ihrer Eltern. Eine Scheidung ist immer ein finanzieller Verlust, von dem alle betroffen sind. Besonders die Frau wird häufig zum Sozialfall. Geschiedene und allein erziehende Frauen tragen stark zu dem gesellschaftlichen Phänomen der neuen Armut bei.*

Wie Scheidung sich auf verschiedenen Entwicklungsstufen auswirkt

Fest steht, dass sich eine Scheidung je nach Alter des

Kindes unterschiedlich auswirkt. Der Zeitpunkt einer Scheidung bestimmt die möglichen Folgen.

Das ist verständlich. Die persönliche Reife ist mitbestimmt vom Alter. Je reifer ein Kind ist, desto besser wird es in der Lage sein, sich den veränderten Lebensbedingungen anzupassen.

Es ist zwar in unserer Gesellschaft nichts Besonderes mehr, sich scheiden zu lassen. Dennoch sind Kinder kaum darauf vorbereitet, wenn es zur Trennung kommt. So etwas „passiert" nur andern, nicht aber uns! Ungefähr 80 Prozent aller Scheidungskinder trifft die Nachricht von der Trennung aus heiterem Himmel. Selbst wenn es den Eltern gelingt, es ihren Kindern schonend beizubringen, sind die Reaktionen fast immer gleich: Schock, es nicht wahrhaben wollen, Aufbegehren, Angst, verlorenes Selbstwertgefühl und Depression. Und viele Kinder werden von der Angst umgetrieben, dass sie selber die Ursache für die Probleme ihrer Eltern sein könnten. Mir ging es jedenfalls so.

Wie sehen nun die typischen Reaktionen in den verschiedenen Altersgruppen aus? Hier eine Zusammenfassung:

* *Kleinkinder* (zwei bis vier Jahre alt) reagieren häufig mit Regressionen. Das sind Rückentwicklungen im Reifeprozess. Sie verlernen Dinge, die sie schon konnten, und werden passiver. Sie verhalten sich plötzlich wieder kindischer. Sie weigern sich, selber zu essen, und wollen wieder gefüttert werden. Sie brauchen wieder Windeln, obwohl sie nachts schon trocken waren. Es gibt Psycholo-

gen, die die Abwesenheit des gegengeschlechtlichen Elternteils für Fehlentwicklungen in der Sexualität verantwortlich machen.

* *Kinder im Vorschul- und Grundschulalter* (fünf bis acht Jahre alt) sind ebenfalls noch anfällig für Regressionen. In dieser Altersgruppe glauben die Kinder besonders häufig, für den Zusammenbruch der Ehe verantwortlich zu sein. Sie haben panische Angst, verlassen zu werden und vielleicht sogar zu verhungern. Solcher Ängste muss man sich annehmen und dem Kind wieder ein Gefühl der Sicherheit geben. In dieser Altersgruppe muss man mit folgenden Reaktionen als Versuche der Konfliktbewältigung rechnen: Schlafstörungen, Bettnässen, Nägelkauen, tiefe Traurigkeit (oft eine versteckte Depression) und der Rückzug in eine Traumwelt.

  Viele Fachleute sind überzeugt, dass diese Altersgruppe die gefährdetste bei einer Scheidung ist, denn die Kinder sind alt genug, um die Vorgänge zu durchschauen, aber noch nicht so entwickelt, dass sie gelernt haben, damit umzugehen.

* *Ältere Kinder* (neun bis zwölf Jahre alt) reagieren zuallererst mit Wut und Zorn. Dieser Zorn richtet sich vor allem gegen das Elternteil, das sie für den Initiator der Trennung halten. Häufig wird auch ein Sündenbock außerhalb der Familie gesucht. Gerade jetzt, wo das Vertrauensverhältnis zu Gleichaltrigen besonders wichtig ist, stoßen betroffene Kinder enge Freunde vor den Kopf, aber auch Lehrer und andere Angehörige.

  Die geistliche Entwicklung nimmt in diesem Alter besonders häufig Schaden. Sehr schnell kommt es zu Frustrationen, Desillusionierung und Ablehnung geistlicher Werte, die die Eltern vertreten. Ein Satz, den man immer wieder zu hören bekommt, lautet: „Die sind doch nur Heuchler. Mit ihrem Glauben will ich nichts zu tun haben."

* *Jugendliche* (dreizehn Jahre und älter) haben andere Probleme zu bewältigen. Sie sind mit Schuldzuweisungen wesentlich zurückhaltender als Kinder, weil sie die Gründe für eine Scheidung schon besser durchschauen und verstehen. Aber auch sie können noch tief verletzt sein und es ihren Eltern übel nehmen, die Familie zerstört zu haben. Sie fürchten, von guten Freunden getrennt zu werden. Die für dieses Alter typische Tendenz zu depressiven Verstimmungen und zur Abkapselung kann die Situation noch verschlimmern.
Jugendliche empfinden das Loyalitätsdilemma als besonders unangenehm. Sie wissen, dass die Mutter Abneigung gegen den Vater von ihnen erwartet – und umgekehrt. „Wie kannst du noch für jemand etwas empfinden, der mir das angetan hat?" Oder: „Hast du denn noch immer nicht mitbekommen, was für ein gemeiner Mensch das ist?" Das sind typische Reaktionen von Müttern und Vätern, die den Teenager in einen Konflikt treiben. So kann es für ihn ungemein belastend werden, zu beiden Elternteilen ein gutes Verhältnis aufrechtzuerhalten.

Wer leidet mehr – Jungen oder Mädchen?

Viele Psychologen vertreten die Meinung, dass Jungen schwerer an einer Scheidung zu tragen haben als Mädchen. Die Gründe liegen auf der Hand: Den Jungen wird in unserer Kultur beigebracht, Kummer und Leid zu verbergen. Immer wieder bekommen sie zu hören: „Aber, aber, ein Junge weint doch nicht. Sei ein ganzer Mann!" Jungen neigen also viel häufiger dazu, ihre negativen Gefühle zu leugnen. Das aber führt zu jener emotionalen Verengung und Erstarrung, die man bei vielen Männern im Erwachsenenalter beobachten kann.

Es wird allgemein mehr von Jungen in dieser Situation erwartet. Verantwortlich dafür sind besonders Väter mit Schuldgefühlen. Sie glauben, ihre Söhne seien schon stark und widerstandsfähig genug und in der Lage, selbständig zurechtzukommen. Doch das muss absolut nicht der Fall sein. Wenn erst einmal die nur mühsam errichtete Fassade einbricht, sind Jungen verletzbarer als Mädchen.

Lange Zeit hat man das Risiko für Jungen sehr viel höher eingeschätzt. Doch inzwischen erkennt man, dass auch die Mädchen mehr an den Folgen einer Scheidung zu tragen haben, als allgemein vermutet wird. Die sich lockernde Beziehung der Töchter zu ihrem Vater wird mittlerweile als ein sehr ernst zu nehmendes Problem gesehen. Bei Mädchen, die eine Scheidung der Eltern erlebt haben, zeigen sich die Auswirkungen oft später, wenn sie heiraten. Bei ihnen setzt also die Problemverarbeitung später ein als bei den Jungen. Tatsache ist, dass die Mädchen den Vater genauso dringend brauchen wie ihre männlichen Altersgenossen. Lassen Sie sich nichts anderes einreden!

Wiederheirat und die Stieffamilie

Es bedeutet eine große Umstellung für die Kinder, sich nach einer Wiederheirat mit einem neuen Elternteil und mit neuen Geschwistern zu arrangieren. Der zweite Versuch mit einer fremden Familie ist oft ein schwieriges Unterfangen.

Es ist schon kompliziert und verwirrend genug für ein Kind, sich auf ein Leben in zwei Haushalten einzustellen, zumal die finanzielle Lage dadurch meist recht angespannt ist. Die Konfrontation mit einem unerwünschten Stiefvater oder einer ungeliebten Stiefmutter verschlimmert alles noch mehr. Rückschauend kann ich sagen, dass ich Glück gehabt habe, einen Stiefvater zu bekommen, der vorher noch nicht verheiratet war und der keine eigenen Kinder mitbrachte. („Vater“ habe ich ihn allerdings nie genannt.) Ich musste mich nur mit *ihm* arrangieren und nicht auch noch mit unerwünschten Geschwistern.

Was oft erschwerend hinzukommt, ist die Unfähigkeit mancher geschiedener Eltern, in ihrer komplizierten Lage eine vernünftige Entscheidung bezüglich eines neuen Partners zu treffen. Deshalb sollte man mindestens ein Jahr mit einer neuen Beziehung warten. Viele aber halten sich nicht an diesen Rat. Sie lassen sich bereits auf eine zweite Ehe ein, ohne die noch ungelösten Probleme der ersten aus der Welt geschafft zu haben. Das kann schlimme Folgen sowohl für die Erwachsenen als auch für die Kinder haben.

Und dann sind da noch die wirtschaftlichen Folgen der Scheidung. So können die Kosten des Scheidungsprozesses und der getrennten Haushaltsführung das Familieneinkommen drastisch verringern. Zudem ist die Zahlungsmoral der Väter ständig im Sinken. Deshalb stürzen sich viele Frauen Hals über Kopf in das Abenteuer einer neuen Ehe, um der finanziellen Notlage und dem sozialen Abstieg zu entgehen. Das aber ist kaum eine gesunde Basis für eine Ehe! Unter Druck werden oft Fehlentscheidungen getroffen. Das Risiko, auch mit der zweiten Ehe zu scheitern, ist dann sehr hoch.

Es gibt schlimme und schlimmste Scheidungen

Jede Scheidung verläuft anders. Die Umstände und die Gründe dafür sind sehr individuell.

Nicht jede Scheidung ist gleich schädlich für die betroffenen Kinder. Ein kritischer Faktor ist die Feindseligkeit, mit der man es zu tun bekommt. Die Formel kann man sich leicht merken: Je größer die Feindseligkeit, desto größer der Schaden.

Dort, wo die Scheidung aus Hass vorangetrieben wird, ist ein Kind sehr schnell überfordert. Es wird mit der Situation nicht fertig und wird tief verletzt.

Am schlimmsten geht es den Kindern, die in die Streitigkeiten um das Sorgerecht mit hineingezogen werden oder die einen nicht enden wollenden Krieg zwischen Vater und Mutter miterleben müssen. Sie werden ständig zu Loyalitätsbekundungen überredet, sind hin- und hergerissen und werden von allzu durchsichtigen Versprechungen von Vater oder Mutter gelockt: „Du kriegst dein eigenes Telefon, wenn du zu mir ziehst.“ Oder: „Ich kaufe dir auch ein neues Fahrrad.“ Oder: „Du kriegst bei mir eine ordentliche Taschengelderhöhung.“ Das sind einige der typischen Bestechungsversuche, die Eltern einsetzen, um die Solidarität des Kindes zu gewinnen.

Diese Kämpfe werden selten im Sinne der betroffenen Kinder geführt. Fast immer geht es um die eigenen Interessen, und im Grunde sind all diese Auseinandersetzungen nur die Fortsetzung des alten Zwistes, durch den alles ins Rollen kam. Häufig werden solche Kämpfe dazu genutzt, um sich am Partner zu rächen und ihn zu bestrafen.

Auf diese Weise in die Schusslinie und zwischen die Fronten geratene Kinder werden kaum ohne Verletzungen und Narben davonkommen. Da fällt es dann selbst den erfahrensten Psychotherapeuten schwer, aus den Scherben wieder einen Krug zu machen.

Der Streit um das Sorgerecht wird allerdings nicht immer so verbissen geführt. Doch selbst unter günstigsten Umständen werden Kinder durch eine Scheidung verletzt, und bei vielen macht sich das nicht so schnell bemerkbar, wie man erwartet. Tatsächlich belegen Studien, dass 37 Prozent aller Scheidungskinder noch nach fünf Jahren unter Depressionen leiden. Sie werden zu einem Teil ihres Lebens.

Kann die Auflösung der Familie auch etwas Gutes haben?

Das ist eine durchaus berechtigte Frage, die des Nachdenkens wert ist. Immer wieder stehen Männer und Frauen vor einem Dilemma: Ihre Ehe ist ein einziger Scherbenhaufen, und die Kinder leiden schrecklich darunter. Was soll man tun? Die Frage stellt sich, ob nicht eine Trennung dem Kind viel eher helfen würde.

Es gibt tatsächlich Umstände, unter denen ein Kind derart leidet, dass ein Zerbruch der Familie in seinem Interesse ist. Das kommt allerdings nicht häufig vor. Ich werde später näher darauf eingehen. Hier aber möchte ich gleich deutlich machen, dass ich eine Scheidung grundsätzlich nur unter ganz außergewöhnlichen Bedingungen befürworte. *Scheidung ist meiner Meinung nach niemals die beste Lösung.* Dennoch werden sich Eltern immer wieder entschließen, um der Kinder willen getrennt zu leben, wenn der mögliche Schaden – durch Inzest oder Missbrauch – in jedem Fall größer ist, als der Zusammenhalt der Familie es wert wäre.

Die Mehrzahl aller Scheidungen passt jedoch nicht in diese Kategorie. Wenn man Scheidungskinder fragt, ob die Trennung in ihrem Interesse war, so verneint dies die überwiegende Mehrheit. Weniger als 10 Prozent geben an, durch die Scheidung der Eltern erleichtert zu sein. Aber selbst diese Kinder haben offensichtlich Probleme, sich mit den Folgen der Scheidung abzufinden und sich zu arrangieren.

Die meisten Kinder sind alles andere als glücklich über die Trennung ihrer Eltern. Und selbst jene, die unter schwierigsten familiären Verhältnissen leben, sind offenbar bereit, die widrigsten Umstände in Kauf zu nehmen und alles dafür zu tun, damit die Eltern zusammenbleiben. Tatsache ist, dass Scheidungskinder jeden Alters und beiderlei Geschlechts alle den gleichen großen Traum haben: Irgendwie, irgendwann wird das Wunder geschehen, und Vater und Mutter fallen sich wieder in die Arme. Es scheint ein Trieb in uns angelegt zu sein, der auf den Zusammenhalt der eigenen Familie hinwirkt. Ich jedenfalls habe ihn gespürt!

Solch ein Traum dient natürlich zuallererst dazu, Ängste abzubauen. Doch er bleibt oft viele Jahre lebendig, selbst wenn sich die Angst längst gelegt hat. Ich erinnere mich, dass ich noch zehn Jahre nach der Scheidung hin und wieder dachte: „Es wäre schön, wenn auch meine Kinder ein so harmonisches Großelternpaar erleben würden wie ich als Kind!“

Manchmal verleitet solch eine Sehnsucht die Kinder dazu, sich eigenartig und auffällig zu benehmen, um vielleicht auf diesem Weg eine Versöhnung herbeizuführen.

Doch irgendwann begreifen die Kinder, dass ihre Taktik nichts nützt. Dennoch ist bemerkenswert, wie stark die Macht ist, alles zu mobilisieren, um eine Familie zusammenzuhalten. Berücksichtigt man diese Tatsache, muss man folgende Frage ganz neu durchdenken: Soll man an der altmodischen Meinung festhalten, es sei für die Kinder allemal besser, ihretwegen beisammen zu bleiben, oder soll man dem liberalen Zeitgeist folgen und sich gerade wegen der Kinder scheiden lassen?

Ich meine, dass beide Lösungen ins Unglück stürzen können, wenn man sich vorschnell für die eine oder andere entscheidet, ohne die Komplexität der Situation zu berücksichtigen. Keine Lösung ist der anderen grundsätzlich überlegen. Es kommt vor, dass dort, wo ein fortgesetzter körperlicher Missbrauch stattfindet, der Schaden für das Kind allemal größer ist als der einer Scheidung.

Meine Erfahrungen als Psychotherapeut und die Ergebnisse aus der Forschung lassen mich zu dem Schluss kommen, dass die Rettung einer bestehenden Ehe durch Hilfe von außen unter fast allen Umständen einer zweiten oder sogar dritten Ehe im Interesse des Kindes vorzuziehen ist. Wenn Sie diesen Kurs einschlagen, können Sie viel eher damit rechnen, eine Lösung zu finden, die allen Beteiligten gerecht wird. Dabei sind die rein theologischen und moralischen Aspekte einer Scheidung überhaupt noch nicht berücksichtigt, mit denen sich Christen ja auch auseinander setzen müssen.

Löst die Scheidung Probleme?

Die Motive für eine Scheidung sind äußerst komplex. Die meisten haben eigentlich wenig damit zu tun, dass zwei Menschen nicht zueinander passen. Langeweile, eine Liebschaft, mangelhafte Kommunikation, übertriebene Erwartungen an das Leben, die Midlife-Crisis und neurotische Fehlentwicklungen sind viel häufiger die wahren Gründe.

Deshalb glaube ich auch, dass die meisten Ehen gerettet werden können. Die Beziehung kann wieder befriedigend funktionieren, wenn beide Partner sich für sie einsetzen, wenn sie bereit sind, Hilfe in Anspruch zu nehmen und sich verändern zu lassen.

Leider sind unsere Vorstellungen von der Ehe in der westlichen Kultur allzu romantisch verklärt worden. Ehe ist nur noch eine Beziehung, die dazu dient, unsere Bedürfnisse (die meist neurotisch oder völlig überzogen sind) zu befriedigen. Wenn das nicht mehr gewährleistet ist – so will uns die Gesellschaft einreden –, haben wir das Recht, diese Beziehung aufzulösen.

An erster Stelle dieser „Bedürfnisse", auf die wir meinen ein Recht zu haben, rangiert natürlich die Sexualität. Unsere Kultur (einschließlich unserer christlichen Subkultur) hat sich mit dem Sex ein neurotisches Monster geschaffen. Die meisten Ehepaare jagen dem Phantom einer sexuellen Lusterfüllung nach, von dem sie glauben, man müsse nur nach ihm greifen, um es zu erhaschen. Die Folge ist Frustration, weil wahre Erfüllung immer nur aus uns selbst heraus kommt. (Mehr zu dem Thema in meinem Buch *Lust oder Last,* erschienen bei Schulte & Gerth.)

Aus heutiger Sicht sind Hingabe, Verantwortungsbewusstsein und Opferbereitschaft in der Ehe altmodische Begriffe, die keine praktische Bedeutung mehr haben. Mit dem Verlust von Werten, die unsere Familien zusammenhielten, haben wir auch die Fähigkeit eingebüßt, durch wahre Liebe Zufriedenheit und Glück zu erlangen.

Doch die Scheidung ist nicht, wie die Gesellschaft uns einreden will, die einzige Antwort auf eine unglückliche Ehe. Ich bin fest davon überzeugt, dass die meisten zerrütteten Ehen durch kreative Seelsorge und eine solide Eheberatung gerettet werden können. Hierbei kann auch eine Einzeltherapie für Mann oder Frau helfen. Wichtiger noch ist es, sich an Gott zu wenden, die eigenen Fehler einzugestehen und ihn um Beistand und Heilung zu bitten.

Eine Scheidung ist kein Allheilmittel für alle unsere Eheprobleme. Damit macht man es sich zu einfach. Ich habe inzwischen viele Fälle kennen gelernt, bei denen die Scheidung mehr Probleme geschaffen als gelöst hat. Die Forschung bestätigt meine Erfahrungen: Von den Erwachsenen, die man fünf Jahre nach ihrer Scheidung befragt hat, gab nur ein Viertel an, mit den neuen Lebensumständen gut zurechtzukommen. Die Hälfte „wurstelte" sich durch. Die Übrigen denken mit Wehmut zurück an die gemeinsame Zeit vor der Trennung und wünschen sich, niemals geschieden worden zu sein. Die Scheidung hat keins ihrer Probleme gelöst, dafür aber viele hinzugefügt.

Ist Ihre Scheidung wirklich unabwendbar?

Mit dem bisher Gesagten ging es mir vor allem darum, christliche Ehepaare, die eine Scheidung erwägen, nachdenklich zu stimmen und sie zu einem Aufschub ihrer Entscheidung zu bewegen. Ganz bewusst habe ich auf spirituelle und moralische Argumente verzichtet – was allerdings nicht heißt, dass ich ihre Existenz leugne. Vielmehr glaube ich, dass die schädlichen Folgen einer Scheidung und das Recht des Kindes auf Unversehrtheit schon für sich so gewichtige Argumente sind, dass sie die biblischen Gebote gegen eine eilfertige Scheidung eindrucksvoll bestätigen.

Dennoch lassen sich Menschen scheiden, und selbst aus christlichen Kreisen werden immer alarmierendere Scheidungsraten gemeldet. Eine Scheidung ist heute genauso traumatisch wie damals, als ich selber davon betroffen war.

Wenn Sie eine Scheidung in Erwägung ziehen, lassen Sie sich die folgenden Überlegungen noch einmal durch den Kopf gehen, bevor Sie konkrete Schritte einleiten.

1. Lesen Sie folgende Stellen aus der Bibel. Der Tenor ist eindeutig: Die Scheidung ist eine Notlösung, „wegen eurer Herzenshärtigkeit". Matthäus 5,31-32; 19,3-9; Markus 10,2-12; Lukas 16,8; Römer 7,1-3; 1. Korinther 7,10-17.
2. Versuchen Sie die Schwächen Ihrer Ehe aus einer anderen Perspektive zu sehen. Vielleicht sind *Sie selber* das Problem, so dass eine weitere Ehe keine Veränderung bringen kann. Reden Sie mit einem Seelsorger. Er kann Ihnen eine Eheberatung empfehlen. Je nach Problemlage brauchen Sie einen Psychologen oder Familientherapeuten.
3. Seien Sie vor sich selber ehrlich und bereit, sich mit Ihrem Anteil an den Eheproblemen konfrontieren zu lassen. Nur selten ist ein Partner allein schuld.
4. Hinterfragen Sie die allzu schlichte Vorstellung, eine Scheidung löse alle Ihre Probleme. Denken Sie über die unweigerlichen Folgen nach, und seien

Sie Freunden gegenüber skeptisch, die Sie zur Scheidung drängen – vor allem dann, wenn diese selber geschieden sind. Das ist nämlich oft ihre Art, Freunde in ihr Boot zu ziehen, damit sie nicht so allein mit ihren Gewissensbissen sind.

5. Machen Sie sich klar, dass es keine Ehe ohne Konflikte gibt und dass jede Beziehung ihre „Jahreszeiten" hat. Ist der Winter bei Ihnen eingekehrt, so ist der Frühling vielleicht schon nicht mehr weit. Sie haben Ihren Partner doch früher geliebt. Warum sollte sich diese Zuneigung nicht wieder einstellen? Sorgen Sie aber vor allem dafür, dass Ihnen Unversöhnlichkeit nicht den Weg zurück versperrt. Wenn der Partner Ihnen wirklich übel mitgespielt hat, so sollten Sie immer daran denken, dass Vergebung jede Tat überstrahlen kann – so schlimm sie auch gewesen sein mag und immer einen Neuanfang bedeutet.
6. Bitten Sie Gott im Gebet um Geduld, um die Entschlossenheit durchzuhalten, um Weisheit und Courage.
7. Ergreifen Sie die Initiative, und suchen Sie aktiv nach Lösungen für Ihre Eheprobleme. Gehen Sie, wenn nötig, auch allein zu einem Therapeuten oder Seelsorger.
8. Machen Sie sich bewusst, dass Liebe und Hass immer dicht beieinander liegen. Sie sind die zwei Seiten derselben Medaille. Die große Liebe kann blitzschnell in großen Hass umschlagen – und umgekehrt!
9. Denken Sie immer daran: Alles, was Sie brauchen, damit eine Ehe funktioniert, ist *die Bereitschaft,*

sie fortzuführen und sich selber um der Beziehung willen zu ändern!

Wenn Ihre Ehe wirklich nicht gerettet werden kann oder wenn Sie bereits geschieden sind, dann hoffe ich, dass die folgenden Kapitel Ihnen helfen. Vielleicht gelingt es Ihnen ja doch noch, in Ihrer persönlichen Tragödie eine Wendung herbeizuführen, durch die Ihre Kinder wieder unbeschwert aufwachsen und reifen können. Wenn Sie sich wirklich Mühe geben, werden Sie Ihren Kindern zu einem geordneten und glücklichen Leben den Weg ebnen.

3. Geheilt von aller Bitterkeit

Nahezu ein Drittel aller geschiedenen Eltern ist noch Jahre nach ihrer Trennung verbittert und feindselig. Das hat die Forschung festgestellt und entspricht auch meinen klinischen Beobachtungen.

Das Problem dabei ist, dass wieder die Kinder die Leidtragenden sind. Durch die nicht enden wollenden Scharmützel, bei denen sie immer wieder in die Schusslinie geraten, können ihre Wunden nicht heilen. Wenn Ihnen also das Wohl Ihrer Kinder am Herzen liegt, werden Sie alles daransetzen müssen, die Verbitterung abzulegen, die Ihnen die unglückliche Ehe und die Streitereien um die nachfolgende Scheidung eingebracht haben.

Die Heilung beginnt immer bei einem selbst. Es ist letztlich bedeutungslos, wie verhaltensgestört Ihr Partner war oder wer am Ende die Schuld für alles trägt. *Sie selber* sind immer der Ausgangspunkt des Heilungsprozesses. Wenn Sie darauf warten, dass Ihr ehemaliger Partner den ersten Schritt tut, wird wohl noch sehr viel Zeit vergehen, bis etwas diesbezüglich geschieht.

Bevor Sie Ihrem Kind helfen können, seine Persönlichkeit so zu entwickeln, dass es die Trennung gut verarbeitet, müssen Sie zuerst selbst all den Groll ablegen, der sich durch die Scheidung unweigerlich bei Ihnen angehäuft hat.

Damit ist nicht gesagt, dass eine solche Heilung von heute auf morgen vonstatten geht. Es ist vielmehr ein (oft langwieriger) Prozess, der Einsatz über einen längeren Zeitraum erfordert. Allerdings kann man etwas für seine Beschleunigung tun, selbst wenn das Ende noch nicht abzusehen ist. Erforderlich ist vorrangig der Wille zum Handeln, Ehrlichkeit vor sich selbst, Mut und die feste Überzeugung, dass es unerlässlich ist, Bitterkeit, Hass und alle Rachegelüste so schnell wie möglich loszuwerden. Sie müssen sich klar machen, dass all das wie eine Krebsgeschwulst wuchert. Je eher solch ein Tumor entfernt wird, desto besser ist die Prognose.

Vielleicht sind Sie überzeugt, gar keinen Groll in sich zu tragen. Vielleicht haben Sie sich zu überreden versucht, es gebe für Sie nichts zum Nachtragen. Wenn das wirklich stimmen sollte, gehören Sie zu einer ganz seltenen Spezies. Nein, nein, ich unterstelle Ihnen keineswegs, nicht ehrlich genug mit sich selber zu sein. Nur ist mir ein Mensch wie Sie noch nicht begegnet. Aber lassen wir das! Es ist wesentlich wahrscheinlicher, dass Sie die negativen Gefühle verdrängen, weil Sie Angst vor ihnen haben. Sie wollen Ihr Leben nicht beeinträchtigen oder fürchten sich vor der Konfrontation, weil die Ihnen Entscheidungen abverlangt. In diesem Kapitel möchte ich Ihnen helfen, diese Konfrontation durchzustehen. Stellen Sie sich Ihrem Groll und überwinden Sie ihn danach.

Wer leidet am meisten?

Zu einer Scheidung gehören immer zwei Parteien. Da ist der Initiator, der die Scheidung will, und der passive Teil, der meist vor vollendete Tatsachen gestellt wird. Es kommt recht selten vor, dass sich Paare im gegenseitigen Einvernehmen scheiden lassen und gleichermaßen Erleichterung verspüren, so dass es auf keiner Seite Verletzungen gibt.

Sind Kinder beteiligt, sind diese natürlich vor allem die Leidtragenden. Ich möchte den Eltern Wege zeigen, wie man dieses Leid so erträglich wie möglich macht.

Auch andere Beteiligte werden verletzt: Eltern, Angehörige und Freunde. Eine Scheidung ist immer wie ein Stein, der ins Wasser fällt und seine Wellenkreise zieht. Man kann sie nicht verhindern. Wir wollen uns in diesem Kapitel aber auf die Hauptbetroffenen nach einer Scheidung konzentrieren: der Partner, der verstoßen wird, und die Kinder. Ich lege allerdings auch all jenen ans Herz, dieses Kapitel zu lesen, die noch vor der Scheidung stehen. Sie werden einiges darüber erfahren, wie man die Heilung der betroffenen Kinder fördert und beschleunigt.

Eine Scheidung ist ganz selten eine positive Lebenserfahrung für beide Partner. Manchmal werden Ausländer geheiratet, damit sie ein Aufenthaltsrecht im Land bekommen, oder es wird um einer Erbschaft willen geheiratet. So manches nette Drehbuch ist zu diesem Thema geschrieben worden. Schnell lässt man sich wieder scheiden, wenn das Erbe ausgezahlt oder die Einbürgerung vonstatten gegangen ist. Kennen gelernt hat man sich dabei kaum. Deshalb bleibt kein Groll zurück. Es war schließlich niemals eine richtige Ehe.

Auch nach einer „normalen“ Ehe wird es durchaus vorkommen, dass beide Parteien nach außen in die

Scheidung einwilligen. Doch im Innern der Beteiligten sieht es oft ganz anders aus. Mindestens einer der Partner will sich im Grunde gar nicht trennen. Der Initiator leidet unter Schuldgefühlen, und der andere fühlt sich abgelehnt und abgewiesen. Sowohl Gewissensbisse als auch die Kränkung lösen Verbitterung aus – aus verschiedenen Gründen.

Was aber ist Verbitterung? Es ist die tiefe Verärgerung darüber, dass man verletzt und gedemütigt worden ist. Man speichert viele negative Gefühle.

Meine Erfahrungen als Psychologe lehren mich, dass derjenige, der vom anderen abgelehnt und verstoßen wird, am meisten unter der Scheidung leidet. Ausnahme hiervon ist der Partner, dessen Mann oder Frau fremdgegangen ist und der deshalb das Gefühl hat, ihm bliebe nichts anderes übrig, als zu gehen. Der Betroffene, der daraufhin die Scheidung betreibt, ist nicht so sehr über die Trennung an sich verbittert, sondern eher über das Unrecht, das ihm widerfahren ist.

Niemand hat es gern, wenn er abgelehnt und verstoßen wird. Das widerspricht unserer Natur. Unsere Seele lebt von dem Gefühl, angenommen zu sein. Wenn unsere Beziehung zerbricht, wollen *wir* es lieber sein, die dem anderen den Laufpass geben. Das verringert die Seelenpein.

Es ist tatsächlich so, dass derjenige, der sich am meisten abgelehnt fühlt, auch mit der größten Bitterkeit reagieren wird. Bei jeder Scheidung wird es also zu Verbitterung bei der einen oder anderen Partei kommen. Diese Bitterkeit muss erst geheilt werden, bevor wir weitergehen können.

Warum müssen wir erst die Bitterkeit ablegen? Die Antwort auf diese Frage schien mir klar. Aber merkwürdigerweise halten viele meiner Patienten beharrlich an ihrer Bitterkeit fest und kommen gar nicht auf den Gedanken, davon abzulassen. Deshalb muss ich hier auf diese Frage näher eingehen. Vielen fehlt die Motivation! Warum sollten sie sich bemühen, von ihr Verbitterung loszukommen?

Ich möchte auf die Ausführungen des Apostels Paulus verweisen, die er unter Anleitung des Heiligen Geistes gemacht hat: „Jede Art von Bitterkeit, Wut, Zorn, Geschrei und Lästerung und alles Böse verbannt aus eurer Mitte!“ (Epheser 4,31). Das ist doch eine ziemlich eindeutige Botschaft, oder?

Des weiteren ist wichtig: Das Wohl unserer Kinder hängt davon ab, dass wir unsere Bitterkeit ablegen. Wenn wir das Beste aus der Situation nach der Scheidung machen wollen, ist es unerlässlich, keinen Groll mehr zu hegen. Das schafft man kaum, solange die Scheidung noch im Gange ist. Die Umstände sind zu traumatisch, so dass sie immer neue negative Gefühle hervorbringen. Ich habe viele Paare kennen gelernt, die sich in der Vorbereitungsphase ihrer Scheidung noch relativ einig waren. Als dann aber der Termin konkret wurde, zerstritten sie sich völlig. Und es sind keineswegs immer die Richter und Rechtsanwälte, durch die die Situation eskaliert.

Die Zeit nach der Scheidung verlangt mindestens so viel Bereitschaft zum Konsens wie die vorausgegangene Ehe. Jetzt wird um Geld und Besuchsrechte gerungen, und die Eltern bzw. Schwiegereltern mischen tüchtig mit. Nach der Scheidung ist die Versuchung besonders groß, dem anderen „eins auszuwischen" und sich zu rächen.

Im Prinzip ist es egal, wie heftig die Erwachsenen miteinander streiten. Ich habe mir viel davon anhören müssen. In den meisten Fällen haben die Eltern ihren Privatkrieg auch ganz gut überstanden. Es sind erwachsene Menschen, die sich verteidigen können. Doch sobald Kinder dabei Schaden nehmen, weil sie ins Kreuzfeuer zwischen den Fronten geraten, wird es schrecklich. Und leider musste ich erfahren, dass sich selbst gläubige Eltern immer wieder dieser Form der Kindesmisshandlung schuldig machen!

Eine Frau, die sich für eine gläubige Christin hielt, kam zu mir in die Therapie. Sie fühlte sich so sehr von ihrem Exmann in die Enge getrieben, dass sie besessen von dem Gedanken war, ihre Kinder als Waffe gegen ihn einzusetzen. Sie nutzte jede Gelegenheit, von den außerehelichen Abenteuern des Vaters zu erzählen, wobei sie alles noch übertrieb. Außerdem behauptete sie ständig, er würde ihr das dringend benötigte Geld vorenthalten. Jedes noch so unappetitliche Detail ihrer gescheiterten Ehe wurde haarklein erzählt und den noch verhältnismäßig kleinen Kindern immer wieder aufgetischt. Das hatte natürlich schlimme Folgen. Als ich ihr vorhielt, dass sie ihre Kinder damit missbrauche, explodierte sie: „Selbstverständlich setze ich meine Kinder ganz bewusst gegen ihn ein! Sie sollen wissen, was für ein Kerl das ist. Und sie sollen ihn so hassen wie ich!"

Ich fragte sie: „Wie wollen Sie diesen eklatanten Missbrauch Ihrer elterlichen Gewalt Gott gegenüber verantworten?" Und sie antwortete: „Ich will meinen

Mann durch die Kinder bestrafen, weil ich mir nicht sicher bin, ob Gott diese Aufgabe wirklich übernimmt."

Möglicherweise hat sie gar nicht Unrecht. Gott wird den Mann nicht bestrafen, wenn er seine Schuld eingesteht. Das ist Gottes Art, und sie bringt Menschen zur Weißglut, die seine Barmherzigkeit nicht kennen.

Auch geschiedene christliche Eltern sind offen für alle möglichen Verfehlungen, wenn sie sich von der zerstörerischen Macht der Bitterkeit bestimmen lassen. Deshalb ist es so wichtig, dass die Heilung dieser Bitterkeit oberste Priorität für sie hat. Wer dies nicht beherzigt, macht sich schuldig.

Bitterkeit – das Krebsgeschwür der Seele

Über das Gefühl der Bitterkeit schweigen Psychologen oft. Ich habe mir einmal die Mühe gemacht und die Stichwortverzeichnisse einiger Einführungen in die Psychologie aus meinem Bücherschrank durchgelesen. Nirgends fand ich den Begriff „Bitterkeit" oder „Verbitterung" . Ich bin überzeugt, dass es für dieses Problem außerhalb des Evangeliums überhaupt keine echte Lösung gibt. Ich werde noch verdeutlichen, warum. Die Wurzel unserer Verletzungen kann nur durch die Frohe Botschaft vom Erlöser Jesus Christus geheilt werden.

Die Bitterkeit ist eine der zerstörerischsten Emotionen des Menschen. Ihr Zerstörungswerk durchdringt unser tiefstes Innerstes. Sie ist sowohl ein geistliches als auch ein psychisches Problem, das von beiden Seiten her überwunden werden muss.

Ihre zerstörerische Kraft hat verschiedene Quellen:

- *Bitterkeit lässt nichts vergessen.*
- *Bitterkeit lässt auch kleine Wunden groß erscheinen.*
- *Bitterkeit macht verdrossen und unglücklich.*
- *Bitterkeit kennt immer nur eine Lösung – die Rache.*

Befassen wir uns nun näher mit jedem einzelnen dieser Punkte:

Warum wir von der Bitterkeit nicht lassen

Zu den faszinierendsten Fähigkeiten unseres Gehirns gehört das Vergessen. Es sorgt dafür, dass wir nicht dauernden Schaden leiden. Gott hat uns absichtlich mit einem Gedächtnis geschaffen, das Inhalte verblassen lässt.

Wir beklagen uns zwar immer wieder darüber, wenn uns ein Name oder etwas anderes nicht einfällt. Aber glauben Sie mir: Das Vergessen ist auch ein großer Segen und eine heilende Kraft. Es schützt das Gemüt vor Überlastung mit Nebensächlichkeiten.

Wenn wir *nichts* vergessen könnten (denken Sie einmal darüber nach, was ein Mensch an einem einzigen Tag erlebt), dann würden wir unseren Verstand verlieren. Unsere Speicherkapazität im Bewusstsein wäre bald hoffnungslos überlastet und das Gehirn, so einzigartig es auch ist, bekäme „Platzmangel".

Schlimm an der Bitterkeit ist, dass sie die heilende Wirkung des Vergessens außer Kraft setzt. Sie erhält unsere Erinnerungen an erlittenes Unrecht lange Zeit wach. Diese Erinnerungen aber lassen uns Tag für

Tag unsere schmerzvollen Erfahrungen neu durchleben. Und damit wächst unser Verlangen, es dem anderen heimzuzahlen. Wir sinnen ständig auf Rache.

Ich staune immer wieder über die menschliche Fähigkeit, Bitterkeit lebendig zu erhalten. Bei unserem Kater kann ich das nicht beobachten. Er scheint Lieblosigkeiten schnell zu vergessen. Tiere sind kaum nachtragend. Vielleicht ist das der Grund, warum so viele Menschen Haustiere lieben, nicht aber ihre Mitmenschen.

Wenn uns Menschen Unrecht getan wird und wir verletzt werden, vergessen wir das nicht so schnell. Aus diesem Grund hatte Gott in alttestamentlicher Zeit sechs Städte in Israel ausgesondert, die als Freistädte dienten. In diese Städte, die über das Land verteilt lagen, konnte derjenige fliehen, der einen anderen Menschen getötet hatte, so dass er vor dem Zorn der Angehörigen und Freunde geschützt war. Zur Zeit des Alten Testaments galt noch das Gesetz „Auge um Auge, Zahn um Zahn“. So durfte man auch jemand mit dem Tod bestrafen, der einen anderen unabsichtlich getötet hatte. Wer in solch eine Freistadt floh, konnte sich sicher fühlen, aber er durfte sie nie wieder verlassen, weil er sonst Gefahr lief, doch noch bestraft zu werden.

Auch danach sind die Menschen vom Prinzip „Auge um Auge“ nicht abgewichen. Groll und Bitterkeit scheinen sich leicht und hartnäckig in unseren Hirnwindungen festzusetzen. Es ist schwer, jemand zu überzeugen, sich von seiner Verbitterung zu befreien. In meiner Praxis habe ich das oft versucht und bin in vielen Fällen gescheitert. Die Menschen halten an ihrem Groll fest, als hinge ihr Leben davon ab.

Wie wir unsere Verbitterung rechtfertigen

Die meisten von uns halten an ihrer Verbitterung fest, weil sie sich einreden, sie sei gerechtfertigt. Sie sagen sich: „Ich habe ein Recht darauf, so zu empfinden. Immerhin bin ich schwer verletzt worden."

Es wird Ihnen wie den meisten Menschen nicht schwer fallen, zahlreiche Situationen in Ihrem Leben zu nennen, in denen Sie körperlich oder seelisch angegriffen wurden. Wie oft sind Sie kritisiert oder von anderen abgelehnt worden! Mit ein paar plastischen Schilderungen würden Sie auch skeptische Geschworene davon überzeugen, dass man Ihnen übel mitgespielt hat. Niemand bleibt vor Ungerechtigkeiten verschont. Hilft aber Selbstmitleid, von Bitterkeit loszukommen? Heilt es Ihre Wunden? Ich habe noch keinen Beweis dafür gefunden, dass gehegte Bitterkeit einen Menschen glücklicher und gesünder macht. Im Gegenteil: Bitterkeit zerstört den Verbitterten und nicht den eigentlichen Übeltäter!

Wenn Bitterkeit so selbstzerstörerisch ist, warum klammern wir uns dann so daran? Es scheint nur so, dass die Verletzten durch ihre Bitterkeit Genugtuung empfinden. Sie nährt unser Selbstmitleid und macht uns selbstgerecht. Es sind ganz primitive Überlebensstrategien, die uns Groll und Rache empfinden lassen. Es scheint eine „natürliche" Reaktion zu sein, sich so zu verhalten. Deshalb löst jeder Schritt zur Heilung unserer Bitterkeit zunächst Unbehagen aus, so als wollten wir dem archaischen Wesen in uns etwas Wesentliches rauben. Ein solcher Schritt verlangt also Mut, Entschlossenheit und die Bereitschaft, Gottes Hilfe anzunehmen.

Wie wir die Bitterkeit vermehren

Bitterkeit hat die Eigenschaft, sich einzunisten. Sie breitet sich in unserer Seele aus wie Unkraut im Garten.

Eine Frau, die bei mir in der Therapie war, fand eines Tages heraus, dass ihr Mann eine Affäre hatte. Als sie ihn zur Rede stellte, gab er seinen schlimmen Fehltritt zu und bat um Verzeihung.

Sie vergab ihm auch, und in den ersten Monaten nach ihrer Versöhnung schien die Frau ihre Gefühle im Griff zu haben. Doch dann begann sie, ohne es zu merken, immer öfter alles Mögliche an ihm zu bekritteln. All die kleinen Dinge, an denen sie etwas auszusetzen hatte, blieben ihr im Gedächtnis haften. Die Liste seiner „Schandtaten“ wurde immer länger. Jedes Mal, wenn er etwas tat, was sie erboste, hatte sie einen weiteren Punkt gegen ihn gesammelt.

Das aber rief immer wieder die Erinnerungen an seinen Seitensprung wach. Sie beobachtete ihn mit Argusaugen und wurde immer misstrauischer. Nach ein paar Monaten nahm das Ganze krankhafte Züge an. Sie traute ihrem Mann nicht mehr über den Weg. Sie spionierte ihm nach, wann immer es ging, und schließlich machte sie sogar schon die Wahl seiner Kleidung misstrauisch. „Warum ziehst du denn gerade heute diesen Anzug an?“, fragte sie z.B. „Wieso kommst du zehn Minuten zu spät?“ Die Bitterkeit in ihrem Herzen trug immer mehr Früchte, und bald war sie nicht mehr imstande, ihre Gefühle zu kontrollieren. Am Ende führte ihre Verbitterung dazu, dass die Ehe doch noch in die Brüche ging.

Ein Mann wurde das Gefühl nicht los, von seiner Mutter tief verletzt worden zu sein. Als er ein kleiner Junge war, schnüffelte sie ständig hinter ihm her. Selbst die Tür zum Bad riss sie unvermittelt auf, um nachzusehen, was er dort treibe.

Ich begegnete diesem Mann, als er bereits Ende Vierzig war. Inzwischen war die Abneigung gegen seine bereits betagte Mutter zu einer Zwangsvorstellung geworden. Er brachte Briefe mit, um mir zu beweisen, was für eine schreckliche Person seine Mutter sei. Sogar Telefongespräche mit ihr zeichnete er auf, womit er ihren schlechten Charakter belegen wollte.

Doch nichts, was ich las oder hörte, überzeugte mich davon, dass diese Frau ein Ungeheuer war. Sie machte auf mich eher den Eindruck einer freundlichen und sanftmütigen Person, die verzweifelt versuchte, die Liebe ihres Sohnes zu gewinnen. Er jedoch verdrehte alles, um seine Bitterkeit zu rechtfertigen. Und was waren die Folgen? Er war ein zutiefst unglücklicher und von Zwängen beherrschter Mann.

Wie wir mit Bitterkeit umgehen sollten

Es ist nicht Gottes Absicht, dass wir Menschen immer wieder alles tun, um uns selbst zu zerstören. Als Wesen mit einem freien Willen entscheiden wir mit über unser Schicksal. Doch da wir in Sünde gefallen sind, neigen wir dazu, uns selbst zu schaden, sobald wir uns selbst überlassen bleiben.

Gott hat uns nicht im Stich gelassen! Er hat uns den Ausweg aus unserer Zwangslage gewiesen, und zwar in seinem Evangelium. Als Psychologe staune ich immer nur, wie vollkommen die Frohe Botschaft auf unsere Bedürfnisse eingeht und darin Antworten auf die grundlegendsten Fragen unseres Menschseins enthalten sind.

Wenn man sich einmal klar macht, wie die Heilung (vor allem von Bitterkeit) nach Gottes Plan vonstatten gehen soll, stößt man auf vier wichtige Punkte. Es sind vier Schritte, die dazu dienen, die zerstörerische Macht der Bitterkeit zu vernichten:

1. Betrachten Sie Ihre Verletzungen aus der Perspektive Gottes.
2. Machen Sie sich frei von dem Gedanken, Rache üben zu müssen.
3. Sagen Sie denen, die Ihnen übel mitgespielt haben, dass Sie ihnen vergeben wollen.
4. Verwandeln Sie ganz bewusst Groll in Freundlichkeit.

Diese vier Schritte entsprechen der biblischen Sicht, wie man mit Bitterkeit und Groll umgehen soll. Wer sie beachtet, erlebt die Heilung seiner Bitterkeit, was ihn in die Lage versetzen wird, den eigenen Kindern beizustehen. Sie als geschiedene Mutter oder getrennt lebender Vater sind es Ihren Kindern schuldig, eine möglichst heile Atmosphäre für sie zu schaffen, damit sie sich schnell an ihre neuen Lebensbedingungen gewöhnen. Wenn wir jetzt diese vier Schritte im Einzelnen behandeln, vertrauen Sie auf Gott: Er wird auch Ihnen helfen, sie in Ihrem Leben in die Tat umzusetzen.

Betrachten Sie Ihre Verletzungen aus der Perspektive Gottes.

Wenn wir unsere Verletzungen schnell und vollständig vergessen könnten, wäre Bitterkeit kein Problem für uns. Doch leider vergessen wir nicht so leicht. Ich habe schon manchmal spaßeshalber gefordert, die Pharmaindustrie möge doch endlich eine „Vergessenspille" erfinden. Ich würde sie in meiner Praxis ganz bestimmt verschreiben!

Doch unsere Bitterkeit lässt uns vieles nicht vergessen. Deshalb müssen wir uns nach anderen Möglichkeiten umschauen, wie wir unserer verbitterten Seele helfen können.

Selbst wenn wir Gottes Hilfe in Anspruch nehmen, können wir nicht mit Spontanheilungen rechnen. Er nimmt uns unsere Erinnerungen nicht mit einem Fingerschnipp weg. Vielmehr gilt es, sich diesen Erinnerungen mutig zu stellen.

Bemerkenswert ist, dass wir vergangenes Leid selbst noch in der Gegenwart erleben, als geschähe es uns jetzt. Wenn wir immer noch durchleiden, was uns in der vergangenen Woche widerfahren ist, dann liegt das an der Fähigkeit unseres Gedächtnisses, die Umstände jenes Augenblickes in aller Anschaulichkeit wiederzubeleben. Schreiben Sie sich deshalb folgende Regel auf, damit Sie immer wieder daran erinnert werden: *Die Heilung meiner Bitterkeit beginnt, wenn beim Erinnern nicht mehr wiederbelebt wird.* Diese Regel ist von ganz entscheidender Bedeutung!

Wie aber nehmen wir unseren Erinnerungen die Kraft, uns immer wieder aufs Neue zu verletzen? Eine Möglichkeit ist, zu lernen, unsere eigenen Verletzungen zu relativieren: Wie oft kränken wir Gott mit unserem Eigensinn! Verletzen wir ihn nicht viel mehr, als wir je verletzt worden sind? Jesus hat dazu ein Gleichnis erzählt. Es ist die Geschichte vom unbarmherzigen Knecht in Matthäus 18,21-35. Wie in allen seinen Gleichnissen wird dort uns Gottes Wesen anschaulich vor Augen geführt.

Bevor Jesus zu erzählen beginnt, fragt Petrus ihn, wie oft er seinem Bruder zu vergeben habe, der an ihm schuldig geworden sei. Würde siebenmal genügen?

Jesus erwidert, dass das nicht ausreiche. Bis zu siebzigmal sieben sei immer noch nicht genug. Dann erzählt Jesus das Gleichnis von dem König, der mit seinen Knechten abrechnen wollte. Einer der vor ihn gebrachten Knechte schuldete ihm zehntausend Talente (das sind nach heutiger Rechnung fast eine Million Dollar). Als er aufgefordert wurde, seine Schuld zu begleichen, fiel er vor dem König auf die Knie und bettelte, man möge Frau und Kinder und seine Habe nicht verkaufen. Er sagte: „Ich verspreche, alle meine Schulden zu bezahlen. Aber gewähre mir noch etwas Aufschub."

Und wie reagierte der König? Er wurde innerlich bewegt und erließ ihm das Darlehen.

Der Knecht ging hinaus und begegnete einem seiner Mitknechte, der ihm hundert Denare (ungefähr zehn Dollar) schuldete. Er würgte ihn und herrschte ihn an: „Du bezahlst augenblicklich deine Schulden, oder ..." Der Mitknecht fiel darauf auf seine Knie und bat: „Ich verspreche, alle meine Schulden zu bezahlen. Doch gib mir noch etwas Zeit." Der unbarmherzige Knecht ließ sich jedoch nicht darauf ein. Er sorgte dafür, dass der andere ins Gefängnis geworfen wurde, bis er die Schuld bezahlt habe.

Als der König davon erfuhr, ließ er seinen Knecht zu sich rufen und sprach: „Du elender Diener! Deine ganze Schuld habe ich dir erlassen, weil du mich so angefleht hast. Hättest nicht auch du mit jenem, der gemeinsam mit dir in meinem Dienst steht, Erbarmen haben müssen, so wie ich mit dir Erbarmen hatte?" Und in seinem Zorn übergab ihn der Herr den Folterknechten, bis er die ganze Schuld bezahlt hatte.

Und dann sagt Jesus die entscheidenden Worte: „Ebenso wird mein himmlischer Vater jeden von euch behandeln, der seinem Bruder nicht von ganzem Herzen vergibt."

Ich weiß nicht, wie es Ihnen geht, aber mich hat dieses Wort immer sehr nachdenklich gestimmt.

Welche Bedeutung hat dieses Gleichnis für uns? Sein Thema ist nicht etwa das Geld. Es geht vielmehr um Verletzungen und Unversöhnlichkeit. Die Bibel beschreibt die zugrunde liegende Situation mit den Worten: „Wenn jemand gegen dich gesündigt hat ..." Wer sind die handelnden Personen in der Geschichte? Der König ist Gott. Der erste Knecht sind *Sie*. Der Mitknecht ist derjenige, der Sie verletzt hat – Ihr Expartner also, weil wir hier über die Ehe sprechen.

Uns wird eine ganz wichtige Lektion erteilt: Was andere Ihnen auch angetan haben, es ist geradezu bedeutungslos im Gegensatz zu all den Schulden, die Sie bei Gott haben (nicht ein paar Denare, sondern tausend Talente).

Und was ist die Quintessenz dieser Geschichte? Solange Sie nicht die Bosheiten anderer vergeben, so lange laden Sie Gott gegenüber Schuld auf sich. So einfach ist das. Ich spreche in diesem Zusammenhang oft vom Kleingedruckten in der Bibel. In unserer Freude darüber, Gottes Vergebung erlangt zu haben, übersehen wir geflissentlich, dass viele Aussagen noch einen zweiten Teil haben. Die Botschaft dieses Gleichnisses ist eindeutig. Wir beten sie sogar regelmäßig im Vaterunser: „Und vergib uns unsere Schuld, wie auch wir vergeben unseren Schuldigern." Die Formel ist eindeutig; herausreden können Sie sich also nicht!

Wer diesen Zusammenhang erkennt, der sieht das ihm angetane Leid plötzlich in einem ganz anderen Licht. Wenn wir begreifen, dass das größte Leid, das jemand uns antun kann, gegen den Kummer verblasst, den wir Gott mit unserem Eigensinn machen, dann gewinnt die Frage, wie oft wir selber vergeben sollen, ein ganz anderes Gewicht. Wir können niemals zu viel vergeben, denn die Schulden, die Gott uns erlassen hat, sind allemal größer als alle, die andere bei uns haben – einschließlich unseres Expartners. Sobald wir diese veränderte Perspektive erkennen, fällt es uns leichter, uns von unserer Bitterkeit zu lösen.

Machen Sie sich frei von dem Gedanken, Rache üben zu müssen.
Es ist zunächst einmal eine ganz natürliche Reaktion, wenn wir nach erlittenem Unrecht zurückschlagen möchten. Dieser Impuls entspringt dem Selbstschutzmechanismus, der in ganz bestimmten Situationen wichtig ist, wenn wir z.B. körperlich angegriffen werden. Dann soll der Angreifer wissen, dass auch er von uns bedroht wird, sofern er uns attackiert. Doch bei seelischen Verletzungen ist Vergeltung wenig hilfreich. Hier bewirkt sie am Ende nicht den Schutz der eigenen Person, sondern deren Zerstörung. Rache gebiert Rache – und schon wird ein Teufelskreis in Gang gesetzt.

Susan, eine intelligente und attraktive Frau, Mutter von drei Kindern, war Mitte Dreißig, als sie herausbekam, dass ihr Mann eine Affäre mit ihrer jüngeren Schwester hatte. Sie war außer sich vor Wut. Sie war sonst eher bedachtsam und ausgeglichen. Doch plötzlich entdeckte sie selber ganz neue Züge an sich: Sie war imstande, abgrundtief zu hassen. „Ich könnte mir im Augenblick vorstellen, sogar einen Mord zu begehen", erzählte sie, als sie Hilfe suchend zu mir kam. Ihr war bewusst geworden, wie sehr sie bereits von ihren Emotionen beherrscht wurde.

Schlimmer hätte es für Susan nicht kommen können. „Wenn Bob seine Affäre wenigstens mit einer mir unbekannten Frau gehabt hätte, dann würde es mir vielleicht leichter fallen, ihm zu vergeben. Aber meine eigene Schwester! Wir begegnen uns gezwungenermaßen fast jeden Tag. Ich werde keinem von beiden je vergeben können."

Eine Weile verbarg Susan ihren Groll vor anderen. Nach außen erweckte sie den Eindruck, ihrem Mann Bob und ihrer Schwester vergeben zu haben. Doch immer abends vor dem Einschlafen fing sie an zu grübeln. Immer wieder kamen die Erinnerungen hoch. Sie stellte sich vor, wie sie die beiden überraschte und sich darauf nichts sehnlicher wünschte, als dass Gott sie schwer strafen möge. Sie reagierte jetzt schnell gereizt und war unfreundlich zu jedermann. Sie zog sich immer mehr zurück und wurde verbittert. Ihre Rachegelüste beherrschten sie fortan. Und so verfolgte sie der Gedanke: „Ich werde diese Gefühle nur los, wenn ich Bob und meiner Schwester etwas Schlimmes antue."

Um Susan zu helfen, mit ihrem Groll umzugehen, erinnerte ich sie an das Gleichnis vom unbarmherzigen Knecht. Ich bat sie, ihre Verletzungen einmal aus einer anderen Perspektive zu sehen und ihre Schulden Gott gegenüber mit jenen zu vergleichen, die Mann und Schwester bei ihr hatten. Was ich von ihr erwartete, war im Grunde ganz schlicht und einfach: Sie sollte einen Standpunkt einnehmen, von dem aus sie deutlich erkennen konnte, dass ihre Verletzungen, so schrecklich sie auch waren, völlig an Bedeutung verloren, wenn sie sie mit jenen verglich, die sie Gott zugefügt hatte.

Dies gelang nicht von heute auf morgen. Susan betete jetzt viel. Und ganz allmählich begann sie zu begreifen, worauf es ankam. Sie bekam ein Gespür dafür, wie tief sie als Mensch gefallen war. Und damit war sie vorbereitet, den nächsten Schritt zu tun: Sie konnte etwas gegen ihre Rachegedanken unternehmen.

Wie werden wir unsere Rachegelüste los? Indem wir jenen vergeben, die uns etwas angetan haben. *Es gibt keine andere Möglichkeit!* Da die meisten Nichtchristen diese Möglichkeit der Vergebung nicht kennen, fällt es ihnen so schwer, sich von Rachegedanken zu befreien.

Was aber ist Vergebung? Ganz einfach: Sie verzichten auf Ihr Recht, Vergeltung üben zu dürfen! Nach rein menschlichen Maßstäben haben Sie das Recht, jenen etwas anzutun, die Sie verletzt haben. Die Rache ist ein uraltes Prinzip. Wenn Sie jedoch vergeben, so wie es Gottes Weise ist, geben Sie dieses Recht auf. Was jedoch nützt Ihnen das? Nun, Sie sollen vor weiterem Leid geschützt werden. *Es geschieht zu Ihrem Vorteil,* denn wenn Sie Ihren Rachegelüsten nachgeben, wird die Eskalation des Konflikts kaum zu vermeiden sein. Gott kennt uns Menschen viel besser als wir selbst. Deshalb möchte er, dass wir vergeben.

Nachdem ich viele Jahre mit Menschen zu tun hatte, deren Problem Wut und Bitterkeit war, bin ich überzeugter denn je, dass die Heilung verletzter Gefühle nur durch Vergebung geschieht. Indem wir ganz bewusst auf unser Recht auf Vergeltung verzichten, entziehen wir unseren Erinnerungen die Möglichkeit, uns weiteres Leid zuzufügen.

Susan fiel das schließlich relativ leicht. Das muss aber nicht jedem so gehen. Sie war offen für neue Erfahrungen, wodurch sie eine ganz neue Begegnung mit Gottes Liebe und Gnade hatte. Darüber hinaus erlebte sie, was es bedeutet, frei zu sein von aller Bitterkeit. Sie fühlte sich wie neu geboren – von Schuld erlöst und befreit!

Sagen Sie den Schuldigen, dass Sie ihnen vergeben wollen.

Vergebung ist die Grundvoraussetzung für die erfolgreiche Bekämpfung von Bitterkeit und Groll. Doch manchmal muss man noch mehr tun. Nicht immer hat man das Glück, nur einmal verletzt zu werden, um Vergebung gebeten zu haben und dann in Ruhe gelassen zu werden. Es kommt ja immer wieder vor, dass Mitmenschen uns fortgesetzt verletzen – aus Boshaftigkeit oder auch unbewusst. In jedem Fall wird dann der Kummer irgendwann unerträglich.

Wie sollen wir uns in solch einer Situation verhalten? Reden Sie ein offenes Wort mit dem Betreffenden. Sagen Sie ihm, dass es ihm nicht gelingen wird, Sie zu verbittern. Sie würden es ihm auch bestimmt nicht heimzahlen und keine Rache üben. In den meisten Fällen wird Ihr Mitmensch dies keineswegs als Aufforderung verstehen, Ihnen noch mehr anzutun. Er wird eher davon ablassen!

Ich möchte noch einen entscheidenden Punkt über die Vergebung ansprechen: Da Vergebung dazu da ist, uns selber vor unserem eigenen Zorn zu schützen, muss der Gegner nicht unbedingt seine Schuld eingestehen oder um Vergebung bitten. Wir vergeben unabhängig von der Einstellung desjenigen, der uns etwas angetan hat.

Die ausgesprochene Vergebung ist allerdings kein Freibrief für den anderen, weiterhin nach altem Muster mit Ihnen zu verfahren. Nun, da Sie vergeben haben, sind Sie frei, den nächsten Schritt zu tun: Sie dürfen dem anderen mutig entgegentreten und ihn auffordern, alle weiteren Übergriffe zu unterlassen.

Für Sie bedeutet das, ihn mit liebevoller Bestimmtheit und einem offenen Wort zur Rede zu stellen.

Sie werden es riskieren müssen, Ihre Deckung aufzugeben, wenn Sie etwas für sich erreichen wollen. Im Augenblick wächst zwar die Gefahr, noch mehr verletzt zu werden, aber auf lange Sicht zahlt sich Ihr Engagement aus.

Nehmen wir an, Ihr Mann hat sich von Ihnen scheiden lassen. Er hat Ihnen irgendwann eröffnet, dass er Sie nicht mehr liebe und mit jemand anders leben wolle. Inzwischen ist ein Jahr vergangen. Aber noch immer will er sich rechtfertigen, indem er nicht aufhört, „schmutzige Wäsche zu waschen". Bei jeder sich bietenden Gelegenheit hält er Ihnen Ihre Schwächen und Fehler vor. Außerdem versucht er, die Kinder zu manipulieren. Sie sollen glauben, er sei der Gute und Sie die Böse. Was er tue, sei grundsätzlich richtig. Immer wieder platzt Ihnen der Kragen, und Ihr Groll wächst ständig. Was können Sie tun?

Zunächst machen Sie sich bereit, dem anderen zu vergeben. Sie zahlen es ihm nicht heim – ganz bewusst. Verzichten Sie auf Ihr Recht auf Vergeltung. Dann sind Sie frei, auf Ihre verbleibenden Rechte hinzuweisen und darauf zu bestehen, dass Ihnen kein weiteres Leid angetan wird.

Aber Vorsicht! Eine Konfrontation bringt oft nicht das gewünschte Ergebnis, weil sie häufig doch wieder in eine Strafpredigt ausartet. Dem anderen werden Vorhaltungen gemacht, und man versucht, ihm doch noch eins auszuwischen. Damit erzielt man aber keineswegs den gewünschten Effekt. Denken Sie immer daran: Zuerst kommt die Vergebung! Dann können Sie gelassen und mutig, ohne Feindseligkeit, für Ihr Recht eintreten und fordern, nicht weiter verletzt zu werden.

Verwandeln Sie ganz bewusst Groll in Freundlichkeit. Die Heilung Ihrer Bitterkeit ist nicht vollständig ohne den dritten und letzten Schritt. Die Psychologen betonen immer wieder, dass man zur Stärkung seiner Überzeugungen diese auch in die Tat umsetzen müsse.

Möchten Sie z.B. leichter Sympathie für andere Menschen empfinden und das auch ausstrahlen? Dann bemühen Sie sich, liebenswürdiger aufzutreten. Und Sie werden feststellen, dass Ihr Verhalten auch Ihre Einstellung verändert.

Der Apostel Paulus gibt uns ein paar Tipps, wie wir unsere Heilung von Bitterkeit unterstützen können. In Römer 12,17-21 legt er uns ans Herz, niemals Böses mit Bösem zu vergelten, weil wir dadurch vom Bösen überwältigt werden. Statt dessen rät er uns: „Wenn dein Feind Hunger hat, gib ihm zu essen, wenn er Durst hat, gib ihm zu trinken; tust du das, dann sammelst du glühende Kohlen auf sein Haupt." (Vers 20). Ihr geschiedener Mann oder Ihre geschiedene Frau sind jener „Feind", von dem hier die Rede ist.

Diese Worte des Apostels reflektieren, was Jesus in Matthäus 5,44 gesagt hat: „Ich aber sage euch: Liebt eure Feinde und betet für die, die euch verfolgen ..."

Die meisten Menschen werden auf dieses Wort mit einem „Niemals!" reagieren. Es fällt ja so unsäglich schwer, diese Botschaft anzunehmen, weil wir uns nicht mit dem Gedanken abfinden können, der andere würde ohne Strafe davonkommen. Deshalb diese heftige Abwehrreaktion. Wir wollen es dem anderen heimzahlen! Wir wollen miterleben, wie unser Gegner bestraft wird. Aber mit dem Neuen Testament ist uns das Gerichtsschwert aus der Hand genommen worden. Es ist nicht mehr an uns, die Strafe auszuführen. Gott sagt deshalb zu uns: „Überlasst mir das Strafen. Von euch erwarte ich, dass ihr vergebt. Wenn ihr das schafft, werdet ihr in Frieden leben!"

Wollen Sie wissen, wie Sie sich von Wut und Bitterkeit befreien und den größtmöglichen Gewinn aus Ihrer Vergebung ziehen können? Verwandeln Sie Ihren Groll in Freundlichkeit. Reagieren Sie auf einen unfreundlichen Akt mit Freundlichkeit. Was Sie davon haben?

* *Sie lernen, zu Ihrem Wort zu stehen. Wenn Sie nämlich sagen, Sie hätten vergeben, treibt Sie dies dazu, auch entsprechend zu handeln.*
* *Ihr Glaubenssystem wird gestärkt, weil Sie merken, dass Sie Gutes zuwege bringen.*
* *Sie vermeiden weiteren Ärger und noch mehr Feindseligkeiten.*
* *Sie vergrößern die Chance, dass derjenige, der Sie verletzt hat nicht weiterhin Ihnen etwas antut.*
* *Sie verhindern, dass Sie selber weiter sündigen.*
* *Den „Schwarzen Peter" bekommt der zurück, der den Konflikt ausgelöst hat.*

Wenn wir unsere Bitterkeit in Freundlichkeit verwandeln, machen wir deutlich, wer all den Kummer zu verantworten hat. Und wir verhindern, dass unsere Schuld am Ende nicht noch größer wird als die des Verursachers.

Wir Menschen sind nur dann in der Lage, all unser Potenzial auszuschöpfen und uns voll zu entfalten, wenn wir uns an die Weisungen Gottes halten, die er uns kundgetan hat. Deshalb wird auch alles, was in den weiteren Kapiteln dieses Buches steht, nur dann wirklich hilfreich sein, wenn Sie als geschiedener Ehepartner jetzt drangehen, Ihre Verletzungen heilen zu lassen und alle Bitterkeit abzulegen. Mit Gottes Hilfe wird Ihnen das gelingen. Glauben Sie daran mit Herz und Verstand. Ich habe immer wieder miterleben können, dass Menschen es geschafft haben. Auch Sie können das erleben!

4. Fehler, die die Eltern machen

Jede Scheidung verläuft anders. Was dem einen Paar hilft, versagt bei dem anderen. Trotzdem hatten die traumatisch verlaufenden Scheidungen, die ich miterlebt habe, auch Gemeinsamkeiten.

Eltern, die sich scheiden lassen oder eine Scheidung ins Auge fassen, machen immer wieder dieselben Fehler. Und es sind diese Fehler, die das größte Leid erst herbeiführen.

Niemand ist davor gefeit, in heiklen Situationen, wie es Scheidungen immer sind, Fehlentscheidungen zu treffen. Und je komplizierter die Situation, desto größer wird das Risiko. Eine Scheidung ist emotional stressig und macht jeden anfällig für den Tritt ins Fettnäpfchen.

Eine Scheidung ist ein ausgesprochen emotionsgeladenes Ereignis, das unsere Charakterfestigkeit hart auf die Probe stellt. Vielleicht sind Sie eine kompetente Hausfrau und Mutter, ein gern gehörter Prediger oder ein perfekter Chirurg. Außer Ihrer Ehe haben Sie alles im Griff. Doch wehe, die Trennung von Ihrem Partner zeichnet sich ab. Plötzlich gerät Ihr Leben aus den Fugen, und Ihre nicht so positiven Charaktermerkmale kommen zum Vorschein. Sie schaffen es nicht mehr, Ihre Schwächen zu verbergen. Plötzlich sind Sie ein Tollpatsch, dem nichts mehr richtig gelingen will.

Da eine Scheidung meist Ihre schlechtesten Eigenschaften zum Vorschein bringt, lege ich Ihnen dringend ans Herz, jetzt besonders ehrlich mit sich selber zu sein und auf die ersten Anzeichen zu achten, die ankündigen, dass Ihr Leben aus dem Ruder zu laufen droht. Machen Sie sich nichts vor! Es könnte nämlich sein, dass Sie alles, was Sie gerade tun, für richtig halten, während Sie in Wirklichkeit Ihren Kindern Leid antun und sich selber zerstören.

Verurteilen Sie sich nicht selbst

Die meisten normalen Eltern wollen das Beste für ihre Kinder. Die Folge ist, dass sie oft das Gefühl haben zu versagen. Ich kenne das auch. Habe ich meinen Kindern wirklich gegeben, was sie zum Heranwachsen brauchen? Habe ich mit meiner Erziehung etwas falsch gemacht? Es ist ganz natürlich, wenn Eltern das Gefühl nicht loswerden, hier und da Fehler gemacht zu haben, obwohl die Kinder recht ordentlich gedeihen.

In diesem Kapitel wollen wir uns mit weit verbreiteten Fehlern beschäftigen, die bei Scheidung immer wieder gemacht werden. So mancher wird bei einigen der angesprochenen Aspekte vielleicht Schuldgefühle entwickeln. Deshalb möchte ich gleich zu Anfang darauf hinweisen, dass meine Ausführungen der Anregung dienen sollen. Nutzen Sie die Suche nach Ihren Schwachpunkten als Impuls für Ihr persönliches Wachstum, und lassen Sie sich nicht in den Schmollwinkel treiben. Es ist jetzt nicht die Zeit für Selbstanklagen!

Fehler sind dazu da, um etwas zu lernen. Niederlagen sind das Korrektiv, das uns zeigt, wo wir falsche Wege eingeschlagen haben und was wir besser machen können. Sobald Sie einen Fehler machen, sollten Sie die Vergebung Gottes annehmen, die er um unserer menschlichen Schwachheit willen anbietet. Bleiben Sie nicht liegen, wenn Sie gefallen sind, sondern stehen Sie auf und ändern Sie, was geändert werden muss. Machen Sie es sich zu einem Herzensanliegen, aus Ihren Fehlern zu lernen, damit Sie sie nicht ein zweites Mal machen.

Die Lebensumstände unterscheiden sich von Mensch zu Mensch, und selbst wenn sie einmal nahezu identisch sind, reagiert doch jeder anders darauf. Es ist deshalb eine etwas heikle Aufgabe, gemeinsame Prinzipien herauszuarbeiten, die wirklich für alle gelten. Ich bitte deshalb meine Leserinnen und Leser, immer sorgfältig zu prüfen, ob mein Rat wirklich in Ihre ganz individuelle Lebenssituation hineinpasst und Ihrem Wesen entspricht. Andernfalls versuchen Sie, ihn sinngemäß den eigenen Bedürfnissen anzupassen. Suchen Sie professionelle Hilfe, wenn Ihnen das nicht recht gelingen will.

Lassen Sie sich nicht von Schuldgefühlen beherrschen

Nur ganz wenige Eltern überstehen ihre Scheidung ohne Schuldgefühle, ob sie sie aktiv betrieben oder nur hingenommen haben. Manchmal fühlt man sich sogar schuldig für etwas, was ein anderer getan hat! Wenn die Eltern Christen sind, ist das Schuldbewusstsein meistens noch ausgeprägter. Wie kommt das?

Uns plagt das Gefühl, nicht nur vor den Kindern versagt zu haben, sondern auch vor Gott.

Ich halte es für wichtig, darauf hinzuweisen, dass Schuldgefühle und tatsächliche Schuld zwei Paar Schuhe sind. Man kann sich schuldig *fühlen* und auch schuldig *sein.* Aber es muss längst nicht immer beides zutreffen. Man kann schuld an einer heftigen Auseinandersetzung sein, aber keinerlei Schuldgefühle entwickeln. Andererseits gibt es Menschen, die plagen schreckliche Gewissensbisse, ohne wirklich die Schuld zu haben.

Ich bin erstaunt, dass wir bei unserer hochentwickelten psychologischen Kunst oft nicht in der Lage sind, subtil verborgene Schuldgefühle bewusst zu machen. Das ist schlimm, weil verstecktes Schuldbewusstsein großen Schaden anrichtet.

Wir leben in einer Kultur der Schuldgefühle. Ständig sind wir auf der Suche nach dem Sündenbock. Und so versuchen auch geschiedene Eltern ihr schlechtes Gewissen auf unterschiedliche Weise zu beschwichtigen. Sie versuchen es mit Geschenken und den abenteuerlichsten Versprechen. Erziehung wird unter diesen Umständen ein Problem, weil die Eltern Angst haben, ihre Autorität einzusetzen. Sie fürchten, ihre Kinder noch mehr zu verletzen. Die Folge ist, dass viele dieser Eltern Depressionen bekommen. Sie haben das Gefühl, ihnen seien die Hände gebunden, was sie handlungsunfähig in der Erziehung macht.

Ich kenne eine junge Mutter, die den Ehemann und ihre zwei kleinen Kinder verlassen hat, weil sie sich von der gesellschaftlichen Erwartung, eine gute

Mutter und Hausfrau zu sein, total eingeengt fühlte. Sie lehnte es ab, diese Rollen zu übernehmen. Sie wollte frei sein und sich „selbst verwirklichen". Noch Jahre danach schickte sie ihren Kindern regelmäßig teure Geschenke, nur um ihnen zu zeigen, dass sie sie immer noch lieb habe. Sie besuchte sie aber nie, weil das die Kinder angeblich zu sehr durcheinander gebracht hätte. Doch in Wahrheit hätte sie es nicht geschafft, mit ihren Schuldgefühlen umzugehen, sobald sie ihren Kindern persönlich begegnet wäre.

Diese Frau ist zwar eine intelligente Person. Dennoch erkannte sie nicht, wie sehr sie von ihren Schuldgefühlen beherrscht wurde. Die Geschenke dienten nicht ihren Kindern, sondern nur ihr selbst. Sie fühlte sich jedes Mal erleichtert, wenn sie wieder ein Paket abgeschickt hatte. Und die Vermeidung von persönlichen Kontakten diente ihr als Schutz vor Schuldgefühlen. Es ging ihr kaum darum, die Kinder vor Leid zu bewahren.

Unser Einfallsreichtum ist gewaltig, wenn wir das Gewissen beruhigen wollen. Und wenn wir in Scheidung leben, sind wir diesbezüglich besonders fantasiebegabt. Da wird der Vater plötzlich auffällig freigiebig und kann seinem Kind keinen Wunsch mehr abschlagen. Und eine Mutter verweigert jeden Kontakt zu ihren Kindern, weil sie sich der Verantwortung entziehen will. Vielleicht zieht sie sogar weit fort, um ihren Schuldgefühlen zu entfliehen. Natürlich sind all diese der eigenen Beruhigung dienenden Taktiken den Kindern gegenüber unfair, und sie sind schädlich. Sie stiften Verwirrung, schädigen das Vertrauensverhältnis noch mehr und belasten das

Kind. Die Erwachsenen dagegen werden nicht wirklich entlastet.

Wie man mit seiner Schuld umgehen lernt

Ich möchte Ihnen Anregungen geben, wie man sich auf gesunde Weise von seinen Schuldgefühlen befreien kann. Gewiss gibt es Dinge, für die Sie sich schuldig fühlen, für die Sie aber gar nicht verantwortlich sind. Wenn Sie allerdings Ihren Kinder Unrecht tun, dann bestehen Ihre Schuldgefühle natürlich zu Recht. Gestehen Sie Ihren Fehler ein, korrigieren Sie Ihr Verhalten, und das Schuldgefühl verschwindet.

1. Versuchen Sie herauszufinden, warum Sie anfällig für Schuldgefühle sind. Haben Ihre Eltern Ihnen in der Kindheit oft ein schlechtes Gewissen gemacht? Die Folgen einer allzu strengen Erziehung können durchaus dafür verantwortlich sein, dass Sie sich schnell schuldig fühlen.
2. Suchen Sie sich eine Person Ihres Vertrauens, der Sie ohne Scheu von Ihren Schuldgefühlen erzählen können. Das hilft Ihnen, diese Gefühle dem Licht auszusetzen. Erst dadurch werden Sie erkennen, wie sehr Sie davon beherrscht werden. Oft wollen wir uns unsere Gewissensnöte gar nicht eingestehen, denn dann müssten wir uns möglicherweise ändern.
3. Um Ihr schlechtes Gewissen loszuwerden, sollten Sie keine Spielchen treiben. Schuldgefühlen muss man sich offen und ehrlich stellen, um sie auf di-

rektem Weg zu eliminieren. Bereinigen Sie Ihre Fehler, und bitten Sie Gott um Vergebung.

4. Unterscheiden Sie klar zwischen echter Schuld vor Gott und den Menschen und Ihren eigenen Schuldgefühlen! Es ist verhältnismäßig leicht, seinen neurotischen Schuldkomplex zum Gott zu erheben und dadurch die mahnende Stimme des wahren Gottes nicht mehr wahrzunehmen. Wir dürfen der Stimme unseres Gewissens nicht blind vertrauen. Diese Instanz wird oft genug von Kräften beherrscht, die in früher Kindheit eingeübt worden sind. Ursache kann eine allzu strenge, autoritäre Erziehung gewesen sein.

Es gibt eine einfache Möglichkeit, zwischen falschen Schuldgefühlen und echter Schuld zu unterscheiden: Achten wir darauf, wie wir auf das Angebot zur Vergebung reagieren. Menschen, die von neurotischen Schuldgefühlen beherrscht werden, nehmen Vergebung meist nur unwillig an. Sie wollen sich selber aus irgendeinem Grund bestrafen, und dazu gehört, sich elend zu fühlen. Wer aber durch Gott wirklich von Schuld überführt wird, soll die Vergebung bereitwillig annehmen.

Die wichtige Rolle des abwesenden Elternteils

Oft ist sich der ausgezogene Partner gar nicht bewusst, wie wichtig er für die von ihm getrennt lebenden Kinder in der Zeit nach der Scheidung immer noch ist. Gerade die Väter, die in den meisten Fällen die Familie verlassen, laden hier viel Schuld auf sich.

Forschungen über die wichtige Rolle des Elternteils, das nicht das Sorgerecht erhalten hat, zeigen eindeutig, dass ein persönlicher Kontakt Verhaltensstörungen vorbeugt. Die Konflikte zwischen den Eltern werden dadurch gemildert, und die Kinder kommen besser in der Schule mit. Wer möchte nicht, dass seine Kinder davon profitieren?

Bei einem kürzlich durchgeführten Forschungsprojekt wurden Kinder zwei Jahre nach der Scheidung über ihre Erfahrungen und Gefühle befragt. Gleichzeitig interessierte man sich auch für das Urteil der Eltern. Die Ergebnisse sind beachtlich. Man fand heraus, dass die Eltern keine Vorstellung davon hatten, wie verletzt sich die Kinder noch zwei Jahre nach der Scheidung fühlten. 30 Prozent der Kinder wünschten sich intensivere Kontakte zu dem Elternteil, das die Familie verlassen hat.

Weil die Eltern den Kontakt zur Gefühlswelt ihrer Kinder verloren haben, sind ihnen deren emotionale Nöte gleichgültig geworden. Das gilt besonders für den abwesenden Vater oder die ausgezogene Mutter. Abwesende Eltern meinen oft, es sei besser, sich herauszuhalten. Dafür aber gibt es keinen wissenschaftlichen Beleg. Kinder wünschen sich den regelmäßigen Kontakt zum getrennt lebenden Elternteil.

Ich möchte allerdings betonen, dass es auch hier Ausnahmen von der Regel gibt. Ein Kind, das lediglich Kontakt zu nur einem Elternteil hat, muss nicht unweigerlich in seiner Entwicklung Schaden nehmen. Die Chancen stehen jedoch für die Kinder besser, die zu Vater *und* Mutter Kontakt haben, die Scheidung ohne nennenswerte Schäden zu überstehen. Wo nur noch der Kontakt zu einem Elternteil besteht, muss dieses sich doppelt um das Wohl des Kindes bemühen. In diesem Fall spielen Großeltern und andere Angehörige eine wichtige Rolle.

Es ist deshalb erforderlich, dass geschiedene Eltern alles tun, um gemeinsam für ihre Kinder da zu sein. Allzu oft ist es gerade der Vater, der die gesamte Erziehung der Mutter überlässt – selbst in intakten Familien. Das aber hat immer schlimme Folgen, die vermieden werden sollten. Die Trennung von Tisch und Bett darf niemals ein Vorwand sein.

Um den getrennt lebenden Vater in die Erziehung einzubinden, muss auch die Mutter zur Kooperation bereit sein. Und daraus ergeben sich die kritischen Reibungspunkte. Die Mutter mit dem Sorgerecht versucht oft ganz bewusst, den Vater des Kindes auszugrenzen. Für sie ist das meist eine Strafmaßnahme. Da aber die Kinder die Verlierer sind, muss man sich vor solch einem Verhalten hüten. Vater und Mutter müssen sich bemühen, Feindseligkeiten abzulegen und der Entfremdung entgegenzuwirken, damit der persönliche Kontakt zu den Kindern bleibt. Wenn die Konflikte zwischen den Eheleuten zu gravierend waren, kann man es auch so arrangieren, dass die Kontakte zu den Kindern in Abwesenheit des anderen Elternteils stattfinden. *Dieser sollte aber auf jeden Fall möglich sein!*

Zuweilen meint die Mutter, der Expartner sei völlig ungeeignet für den Umgang mit Kindern. Zugegeben, es gibt solche Fälle – aber doch recht selten. Im Allgemeinen konnte ich beobachten, dass solche Einwände nur als Ausrede dienten, um nicht das Feuer des Zorns ausgehen zu lassen. Ich möchte noch einmal betonen: Kinder brauchen die Erfahrung, dass Vater *und* Mutter für sie da sind, auch wenn sie nicht in jeder Beziehung ein Vorbild für sie sein können. Kinder sind durchaus in der Lage, für sich selber zu entscheiden, ob ihre Eltern Vorbilder sind. Das funktioniert in der Regel, es sei denn, der Umgang mit einem Elternteil wird ihnen verboten. Dann wird dessen Lebensstil plötzlich erst richtig interessant. Wir Menschen haben nun einmal den Hang, das Gegenteil von dem zu tun, was von uns erwartet wird. Seien Sie also nicht überrascht, wenn Ihr Verbot, den getrennt lebenden Vater zu sehen, genau das Gegenteil erreicht.

Doch nicht so sehr der Kontakt an sich ist wichtig, sondern die Qualität der Begegnungen. Eine Einladung ins Schnellrestaurant, bei der es zu keiner emotionalen Begegnung kommt, ist genauso schlecht wie gar kein Kontakt. Am wirkungsvollsten sind immer noch gemeinsame Unternehmungen. So könnten sich die Eltern mit dem Gottesdienst am Sonntagmorgen abwechseln. Man könnte gemeinsame Hobbys pflegen, zusammen Sport treiben, eine Modellbahn aufbauen, sich zu Gesellschaftsspielen treffen oder gemeinsam Urlaub machen. (Kinobesuche sind wegen mangelnder Kommunikation nicht so geeignet.)

Ein getrennt lebender Vater, der während seiner Ehe kaum etwas mit seinen Söhnen unternommen hatte, wollte nun, da er nicht mehr im Haus war, auf jeden Fall ein besserer Vater sein. In der Ehe waren die Konflikte so eskaliert, dass er auch die Wochenenden und die Ferien lieber nicht mit der Familie verbrachte. Nach seiner Scheidung jedoch fühlte er sich freier, den Kontakt zu seinen Söhnen zu suchen. Allerdings stellte er bald fest, dass die Einladungen zu McDonalds – die eine Verlegenheitslösung geworden waren – weder ihn noch seine Söhne befriedigten. Er entschloss sich, ein kleines Boot zu kaufen und den Segelschein zu erwerben. Danach brachte er seinen Söhnen den Umgang mit dem Boot bei. Diese gemeinsame Freizeitaktivität veränderte ihre Beziehung enorm. Man hatte gemeinsame Interessen und immer wieder einen Anlass zur Begegnung. Das sorgte für eine langjährige enge Bindung zwischen Vater und Söhnen.

Ein anderer Vater nutzte die Gelegenheit zum Kontakt, indem er sich für die Münz- und Briefmarkensammlung seiner Tochter interessierte. Ein Jahr vor der Scheidung hatte das Mädchen mit dem Sammeln von Briefmarken und Münzen begonnen. Nun entschied sich der Vater für dasselbe Hobby, um die Beziehung zu seiner Tochter zu festigen. Bald war er ein ebenso leidenschaftlicher Sammler wie sie. Was aber noch wichtiger war: Die beiden hatten ein gemeinsames Interesse.

Die Suche nach gemeinsamen Interessen ist meist gar nicht so schwer. Und teuer muss es auch nicht werden. Man muss nur wollen und ein bisschen Fantasie aufbringen. In der Stadtbücherei findet man genug Anregungen für Freizeitaktivitäten, mit denen sich Eltern und ihre Kinder beschäftigen können. Gehen Sie doch ab und zu mit, wenn Ihr Sohn Fußball spielt. Holen Sie die Kinder öfter mal von der Schule ab. Machen Sie Wanderungen. Oder laden

Sie sie zum Picknick ein. Es gibt tausend Möglichkeiten.

Wenn das Besuchsrecht zum Alptraum wird

Es gibt kaum eine Scheidungsfolge, einschließlich der Finanzen, die mehr Verdruss bereitet, als das Besuchsrecht. Ursache ist meist der Starrsinn eines der Expartner. Oft werden Besuchsrechte zur Manipulation genutzt. Man will sich beliebt bei den Kindern machen oder den Expartner bestrafen.

Welche Ursache aber solch ein Konflikt auch haben mag – *es sind immer die Kinder, die darunter leiden!* Es ist sehr schädlich, den Streit auf ihrem Rücken auszutragen. Konflikte um das Besuchsrecht führen zu Spannungen und beeinträchtigen immer die Qualität der schließlich doch durchgesetzten Begegnungen. Aber das ist es ja häufig, was ein Elternteil erreichen will.

Oft werden Besuche gestrichen, weil man das Kind maßregeln will. Auch soll der Exmann oder die Exfrau damit ihre Strafe bekommen. „Weil du so frech warst, wirst du morgen nicht zu Papa gehen!“ Wer leidet am meisten unter solchen Maßnahmen? Glaubt die Mutter (oder der Vater) wirklich, dass solch eine Drohung das Verhalten ändert? Viel eher wird es Groll erzeugen, dessen Früchte unvermeidbar eines Tages reifen werden.

Solche Strafandrohungen sind ganz sicher eine schlechte Wahl. Vielleicht zeigen sie kurzfristig sogar Wirkung, aber sie treffen das Kind an seiner empfindlichsten Stelle – seinem Verlangen nach Geborgenheit. Deshalb sind sie eine Bedrohung für seine seelische Gesundheit.

Der Besuch des Kindes beim geschiedenen Partner sollte in jedem Fall respektiert und nicht in Frage gestellt werden, ganz gleich, was Sie dabei empfinden. Sie werden dadurch sogar Respekt bei Ihren Kindern ernten. Ein Grund, warum ich meinem Stiefvater mehr Respekt entgegenbrachte als meinem leiblichen Vater, war seine Toleranz. Er äußerte sich niemals negativ über meine Begegnungen mit dem Vater, sondern ermunterte sogar dazu.

Wer als Vater oder Mutter Probleme damit hat, sollte sobald wie möglich fachliche Hilfe in Anspruch nehmen und zum Therapeuten gehen. Denn die Besuche sind so wichtig für das Wohl Ihres Kindes, dass ihnen nichts im Wege stehen sollte.

Eltern machen immer wieder den Fehler, ihre Kinder nach solch einem Besuch auszuhorchen. Doch Kinder hassen es, als Spione missbraucht zu werden. Das kann so traumatisch werden wie die Scheidung selbst. Ein junger Mann drückte es folgendermaßen aus: „Ich hasse es, wenn meine Mutter mich über meinen Vater ausfragt. Ich kann dann richtig laut werden, wenn ich ihr wieder einmal sagen muss, dass sie damit aufhören soll. Bei meinem Vater ist es genau dasselbe. Immer wieder sagt er mir Sachen, die ich meiner Mutter verschweigen soll. Ich will ja nicht lügen. Aber wenn meine Mutter dann konkrete Fragen stellt, bleibt mir nichts anderes übrig. Ich sage dann nichts, weil ich weiß, dass es sie verletzt. Wenn ich es ihr aber doch erzähle, bekäme es mein Vater sicher heraus, und er wäre wütend auf mich.

Das bringt mich eines Tages noch um meinen Verstand!"

Kinder mögen es auch nicht, als Nachrichtenbote benutzt zu werden. Am häufigsten sollen sie folgende „Nachrichten" überbringen: „Sag Papa, er soll dir endlich den Scheck mitgeben!" Oder: „Frag deinen Vater, warum die Überweisung noch nicht da ist!" Damit wird das Kind gezwungen, Überbringer von Schuldzuweisungen zu sein, wodurch von vornherein Antipathie zwischen Kind und Elternteil entsteht. Wer schlechte Nachrichten überbringt, ist niemals gern gesehen.

Das kann natürlich das Motiv des anderen Elternteils sein. Oder die Mutter, die so etwas ausrichten lässt, ist sich der Tragweite ihres Auftrags nicht bewusst. Sie ahnt nicht, wie sehr sie damit der Beziehung ihres Kindes zum Vater schadet. Vermeiden Sie es also in jedem Fall, Ihrem Kind negative Botschaften mit auf den Weg zu geben! Es geht dabei doch meistens um Angelegenheiten, die die Eltern unter sich abmachen sollten.

Veränderungen ohne Hast und Eile

Der gravierendste Fehler, den geschiedene Eltern immer wieder machen, ist die übertriebene Hast, mit der alle Veränderungen „durchgezogen" werden.

Als Psychotherapeut habe ich erfahren, dass Menschen allmähliche Übergänge besser verkraften als plötzliche Umbrüche. Wenn Veränderungen allmählich vonstatten gehen, fällt es leichter, sich auf die neue Situation einzustellen. Außerdem ist die Anpassung viel wirkungsvoller.

Ein Paar, das eine Scheidung ins Auge fasst, muss sich also von Anfang an ausreichend Gedanken über den Zeitplan machen. Der Partner, der sich ungerecht behandelt fühlt, neigt z.B. dazu, in aller Eile die Koffer zu packen und das Weite zu suchen. Das ist die typisch menschliche Panikreaktion. Und viele führen das sogleich aus. Fortgehen an sich ist nicht in jedem Fall ein Fehler. Es kann hilfreich sein, sich zurückzuziehen, um das Verhältnis zur Familie dann auf eine bessere Basis zu stellen. Nein, der Fehler liegt in der Hast.

Das Bedürfnis, sofort etwas in Bewegung zu setzen, ist Ausdruck von Angst und Unsicherheit; aber es ist auch Masochismus, der in vielen von uns schlummert. Man hat Ihnen Unrecht getan, und nun möchten Sie auch richtig schön leiden. Doch auch der Partner soll nicht ungeschoren davonkommen. Und wenn Sie nicht aufpassen, bekommen auch noch Ihre Kinder etwas ab.

Überzogene Reaktionen und impulsive Entscheidungen müssen um jeden Preis vermieden werden. Sie können Scheidungskinder erst richtig aus der Bahn werfen. Plötzliche Veränderungen verstärken ihre ohnehin schon großen Ängste und schaffen eine Atmosphäre der Verunsicherung.

Ich spreche hier aus Erfahrung. Als sich meine Mutter entschloss, meinen Vater zu verlassen, war dies, wie ich inzwischen erkannt habe, eine Kurzschlusshandlung. Von einem Augenblick auf den anderen entwurzelte sie meinen jüngeren Bruder und mich, denn sie nahm uns gleich mit in einen anderen Stadtteil, nachdem sie unsere Koffer gepackt hatte. Es war keine große Entfernung. Es war immer noch dieselbe Stadt. Aber die Hektik dieses Schritts löste bei meinem Bruder und mir große Ängste aus. Wir mussten mit ansehen, wie Mutter in aller Eile unsere Habseligkeiten in ein paar Koffern verstaute. Wir mussten unsere Freunde zurücklassen, ohne uns verabschieden zu können. Außerdem mussten wir uns zunächst mit einer provisorischen Bleibe begnügen und eine fremde Schule besuchen. Wir waren gezwungen, innerhalb von wenigen Tagen viele neue Eindrücke und Veränderungen zu verkraften. Das war eine Überforderung für einen so jungen Menschen, wie ich es damals war.

Es gibt Gründe für übereilte Aktionen. Trotzdem möchte ich hier für mehr Ruhe und Gelassenheit plädieren, damit die Kinder nicht allzu sehr verunsichert werden. Das beste Gegenmittel gegen die Ängste unserer Kinder bei einer Scheidung ist die Zuversicht, dass ihr Leben auch weiterhin auf irgendeine Weise in geordneten Bahnen verlaufen wird.

Unter allen Umständen sollte die gewohnte Umgebung und die alltägliche Routine so lange wie möglich aufrechterhalten werden. Das erleichtert es dem Kind, sich erst einmal gedanklich mit der bevorstehenden Trennung und Scheidung auseinander zu setzen und sich auf die Folgen vorzubereiten.

Wer sein Wort gibt, der soll es auch halten

In Scheidung lebende Eltern sollten sich noch eine weitere wichtige Regel merken: *Versprechen Sie nichts, was Sie nicht halten können!* Oft versuchen Eltern, ihre Kinder zu trösten, indem sie ihnen das Blaue vom Himmel herunter versprechen.

Sie tun das, um ihre eigenen Schuldgefühle zu beschwichtigen. Es fällt leichter, geplante Schritte zu tun, wenn die Kinder mit schönen Versprechungen ruhig gestellt worden sind.

Zuweilen sind solche Versprechungen vollkommen unrealistisch, und niemand wird sie je erfüllen können. Doch Schuld macht blind für die Realität. Manchmal sind Versprechen zwar realistisch, weil sie aber nur zur Beruhigung ausgesprochen wurden, geraten sie schnell in Vergessenheit. Mahnt das Kind dann die Einlösung an, weil nichts geschieht, gibt es neue Spannungen. Es ist deshalb besser, gleich von Anfang an darauf zu verzichten, sich von der eigenen Schuld loskaufen zu wollen.

Kurz nach seiner Scheidung fragte Bob die älteste Tochter, eine attraktive Sechzehnjährige: „Was hältst du davon, wenn du mich diesen Sommer nach Hawaii begleitest?“

Natürlich war sie hellauf begeistert. „Ist das dein Ernst, Papa? Wirklich?“

„Na klar!“, erwiderte Bob. Doch als er das sagte, wusste er bereits, dass er sich diese Reise gar nicht leisten konnte. Er war hoch verschuldet. Seine Kreditkarten waren schon gesperrt. An eine Reise war also vorerst überhaupt nicht zu denken. Trotzdem versprach er sie ihr. Er wiederholte dieses Versprechen sogar mehrfach und bereitete damit seiner Tochter eine bittere Enttäuschung.

Warum tat er das? Offensichtlich wollte er seine Schuldgefühle beschwichtigen. Er war sich im Klaren darüber, dass seine Tochter in Kürze etwas von seinem Verhältnis zu einer Arbeitskollegin mitbekommen würde. Und diese Affäre war schließlich Grund für die Scheidung gewesen. Die intensiv empfundene Schuld schränkte im Augenblick seinen Realitätssinn erheblich ein. Doch irgendwann wird er wieder zur Vernunft kommen, und dann kann er nur hoffen, dass seine Tochter sein Versprechen vergessen hat. Die Chancen aber stehen dafür schlecht. Sie wird es nicht so schnell vergessen und ihm noch länger deswegen in den Ohren liegen. *Ein nicht eingelöstes Versprechen bleibt lange im Gedächtnis.*

Doch durch nicht eingehaltene Versprechungen lernen die Kinder, dass sie letztlich niemandem trauen können – noch nicht einmal denen, die ihnen wirklich nahe stehen. Es ist immer besser, nichts zu versprechen, als sein Wort zu geben und es dann nicht zu halten. Wenn Sie dagegen nichts ankündigen und dann doch mit einer Überraschung kommen, werden Sie Pluspunkte bei Ihren Kindern sammeln. Das ist in jedem Fall besser als eine Sammlung von Enttäuschungen.

Gott aber steht immer zu seinem Wort! Er verspricht nichts, was er nicht halten kann. In 1. Könige 8,56 lesen wir: „Von all den herrlichen Verheißungen, die er durch seinen Knecht Mose verkündet hat, ist nicht eine hinfällig geworden." Ihr Mütter und Väter, die ihr Christen seid, das ist euer Leitstern!

Etwas Besseres könnt ihr nicht tun, als Gott auch in dieser Hinsicht nachzueifern. Vertrauenswürdige Eltern werden vertrauenswürdige Kinder großziehen, selbst wenn die Familie zerbrochen ist.

Entscheidungen unter Druck

Wer erlebt hat, dass er von seinem Expartner zurückgestoßen worden ist, der ist auch seinen Kindern gegenüber verunsichert. Er wird sich fragen: „Liebt mich mein Kind noch, so wie ich bin?" Die Angst ist groß, vom Kind zurückgestoßen zu werden wie vom Partner, der gegangen ist.

Um diesen Konflikt zu lösen, testen viele Eltern ihre Kinder, um den Grad ihrer Zuneigung und Solidarität herauszubekommen. Sie tun dies, indem sie die Kinder zu konkreten Entscheidungen zwingen. Hast du mich lieb oder Papa? Du musst dich entscheiden: Entweder du bleibst bei mir, oder du gehst für immer zu deiner Mutter. Solche erzwungenen Entscheidungen nehmen selten ein glückliches Ende.

„Meine Mutter wollte eines Tages wissen, ob ich bei ihr bleiben oder zum Vater ziehen wolle", erzählte Betty mir. „‚Warum tust du mir das an?', fragte ich meine Mutter. Es ist schrecklich, wenn Eltern dich vor solch eine Wahl stellen. Sie stellen dich knallhart vor die Alternative. Du musst dich zwischen ihnen entscheiden. Entscheidest du dich für die Mutter, kränkst du den Vater. Willst du zum Vater, fühlt sich die Mutter verletzt. Du wirst dich niemals *richtig* entscheiden. Die einfachste Lösung ist immer noch: Töchter gehören zur Mutter und Söhne zum Vater."

Der Konflikt, der dadurch entsteht, dass sich ein Kind für eine Seite entscheiden muss, kann letztlich die Beziehung zu beiden Elternteilen beschädigen. Wenn diese Entscheidung wiederholt gefordert wird oder wenn die geforderte Entscheidung darauf abzielt, den ehemaligen Partner beim Kind unbeliebt zu machen, ist ein bleibender emotionaler Schaden vorprogrammiert.

Die Möglichkeiten der Eltern, ihre Kinder auf ungute Weise zu Entscheidungen zu zwingen, könnten heißen: „Kommst du mit, Oma zu besuchen, oder willst du etwa bei Papa bleiben?" – „Wollen wir beide zusammen in den Gottesdienst gehen, oder würdest du doch lieber mit Mutti gehen?" – „Hast du dir schon Gedanken gemacht, mit wem du in den Sommerferien verreisen willst?"

Kinder, denen auf diese Weise die Pistole auf die Brust gesetzt wird, geraten unweigerlich in einen Konflikt. Denn wie sie sich auch entscheiden – sie sind stets die Verlierer. Entscheiden sie sich für die Mutter, stoßen sie den Vater vor den Kopf, und umgekehrt.

Geht es uns wirklich darum, dass das Kind eine freie Entscheidung trifft? Dann können wir durch die Art, wie wir die Alternative vorstellen, erheblich dazu beitragen, dass das Kind nicht in Konflikte gerät. Wer eine Entscheidung verlangt, sollte zunächst einmal Verständnis dafür signalisieren, dass solch eine Wahl immer mit Konflikten einhergeht. Danach geben Sie Ihrem Kind unmissverständlich das Gefühl, dass es sich wirklich frei entscheiden kann. Und nehmen Sie seine Entscheidung *auf keinen Fall* persönlich!

Hier ein Beispiel, wie man richtig nach den Reiseplänen seines Kindes fragt: „Es ist schon blöd, dass du dich immer zwischen mir und Papa entscheiden musst. Das fällt dir sicher nicht immer leicht. Doch ich muss jetzt langsam wissen, was du in den Ferien lieber machen möchtest. Wenn du mit Papa verreisen willst, verstehe ich das gut. Ich bin dann auch nicht beleidigt. Ich weiß, dass du mich deswegen nicht weniger lieb hast."

Die folgenden Verhaltensregeln können Eltern helfen, die typischen Fehler zu vermeiden, wenn es darum geht, Kinder vor eine unumgängliche Alternative zu stellen:

1. Gestehen Sie Ihren Kindern zu, dass eine Entscheidung zwischen Vater und Mutter immer schwierig ist. Die Kinder bekommen dadurch das Gefühl, dass sie in ihrer Situation ernst genommen werden und dass Sie volles Verständnis für ihre verzwickte Lage haben. Sie werden dadurch viel Respekt ernten.
2. Geben Sie Ihrem Kind das Gefühl, sich wirklich frei und ungezwungen entscheiden zu können. Es muss sicher sein können, dass seine Entscheidung Ihr persönliches Verhältnis in keiner Weise beeinträchtigt.
3. Legen Sie die Wahlmöglichkeiten so objektiv und genau wie möglich dar.
4. Akzeptieren Sie die Entscheidung Ihres Kindes, auch wenn es Sie Überwindung kostet. Bemühen Sie sich, keine Enttäuschung zu zeigen und vor allem keinen Ärger.

5. Sagen Sie Ihrem Kind, dass Sie seine Entscheidung gut finden, auch wenn es sich gegen Sie entschieden hat. Dieser letzte Schritt ist besonders wichtig, denn wenn Sie sich zu einer positiven Aussage durchringen, wächst auch Ihre Bereitschaft, die Situation so zu akzeptieren, wie sie ist.

Nehmen Sie sich fest vor, sich so und nicht anders zu verhalten. Sie werden überrascht sein, wie schnell sich Ihre Gefühle der entstandenen Lage anpassen!

Sich selbst entdecken

Man könnte ganze Bücher über die Fehler schreiben, die Eltern nach einer Scheidung im Umgang mit ihren Kindern machen. An dieser Stelle möchte ich noch einmal das Wichtigste zusammenfassen: Wenn Sie Fehler vermeiden wollen, ist Selbsterkenntnis der sicherste Schlüssel zum Erfolg. Je genauer Sie sich selbst und vor allem Ihre Motive kennen, desto besser wird es Ihren Kindern ergehen. Suchen Sie, wenn nötig, fachliche Hilfe. Die Mühe lohnt sich in jedem Fall.

Wir Menschen können zuweilen schrecklich naiv sein, und wir handeln oft allzu impulsiv. Das bedeutet nicht, dass uns unsere Kinder gleichgültig wären. Doch wir handeln häufig, ohne über unsere wahren Motive nachzudenken. Selbsterkenntnis ist keine Fähigkeit, die uns die Gene mitliefern. Wir müssen etwas tun, um sie zu entwickeln.

Mit größerer Selbsterkenntnis gelingt es uns besser, sinnvolle Entscheidungen darüber zu treffen, wie wir handeln und ob wir handeln. Ein Vater, der weiß, warum er gerade jetzt so und nicht anders empfindet, ist viel eher in der Lage, sein Verhalten so zu steuern, dass es keinen Schaden anrichtet. Doch der Vater (oder die Mutter), der überhaupt keine Vorstellung hat, warum er sich auf eine bestimme Art und Weise verhält, läuft Gefahr, einen Fehler nach dem anderen zu begehen. Das ist, als würde man mit verbundenen Augen nach einem Vogel schießen. Man kann nicht vorhersehen, wo die Kugel einschlagen wird.

Die Scheidung an sich ist ja bereits Resultat einer Anhäufung von Fehlentscheidungen. Wenn wenigstens die Zeit danach produktiver sein soll, müssen sich beide Parteien ganz bewusst um mehr Selbsterkenntnis bemühen. Das geschiedene Elternpaar sollte also dringend aus den Fehlern der Vergangenheit lernen. Das aber werden die beiden nur, wenn sie sich die Zeit nehmen, die Fehler in ihrer gescheiterten Ehe zu analysieren und daraus möglichst viele Erkenntnisse über sich selbst zu gewinnen. Wer eine Scheidung hinter sich hat, ist durch eine harte Schule gegangen. Doch wer dabei gut aufgepasst hat, ist hinterher besser fürs Leben gerüstet.

Manche von uns lernen leichter aus ihren Fehlern. Manche sind weniger flexibel. Sie brauchen Hilfe. Was aber kann ihnen helfen? Sie brauchen ein Gegenüber, mit dem sie reden und ihre Gedanken ordnen können. Aus diesem Grund rate ich jedem geschiedenen Vater und jeder geschiedenen Mutter, sich umgehend einen Seelsorger oder Therapeuten zu suchen. Das muss nicht immer im „professionellen" Rahmen geschehen, obgleich das meist die einfachste Lösung ist. Helfen kann auch der kompetente Pastor, ein ausgeglichener und erfahrener Freund oder eine Selbsthilfegruppe für Geschiedene.

Wenn man es positiv betrachtet, ist eine Scheidung ein traumatisches Erlebnis für das Kind, das ihm für sein späteres Leben eine Lehre ist. Um mit den Verletzungen und Frustrationen eines zerbrochenen Elternhauses fertig zu werden, brauchen Kinder die Unterstützung und Hilfe ihrer Eltern. Doch diese müssen sich erst einmal selber darum bemühen, festen Boden unter die Füße zu bekommen. Sie schulden es ihren Kindern, selber so schnell wie möglich wieder auf die Beine zu kommen, damit sie überlegt und sinnvoll im Sinne ihrer Kinder handeln können. Wenn der Schaden, den die Scheidung angerichtet hat, zu einer lehrreichen Erfahrung werden soll, müssen alle Beteiligten bereit sein, daraus zu lernen. Was als Katastrophe begann, kann im Nachhinein zu einer positiven Erfahrung werden, aus der heraus möglicherweise ein ganz neues Vertrauensverhältnis entsteht – wie man sie in intakten Familien manchmal gar nicht findet.

Ich will mich keineswegs dafür aussprechen, dass Paare sich scheiden lassen, nur um ein paar lehrreiche Erfahrungen zu machen. Doch wenn es einmal dazu gekommen ist, sollten wir versuchen, das Beste daraus zu machen.

5. Die Gefühlswelt Ihres Kindes

Was fühlt ein Kind vor, während und nach einer Scheidung? Diese Fragen sind von grundlegender Bedeutung, denn die Fähigkeit, sich auf die neuen Umstände einzustellen und die Folgen seelisch zu verkraften, hängt weitgehend von diesen Gefühlen ab. Wenn es Ihnen als geschiedenen Eltern gelingt, diese Gefühle zu verstehen und zu akzeptieren und eine Atmosphäre zu schaffen, in denen Ihr Kind diese Gefühle ausleben kann, dann werden die Schäden einer Trennung in Grenzen gehalten.

Gott ist – immer noch – der größte Tröster. Die Heilung der Seele, die er uns durch Christus anbietet, hat segensreiche Auswirkungen auf all die körperlichen und emotionalen Folgen eines traumatischen Erlebnisses. Als Eltern stehen Sie in der Verantwortung, dafür zu sorgen, dass Ihr Kind diese geistliche Hilfe auch erfährt. Sie nämlich sind der Kanal, durch den der Trost des Himmels fließt. Doch um diese Funktion wahrzunehmen, müssen Sie erst verstehen, was Ihr Kind überhaupt fühlt. Dieses Kapitel will Ihnen dabei helfen.

Wir laufen vor unseren Gefühlen davon

Wahrscheinlich sind Ihnen Gefühlsausbrüche von leidenden Menschen unangenehm. Sie werden deshalb solche Konfrontationen vermeiden. Männer haben diesbezüglich größere Probleme als Frauen – das muss ich leider eingestehen. Männer müssen sich also mehr anstrengen, wenn sie sich ihrer eigenen Gefühle bewusst werden wollen.

Weil die Gefühle, die eine Trennung mit sich bringen, naturgemäß ziemlich stark sind, wird man sich nicht allzu intensiv damit beschäftigen wollen. Die verletzten Gefühle eines Kindes machen das eigene Leid noch schlimmer. Wenn Erwachsene leiden, ist das schon schrecklich genug. Das Leid eines Kindes aber trifft uns noch mehr. Fragen Sie einmal die Zahnärzte und Chirurgen.

Es ist eine menschliche Reaktion, das Leid anderer nicht sehen zu wollen. Das ist einer der Gründe, warum viele Menschen ungern Besuche im Krankenhaus machen. Ihr Mitgefühl für die Leidenden wird zum Problem. Es ist, als würden diese sensiblen Menschen alles selber durchleiden, was sie zu sehen bekommen. Das ist Mit-Leid, eine ganz normale menschliche Reaktion. All jene, die sich für einen helfenden Beruf entscheiden, lernen es während ihrer Ausbildung, diesen Impuls des Mitfühlens zu beherrschen. Wenn ihnen das nicht gelingt, sind sie zu keiner Injektion fähig, geschweige denn zu größeren Eingriffen. Ich erinnere mich, dass ich als Junge unserem Hund eine Spritze geben sollte. Ich konnte mich dazu jedoch nicht überwinden, ihm die Nadel in den Nacken zu stechen. Und so musste doch noch der Tierarzt kommen.

Aber nicht nur das körperliche Leid anderer macht uns Probleme, sondern auch der seelische Kummer. Helfer, die nicht ausgebildet sind, sind oft dem Zusammenbruch nahe, weil sie von dem seelischen Leid anderer mit erfasst werden. Deshalb bilden wir unsere Seelsorger so aus, dass sie zwar Einfühlungsvermögen entwickeln, aber nicht Mit-Leid. Worin besteht der Unterschied? Mit dem Einfühlungsvermögen (Psychologen sprechen von Empathie) versuchen wir, Kenntnisse über den Leidenszustand des anderen zu gewinnen, indem wir uns in seine Lage versetzen. Das geschieht weitgehend über den Verstand. Mitleid dagegen ist eine emotionale Solidarisierung, bei der das Bedürfnis nach dem Verstehen eine untergeordnete Rolle spielt.

Worauf will ich hinaus? Auch im Umgang mit Ihrem Kind sollten Sie nicht so sehr Mit-Leid haben. Versuchen Sie nicht, seinen Kummer auch noch selber durchzumachen. Je stärker Sie sich aber darum bemühen, seine Lage zu verstehen, desto feinfühliger werden Sie, ohne dass Ihnen Ihre eigenen Emotionen immer wieder einen Streich spielen. Ich weiß, dass das nicht einfach ist. Doch Sie müssen alles daransetzen, Ihre eigenen Gefühle aus dem Spiel zu lassen.

Das Mitleid der Eltern wird oft noch durch deren Schuldgefühle verstärkt. Da glaubt die Mutter, schuld an dem Leid ihres Kindes zu sein, obwohl dies gar nicht in dem Ausmaß den Tatsachen entspricht.

Wenn ein Kind über seinen Kummer spricht, reagieren Eltern auf zweierlei Weise: Entweder sie flüchten und verschließen sich, oder sie versuchen, das Kind zu überzeugen, dass sein Leid ja gar nicht so groß sei. Und all das geschieht häufig auf subtilste Weise. So versuchen Eltern z.B., den Gefühlsausbruch abzuwürgen, indem sie trösten: „Wird schon wieder."

Oder sie versuchen es mit einer gewissen Strenge: „Reiß dich ein bisschen zusammen! Davon geht die Welt nicht unter."

Ist es denn nicht richtig, dem Kind seinen Kummer auszureden? Nein, das ist es nicht. Gefühle spielen beim Heilungsprozess eine wichtige Rolle. Wer dem Kind seine Gefühle nimmt, unterbricht möglicherweise den Heilungsprozess. Der Kummer ist ja damit nicht beseitigt. Aber eine Neuorientierung fällt nun wesentlich schwerer, weil die Trauerarbeit in den Hintergrund gerückt worden ist. Und Kummer, der in einer finsteren Ecke der Seele schmort, richtet mehr Schaden an als offenkundiges Leid, das zugänglich ist.

Wenn man dem Kind die Möglichkeit nimmt, seine Gefühle auszudrücken – besonders bei einem Verlust –, wird der so wichtige Prozess der Trauerarbeit unterdrückt. Und eins bedeutet die Scheidung immer für das Kind: den Verlust der familiären Einheit. Es ist etwas gestorben und begraben worden, und das *muss* betrauert werden.

Viel ist in der einschlägigen Literatur vergangener Jahre über den Begriff der Trauerarbeit geschrieben worden. Der Mensch, der von einem Verlust betroffen wurde, soll seinen Kummer offen zeigen dürfen. Die Trauerarbeit muss ohne Einflussnahme von außen geleistet werden. Nichts soll sie behindern oder abkürzen. Das gilt sowohl für den Verlust bei einem Todesfall als auch bei einer Scheidung.

Worauf müssen wir also achten? Geschiedene Eltern sollten weder vor dem Kummer ihres Kindes fortlaufen noch sollten sie beschwichtigen, denn der

Kummer hat eine wichtige Funktion im Heilungsprozess. Es geht nicht um *Ihr* gutes Gefühl bei der Sache, sondern um das Heilwerden Ihres Kindes. Seien Sie überzeugt, der Mensch in seinem tiefsten Kummer wird vom Heiligen Geist getröstet!

Trost durch Verstehen

Die Heilige Schrift macht es ganz deutlich: Wir sollen nicht nur von Gott Trost erwarten, sondern auch einander trösten (s. 1. Thessalonicher 5,11). Um zu trösten, muss man zuvor den anderen verstehen. Dies ist eine Erkenntnis, die jeden Tag neu in der Praxis des Psychotherapeuten oder des Seelsorgers gewonnen wird. Helfer, die sofort mit Rat und guten Worten zur Stelle sind, ohne sich die Mühe zu machen, die beteiligten Gefühle zu ergründen, sind keine wirklich hilfreichen Tröster. Selbst wenn Ihr Rat vor salomonischer Weisheit strotzt, wird er allein keine echte Hilfe sein. Ich behaupte, dass tausend gute Ratschläge nicht mehr wert sind als ein paar verständnisvolle Worte. Zerbrechen Sie sich nicht so sehr den Kopf, welchen klugen Rat Sie geben sollten. Versuchen Sie lieber zu verstehen. Dann werden Sie ein großer Tröster sein.

Um die Gefühle eines Kindes nach der Scheidung zu ergründen, brauchen die Eltern Mut. Sie müssen es wagen, in die verletzte Gefühlswelt eines anderen Menschen einzudringen, ohne Angst zu haben, die eigenen Wunden könnten noch mehr schmerzen. Sie brauchen Mut, um zuzuhören und sich möglicherweise sogar beschuldigen zu lassen. Das

Erstaunliche daran ist, dass Eltern, die sich diese Mühe machen, durch ihr tieferes Verständnis für das Seelenleben ihres Kindes selber Trost erfahren. Wir haben das so oft beobachten können. Es ist so!

Vor ein paar Jahren habe ich mit einem Paar therapeutisch gearbeitet, das in Scheidung lebte. Von den zwei Söhnen litt vor allem der ältere, ein 14-jähriger Teenager, unter der Situation. Er bekam schlimme Depressionen. Nachdem er von der bevorstehenden Trennung seiner Eltern erfahren hatte, war er meist missgestimmt und traurig. Und das ging Monate so. Beim kleinsten Anlass brach er in Tränen aus, und er zog sich von allen seinen Freunden zurück. Irgendwann begann er, seine Hausaufgaben zu vernachlässigen, und das brachte ihm natürlich schlechte Noten ein. In seiner Freizeit lag er fast nur noch auf dem Fußboden seines Zimmer und ließ sich über Kopfhörer mit Popmusik berieseln. So schottete er sich von der Außenwelt ab. Sein Vater, der der Hauptverantwortliche für den Zerbruch in der Familie war, bemerkte, wie depressiv sein Sohn geworden war. Und das führte auch bei ihm zu einer schweren Depression. Er ging seinem Sohn aus dem Weg, weil er sich schuldig fühlte und nicht wusste, wie er ihm helfen konnte.

„Können Sie nicht meinen Sohn aus dieser Depression herausholen?“, fragte mich eines Tages der Vater während einer Therapiesitzung. „Das werde ich nicht können“, erwiderte ich. „Aber Sie können es!“

Ich schlug den beiden ein Angelwochenende vor und hoffte, dass dies dem Sohn die Gelegenheit geben würde, dem Vater sein Herz auszuschütten.

„Wird er sich danach nicht noch schlechter fühlen?“, fragte der Vater. (In Wirklichkeit lautete seine Frage natürlich so: „Werde *ich* mich danach nicht noch schlechter fühlen?“)

„Das ist möglich“, erwiderte ich. „Aber das Risiko müssen wir eingehen.“

Der Vater war schließlich einverstanden. Und dieses Angelwochenende wurde eine heilsame Erfahrung für Vater und Sohn. Sie schafften es, einander deutlich zu machen, wie wichtig einer für den anderen war. Und der Vater bekam tiefe Einsichten in die Gefühlswelt seines Sohnes. Er verteidigte sich nicht und versuchte auch nicht, dem Sohn sein Verhalten zu erklären. Doch er akzeptierte nun, was sein Sohn dabei empfand.

Die Ehe hat das allerdings nicht gerettet. (Gebetet habe ich natürlich schon dafür, dass die gemeinsame Zeit der beiden das Blatt noch wenden möge.) Doch der emotionale Schaden für den Jungen konnte dadurch in Grenzen gehalten werden. Auch wurde auf diese Weise vorgebaut, dass die Wut des Jungen auf seinen Vater ihre spätere Beziehung nicht gefährden konnte. Die Mühe, die sich der Vater gab, um die Gefühle seines Sohnes zu ergründen, brachte beide ein gutes Stück weiter auf dem Weg zur Heilung.

Was fühlt ein Kind, wenn sich die Eltern scheiden lassen?

Die Gefühle eines Scheidungskindes verändern sich im Laufe der Zeit. Wie beim Tod eines geliebten Menschen gibt es abgrenzbare Phasen, die die Kinder durchlaufen, während sie den Zerbruch der Familie verarbeiten. Diese sechs Phasen sind:

1. Ängste und Sorgen
2. Sich verlassen und abgelehnt fühlen
3. Einsamkeit und tiefe Traurigkeit
4. Enttäuschung und Wut
5. Auflehnung und Groll
6. Wiederherstellung des Vertrauens

Diese Phasen werden so gut wie immer durchlaufen. Sie sind deshalb völlig normal. Als geschiedene Eltern sollten Sie nicht erwarten, dass ausgerechnet Ihr Kind auf wundersame Weise eine dieser Phasen auslassen wird. Beten Sie lieber dafür, dass Gott Ihren Sprössling durch jede begleitet, damit der jeweilige Schritt eine positive und keine negative Lernerfahrung ist. Beten Sie für Ihr Kind, dass es diese Phasen verstehen und akzeptieren lernt.

Phase 1: Ängste und Sorgen

Die Konflikte zwischen den Eltern vor der eigentlichen Scheidung können ganz unterschiedliche Formen annehmen. In manchen Familien werden sie offen ausgetragen. Es wird gebrüllt und geschrien. Und durch die Streitereien wird den Kindern deutlich, dass die Eltern Probleme haben. Trotzdem erwarten die Kinder oft nicht, dass am Ende die Scheidung steht. Normalerweise verdrängen sie den Ernst der Lage und machen sich vor, es werde auf lange Sicht schon wieder alles besser werden.

Das andere Extrem sind die Familien, in denen der

Krieg still und leise ausgetragen wird. Offene Auseinandersetzungen vor den Kindern finden nicht statt. Und es gibt keinen Hinweis für sie, dass irgendetwas nicht stimmt. Die Kinder in solchen Familien leiden zwar oft unter dem eisigen Schweigen, das bei ihnen herrscht. Doch die meisten ahnen nicht, dass ein Bruch im Familienleben unmittelbar bevorsteht.

So versteckt oder offen der Konflikt auch ausgetragen wird – die Ankündigung der Trennung bzw. Scheidung trifft die meisten Kinder aus heiterem Himmel. Die allererste Reaktion darauf ist dann auch Panik, Angst und große Sorge.

Wie kommt es zu diesen spontanen Reaktionen? Vor dem Kind tut sich der Boden auf, und es wird in dieses tiefe, dunkle Loch gestoßen. Die Scheidung ist eine existentielle Bedrohung für jedes Kind. Sein bisheriges Leben mit all seinen festen Größen ist in Gefahr. Es findet ein emotionales Erdbeben von erheblicher Stärke statt und erschüttert die Grundfesten seines bis dahin geborgenen Lebens.

Da ist es ganz natürlich, dass Ihr Kind Angst bekommt und sich schwere Sorgen macht. Viele der typischen Zeichen für große Ängste können sich einstellen: Schwitzen, Ruhelosigkeit, Schlafstörungen, Alpträume, Hyperventilation, Enge in der Brust, Verdauungsstörungen und unklare Schmerzen im ganzen Körper. Diese Symptome sind ganz normal und sollten ohne übertriebene Reaktionen oder Beschuldigungen, das Kind mache Theater, hingenommen werden. Seien Sie jetzt für Ihr Kind da und erläutern Sie in aller Ruhe Ihre Absichten.

Dieser letzte Punkt ist besonders wichtig. Wir können immer besser mit einer Situation umgehen, wenn wir wissen, was auf uns zukommt, als wenn wir nur auf Spekulationen angewiesen sind. Wenn ein Kind im Ungewissen bleibt und ihm nicht die ganze Wahrheit über die bevorstehende Scheidung gesagt wird, malt es sich meistens die Zukunft schlimmer aus, als sein Schicksal in Wirklichkeit sein wird. In der Fantasie bauen sich Sorgen auf, Ängste entstehen durch Fakten. Doch Ängste sind leichter in den Griff zu bekommen als Sorgen, und damit sind sie weniger schädlich. Ein Kind, das weiß, was auf es zukommt, wird besser gerüstet sein, mit seinen Ängsten umzugehen, als das Kind, das sich in seiner Fantasie das Schlimmste ausmalt.

Ist das Kind noch nicht alt genug, um genug zu verstehen und alle Fakten richtig zu verarbeiten, dann ist die körperliche Zuwendung äußerst wichtig. Verbringen Sie viel Zeit mit dem Kind. Zeigen Sie ihm häufig und unmissverständlich Ihre Liebe, denn Liebe ist die beste Medizin gegen Ängste und Sorgen. Die Bibel sagt es deutlich: „Furcht gibt es in der Liebe nicht, sondern die vollkommene Liebe vertreibt die Furcht" (1. Johannes 4,18). Dieser Vers besagt, dass wir niemanden fürchten müssen, der uns wirklich liebt. Die Bedeutung aber geht noch weiter: Werden wir wirklich geliebt, wird auch die Angst vor anderen Dingen ausgetrieben.

Phase 2: Sich verlassen und abgelehnt fühlen

Auf die Phase der Ängste und Sorgen folgt bald die nächste: Das Kind fühlt sich verlassen und abgelehnt. Auch wenn sie es tief im Innersten vielleicht wissen, dass es nicht stimmt, so fühlen sich Scheidungskinder doch häufig gerade von dem Elternteil verlassen und abgelehnt, das die Familie verlässt. „Wenn mein Vater mich wirklich lieben würde, würde er Mutti und mich nicht einfach verlassen“, sagte eine erboste Achtjährige zu mir, als sie über ihre Gefühle sprach.

Diese Empfindung scheinen kleinere Kinder eher zu haben als größere. Sie unterscheiden noch nicht zwischen der elterlichen Trennung und dem Verlassenwerden durch Vater oder Mutter.

Manchmal ist derjenige, der die Scheidung will, schon wieder neu liiert, oder es ist ein neuer Partner in Sicht. Bringt dieser dann noch Kinder mit, ist das Gefühl, verstoßen zu werden, umso größer.

Dieses Gefühl bei den Kindern, verlassen und weggestoßen zu werden, kann man weitgehend verhindern. Der Partner, der das Haus verlässt, sollte vor allem in der frühen Phase des Trennungsprozesses viel Kontakt zu dem Kind halten. Das ist gewöhnlich die Zeit der heftigsten Auseinandersetzungen, so dass der Kontakt zum Partner, der weggeht, ohnehin schon ziemlich eingeschränkt ist.

Um der Kinder willen sollten die Eltern jetzt einen Waffenstillstand schließen. Das bedeutet, dass man sich besonders Mühe geben muss, um die Verbindung zu einzelnen Familienangehörigen nicht abbrechen zu lassen. Sie müssen sich dafür einsetzen, denn von allein bleiben diese nicht bestehen. Ab und an ein Telefonat reicht jedenfalls nicht aus. Damit Ihr Kind sich nicht verstoßen fühlt, braucht es Ihre persönliche Gegenwart. Es muss sozusagen Ihre Körperwärme spüren.

In einer Familie hatte die Mutter Mann und Kind verlassen. Da arrangierten wir folgende Regelung: Jeden Morgen kam die Mutter wieder nach Hause, um mit ihrer 13-jährigen Tochter zu frühstücken. Der Ehemann zeigte sich kooperativ. Er verließ das Haus früh genug, so dass Mutter und Tochter mindestens eine Stunde vor der Schule Zeit füreinander hatten. Die Mutter konnte ihre Tochter bei der Auswahl ihrer Kleidung beraten, konnte bei der Tagesplanung behilflich sein und noch die eine oder andere Mutterpflicht erledigen. Wir blieben bei dieser Verabredung drei Monate lang, dann reduzierten wir die Frühstückstreffen nach und nach, weil die beiden inzwischen andere Möglichkeiten der Kontaktaufnahme gefunden hatten. Ich denke, dass wir dadurch das Gefühl bei der Tochter, verstoßen worden zu sein, weitgehend verhindern konnten.

Phase 3: Einsamkeit und tiefe Traurigkeit

Früher oder später stellt sich bei einem Scheidungskind tiefe Traurigkeit ein. Das Kind fühlt sich einsam und isoliert. Äußerlich glätten sich die Wogen etwas, und es wird ruhiger. Jetzt aber bemerkt das Kind, dass ihm öfter langweilig ist als früher. Es scheint mehr Zeit zu haben. Der Grund sind die nun nicht mehr stattfindenden Familienaktivitäten. Die Auseinandersetzungen um die Scheidung haben die Familie noch in Atem gehalten. Doch auch die gibt es inzwischen nicht mehr, so dass plötzlich eine große Leere zu verspüren ist. Es ist plötzlich nichts mehr los: Niemand streitet, niemand zankt. Da merkt das Kind erst, wie einsam es geworden ist.

Viele Kinder machen jetzt zum ersten Mal in ihrem Leben die Erfahrung, was es heißt, todtraurig zu sein. Diese Traurigkeit wird als Schmerz in der Magengegend und Spannung in der Brust wahrgenommen. Hobbys sind plötzlich uninteressant, und Haustiere werden vernachlässigt. Für alles fehlt die Kraft. Die Kinder haben keinen Appetit. Die meisten verlieren das Interesse an der Schule und am Freundeskreis. Sie möchten am liebsten nur so „rumhängen“. Eine Depression hat die Herrschaft übernommen.

In dieser Phase fangen die Kinder an, viel zu grübeln und werden deshalb immer trübsinniger. Ständig hängen sie ihren Tagträumen nach. Sie stellen sich vor, die Eltern würden sich wieder vertragen, und alle Probleme seien gelöst. Viele solcher Gedanken verstärken die Traurigkeit. Und so mancher Traum löst Weinkrämpfe aus.

Man sollte nicht versuchen, solche Weinkrämpfe zu unterbinden. Vor allem aber sollten Eltern es unterlassen, ihren Kindern einzureden, das viele Weinen sei peinlich. Tränen sind ein wichtiges und gesundes Ventil für all die Traurigkeit, die die Kinder befallen hat. Sie haben also eine wichtige emotionale Funktion zur Überwindung von Melancholie und Depressivität.

Es ist charakteristisch für unsere Kultur, dass wir das Verbergen von Kummer und Schmerz so hoch bewerten. In Kapitel 1 habe ich davon schon gesprochen. Eine größere Bereitschaft, unseren Tränen freien Lauf zu lassen, wäre wesentlich gesünder – seelisch und körperlich. Jesus wusste, wie wichtig Tränen sind. Und so weinte auch er. Ich denke da an seine Worte in Lukas 6,21: „Selig, die ihr jetzt weint, denn ihr werdet lachen." Er will damit Folgendes sagen: Das Weinen bereitet den Weg für zukünftiges Lachen!

Phase 4: Enttäuschung und Wut

Auf die Traurigkeit folgt meistens sehr bald das Gefühl tiefer Enttäuschung mit Wutausbrüchen. Scheidungskinder wünschen sich nichts sehnlicher als Geborgenheit und eine glückliche Familie. Sie möchten zu den vergangenen Verhältnissen zurück: So wie es früher war! Weil sie nicht bekommen können, was sie sich so sehr wünschen, haben sie das Gefühl, sie würden mit ihren Bedürfnissen nicht ernst genommen. Wenn das passiert, entwickeln sich tiefe Frustrationen, die wiederum die Wut zum Kochen bringen.

Das Verhältnis von Wut und Enttäuschung ist aufschlussreich. Wut als Reaktion auf Enttäuschungen soll Energien freisetzen, um ersehnte Ziele doch noch zu erreichen. Ein Kind, das mit einer Scheidung konfrontiert wird, muss erfahren, dass viele seiner Sehnsüchte und Ziele nicht erfüllt werden. Die natürliche Reaktion darauf ist Wut. Das Problem ist nur, dass diese Wut die Hindernisse letztlich doch nicht aus dem Weg räumen kann. Schließlich werden alle wichtigen Entscheidungen ohne Zutun des Kindes getroffen, und auch wenn seine Wut noch so hoch kocht, wird es damit nichts ausrichten. Schließlich verinnerlicht das Kind seine Wut. Damit richtet sie sich gegen die eigene Person, und das führt zu Autoaggressionen.

Der 14-jährige Sohn einer Familie, die ich betreute, ging in die Werkstatt seines Vaters und stieß sich einen Meißel tief ins Bein. „Ich wollte doch nur ausprobieren, wie scharf er ist", gab er zu seiner Entschuldigung an. Doch die Tiefe der Wunde deutete darauf hin, dass der Junge die Enttäuschung über den Vater und die Wut gegen ihn nur durch eine selbst beigebrachte Verletzung zum Ausdruck bringen konnte. Er war noch zu jung, um gegen seinen Vater körperlich etwas ausrichten zu können. Und so ließ er seine Wut am eigenen Körper aus.

Weil die Wut der Scheidungskinder ein so brisantes Problem für den Anpassungsprozess ist, widme ich diesem Thema ein ganzes Kapitel. Wir werden also später noch einmal darauf zu sprechen kommen. Im Augenblick soll es genügen, noch einmal darauf hinzuweisen, dass die Wut als völlig normale Erscheinung im Anpassungsprozess nach einer Scheidung hingenommen werden muss. Reagieren Sie vor allem nicht, indem Sie selber aus der Haut fahren. Sie würden die Atmosphäre nur noch weiter vergiften und noch mehr Wut provozieren.

Mit der Wut eines Kindes sollte ganz natürlich umgegangen werden. Es muss immer das Gefühl haben können, die Eltern verstehen, warum es sich so verhält. Es sollte auf keinen Fall Vorwürfe wegen seiner Wutausbrüche zu hören bekommen: „Du hast überhaupt keinen Grund, so wütend zu sein!" Solch eine Aussage hilft nicht weiter. Scheidungskinder haben durchaus ein Recht, aufgebracht und wütend zu sein. Was sie brauchen, ist Rat und Beistand, damit sie lernen, ihre Wut in geordnete Bahnen zu lenken. „Erzähl mir doch mal, was dich so wütend macht." Das ist eine Einladung zu mehr Offenheit und damit ein viel besserer Ansatz.

Eltern, die die Wut ihres Kindes hinnehmen können, ohne sich ständig verteidigen zu müssen oder sich Selbstvorwürfe zu machen, werden sehr zum Heilwerden ihres Kindes beitragen.

Phase 5: Auflehnung und Groll

Enttäuschung und Wut werden eines Tages durch Auflehnung und Groll abgelöst. Diese Emotionen richten sich vor allem gegen die Eltern. Die Wut ist zwar noch nicht abgeklungen, aber sie spielt nun nur noch eine untergeordnete Rolle.

Man erkennt das Erreichen dieser Phase daran, dass sich das Kind nun zunehmend zurückzieht und sich so eine emotionale Kluft zu den Eltern auftut. Warum zieht sich das Kind jetzt zurück? Es gibt zwei Gründe dafür: Das Kind schützt sich vor weiteren emotionalen Verletzungen, und es nutzt die Gelegenheit, die Eltern für all das, was geschehen ist, zu bestrafen.

Schmollen ist eine Form der Auflehnung. Das Kind straft die Eltern mit Nichtachtung, indem es schweigt. Wenn es gerufen wird, kommt es nicht, und jede Ansprache wird schweigend übergangen. Wird es um etwas gebeten, reagiert es bockig oder „vergisst" angeblich, was ihm aufgetragen wurde. Ältere Kinder werden jetzt überkritisch und haben ständig an anderen in der Familie etwas auszusetzen – vor allem an den Geschwistern. „Was hast denn du für eine doofe Bluse an." Oder: „Du siehst ja bescheiden aus mit deiner neuen Frisur." Das sind typische Bemerkungen von Jungen ihren Müttern und Schwestern gegenüber.

Mädchen fangen das etwas anders an. Sie versuchen ihre Väter zu treffen, indem sie sie mit anderen vergleichen: „Marys Vater nimmt sie an den Wochenenden immer mit auf seine Reisen." Oder: „Sarah hat erzählt, dass ihr Vater sie nie anschreit." Solche Kritik hilft dem Mädchen, seinen tief sitzenden Groll loszuwerden.

Bei allen Menschen kann man ein Phänomen beobachten, das die Psychologen Reaktionsbildung nennen. Es hilft den Eltern, wenn sie diesen Abwehrmechanismus durchschauen. Wenn wir jemand hassen, uns deswegen aber schuldig fühlen und nicht darüber reden können, dann verwandelt sich nach außen der abgrundtiefe Hass in überschwängliche Liebe, weil dies eine akzeptiertere Reaktion ist. Wir zeigen also eine Reaktion auf etwas, was wir in uns selber ablehnen, die genau das Gegenteil von unserem ursprünglichen Impuls ist. Das Problem dabei ist, dass diese Liebe, die den Hass nur ersetzt, nicht allzu tief gründet. Sie ist in sich nicht stimmig. Doch manchmal können wir nur so mit dem Hass umgehen, den wir an uns nicht akzeptieren wollen.

Die Reaktionsbildung funktioniert aber auch umgekehrt. Wenn wir uns verzweifelt nach Liebe sehnen, aber fürchten, zurückgewiesen zu werden, verkehrt sich unsere Liebessehnsucht ins Gegenteil, und wir zeigen uns kratzbürstig – also wenig liebenswert.

Diese beiden Reaktionen kann man häufig bei Scheidungskindern beobachten. Sie hassen ihre Eltern, aber dieser Hass erschreckt sie, und so verdrängen sie ihn. Statt dessen geben sie sich lieb und angepasst. Oder aber sie wollen in den Wirren der Trennungsphase geliebt werden, fürchten aber, vor den Kopf gestoßen zu werden, so dass sie sich widerspenstig und wenig liebenswert benehmen.

Das geschieht häufig in dieser fünften Phase. Die Kinder stoßen ihre Eltern von sich, wo sie sich doch eigentlich nach deren bergenden Armen sehnen. Sie geben freche Antworten, obgleich sie eigentlich die Liebe der Eltern dringend brauchen. Die Kinder bauen sozusagen vor. Sie wollen verhindern, am Ende doch noch weggestoßen zu werden.

Weise Eltern werden dieses Verhalten richtig deuten. Es ist der verzweifelte Versuch, die elterliche Liebe zu behalten bzw. zu gewinnen. Lassen Sie sich also von der Widerborstigkeit Ihres Kindes nicht abschrecken.

Eine Neunjährige, deren Mutter die Familie verlassen hatte, zeigte ihre Wut ganz offen. Immer wieder schleuderte sie der Mutter ihren Hass entgegen: „Ich hasse dich, ich hasse dich!" Wenn die Mutter versuchte, mit ihrer Tochter ins Gespräch zu kommen, ließ diese ihre Mutter einfach stehen. Dieses Verhalten verunsicherte die Mutter sehr. „Wenn sie mich jetzt schon so hasst, wie wird dann unser Verhältnis sein, wenn sie einmal eine erwachsene Frau ist?"

Ich tröstete die Mutter und erklärte ihr, was Reaktionsbildung ist. „Überhören Sie einfach die Worte, und interpretieren Sie ihr Verhalten als Schrei nach Liebe und Geborgenheit", erklärte ich der Frau. „Nehmen Sie Ihre Tochter doch einfach mal in die

Arme. Wenn sie sich wehrt und Sie fortzustoßen versucht, dann halten Sie sie mit sanftem Druck fest."

Die Mutter befolgte meinen Rat. Das Kind wehrte sich, schrie und versuchte, die Mutter wegzustoßen. Doch die Mutter ließ sich nicht entmutigen, sondern behielt ihre Tochter im Arm. Dabei wiederholte sie immer wieder mit sanfter Stimme: „Ich habe dich lieb, Jeannie. Ich habe dich lieb." Ganz allmählich legte sich die Wut, und das Mädchen schmiegte sich schließlich in die Arme seiner Mutter – reglos zunächst. Doch nach einer Weile erwiderte es die Zärtlichkeiten. Die Mutter hatte etwas ganz Entscheidendes gelernt: Kinder meinen oft nicht, was sie sagen. Und sie sagen das Gegenteil von dem, was sie meinen.

Phase 6: Wiederherstellung des Vertrauens

Diese letzte Stufe ist die Befreiung von einer großen Last. Das Vertrauen wird wiederhergestellt. Das ist, als würde man in einem heißen und stickigen Zimmer die Fenster öffnen, um eine frische Brise hereinzulassen. Wie lange müssen Geschiedene und ihre Kinder im Allgemeinen auf diesen Augenblick warten? Nun, das hängt sehr von den Umständen ab.

Viele Faktoren spielen dabei eine Rolle: die Ursachen der Zerrüttung, das Alter und der Charakter des Kindes, die Fähigkeit der Eltern, mit der Krise umzugehen, und die Tragfähigkeit des gefundenen Arrangements nach der Scheidung. Es können ein paar Monate sein, ein paar Jahre oder auch viele Jahre.

Was können Eltern tun, damit die Gefühlswelt ihres Kindes so schnell wie möglich wieder ins Lot kommt? Hier ein paar einfache Regeln, die den Heilungsprozess erheblich abkürzen können:

Bemühen Sie sich, nicht immer nur an Ihre eigenen Gefühle zu denken.
In der Krise einer Trennung vom Partner werden wir schnell völlig unsensibel für die Gefühlswelt unseres Kindes. Geben Sie jedoch seinen Gefühlen eine Chance. Legen Sie jeden Tag eine Zeit fest, in der Ihr Kind die Gelegenheit bekommt, sich auszusprechen. Schenken Sie ihm dann Ihre ganze Aufmerksamkeit. Das hilft Ihnen, sich auch Ihrer eigenen Gefühle bewusster zu werden. Und das Kind bekommt die Chance, sich selber besser zu verstehen.

Haben Sie Geduld, wenn es um die Heilung geht.
Ungeduld ist nach einer Scheidung fehl am Platz. Es gibt in dieser Situation kein schnelles Allheilmittel. Ihr Kind braucht Zeit, um sich der neuen Lage anzupassen. Dazu müssen Sie Geduld aufbringen. Bitten Sie Gott, er möge Ihnen noch mehr Geduld und Ausdauer schenken und Ihnen zeigen, was bis zu einer Wiederherstellung Ihres Kindes noch alles getan werden muss. Wenn dies ein Problem für Sie ist, dann suchen Sie Hilfe bei einem Seelsorger oder einem erfahrenen Therapeuten.

Schaffen Sie eine möglichst stabile häusliche Atmosphäre.
Wenn es irgend möglich ist, sollten Sie dem Kind seine gewohnte Umgebung bewahren, wo es spielen

kann wie immer, dieselbe Schule besuchen kann und den gewohnten Freundeskreis vorfindet. Je weniger Sie verändern, desto besser. Die Kinder haben so schon genug Veränderungen, an die sie sich gewöhnen müssen! Wenn sich die Beziehungen stabilisiert haben, ist immer noch genug Zeit für äußerliche Veränderungen.

Versuchen Sie nicht, sich ständig zu rechtfertigen.
Weil Sie sich wegen Ihrer Scheidung zweifellos ziemlich schuldig fühlen, wird auch Ihr Bedürfnis nach Rechtfertigung recht groß sein. Doch das verschlimmert die Konflikte nur noch mehr. Vermeiden Sie es, Ihren Expartner vor den Kindern wegen seines Verhaltens zu attackieren. Das belastet sie unnötig. Denn sie wollen ja mit Vater *und* Mutter Frieden halten und sollten nicht gezwungen werden, für eine Seite Partei zu ergreifen. Vertrauen Sie vielmehr ihrem Gerechtigkeitssinn. Ihre Kinder wissen meist besser, wer wirklich schuldig ist und wie viel Schuld der Einzelne daran trägt. Weil Sie parteiisch sind und obendrein verletzt, kann Ihr Urteil nicht objektiv sein. Überlassen Sie Gott die Entscheidung, der alles weiß und versteht.

6. Was Kinder aus der Scheidung lernen

Die Scheidung der Eltern wirkt sich auf vielerlei Weise im Leben eines Kindes aus. Immer aber ist sie eine harte Schule, in der so manche bittere Erfahrung gemacht wird.

Dabei darf man nicht an ein Tagesseminar denken, das man schnell „abhaken" kann, weil man ein paar Lerninhalte im Kurzzeitgedächtnis gespeichert hat. Nein, Scheidung bedeutet, Jahre zur Schule zu gehen. Dieses eine Ereignis hat immer weit reichende Konsequenzen für die Entwicklung des Kindes. Es beeinflusst die Persönlichkeit, die Einstellungen, das Verhalten und die Fähigkeiten. Das, was das Kind durch die Scheidung und ihre Konsequenzen lernt, bestimmt weitgehend mit, wie gut es sich später im Leben zurechtfinden wird.

Die meisten Fachleute stimmen darin überein, dass es drei oder vier Jahre dauert, bis das Kind sich wieder gefangen hat und dort in seiner Entwicklung anknüpfen kann, wo es sich vor der Scheidung befand. Für einen Achtjährigen bedeutet es, dass bereits ein Drittel seines Lebens mit diesem einen Ereignis in Mitleidenschaft gezogen worden ist.

In dieser Zeit steht aber auch für die Eltern viel auf dem Spiel. Was sie jetzt tun, fühlen und denken, wird von den Außenwelt mit Argusaugen beobachtet. Ihr wahrer Charakter kommt jetzt immer deutlicher zum Vorschein und wird begutachtet – innerhalb und außerhalb der Familie. Scheidung bedeutet also immer, Farbe bekennen zu müssen.

Dieses Bekenntnis zu seinem wahren Charakter wäre nicht so von Bedeutung, wenn das Verhalten der Eltern keine entscheidende Bedeutung für die Kinder hätte. Eltern können niemals behaupten, all das ginge nur sie etwas an.

Kinder lernen nämlich sehr viel durch das Vorbild ihrer Eltern. Durch Abschauen übernehmen sie Verhaltensweisen, Einstellungen und Gesinnungen, so dass das Verhalten der Eltern vor, während und nach einer Scheidung nachhaltig Einfluss darauf hat, was Kinder fürs Leben lernen.

Die Tatsache, dass wir vor allem von unseren Vorbildern lernen, erklärt auch, warum unser Verhalten oft viele Parallelen zu dem unserer Eltern aufweist. Ich erinnere mich noch sehr gut, wie ich eines Tages als junger Mann in den Spiegel sah und Züge meines Vaters in meinem eigenen Gesicht entdeckte. Ich bekam einen gehörigen Schreck. Diese Ähnlichkeit – nicht nur im Aussehen, sondern auch im Verhalten – war geradezu unheimlich. Ohne uns dessen bewusst zu sein, ahmen wir jene Menschen von Kindheit an nach, die uns nahe stehen. Ihre Art zu reden, zu gehen, zu handeln und Gefühle zu verarbeiten, färbt auf uns ab.

Ob es uns recht ist oder nicht – viele Verhaltensweisen und Gefühlsäußerungen, die im Zusammenhang mit einer Scheidung zutage treten, werden von unseren Kindern registriert und gelernt.

Verhaltensweisen, die Ihr Kind durch die Scheidung lernt

Da Scheidungen selten ohne Streit vonstatten gehen, haben die Verhaltensweisen, die Kinder durch solch ein Ereignis lernen, viel mit Wut und Verachtung zu tun. Ganz bestimmt lernen sie durch die Trennung ihrer Eltern nicht, wie man liebevoll und freundlich miteinander umgehen kann. Auf dem Stundenplan stehen meistens nur zwei Fächer: Hass und Verachtung.

Wo der Zerbruch einer Ehe weniger konfliktgeladen abläuft, ist die Atmosphäre im Allgemeinen nicht ganz so schädlich. Das gilt allerdings nur, wenn die etwas friedlichere Art, Streitigkeiten auszutragen, nicht lediglich dazu dient, abgrundtiefen Hass geschickt zu überdecken. Das große Schweigen zwischen Mann und Frau bedeutet nämlich noch lange nicht, dass es zwischen ihnen keine Konflikte gibt. Partner, die auf Abstand gehen, sind noch lange nicht über den Berg. Vermeidungsstrategien wie Distanzierung, Schmollen und Schweigen sind genauso schädliche Antworten auf vorhandene Konflikte. Wenn ich die Wahl zwischen zwei Übeln hätte, wäre mir der kalte Krieg allerdings immer noch lieber als der offene Konflikt. Der kalte Krieg wirkt sich nämlich nicht ganz so schädlich für die Kinder aus. Der Unterschied ist zwar nicht sehr groß, aber der kleine Gewinn ist immer noch besser als keiner.

Welche Verhaltensweisen, die Sie vorleben, wird Ihr Kind wahrscheinlich mit ins Leben nehmen? Ich möchte hier ein paar negative Beispiele für schädliches Verhalten nennen, um Sie als Eltern davor zu bewahren, auf diese Weise „Vorbild" für Ihre Kinder zu sein:

Hass

„Es kostet viel mehr Mühe, jemand zu hassen, als ihn zu lieben." Das sind die Worte einer Dreizehnjährigen, die kurz zuvor Opfer einer Scheidung geworden war.

In Scheidung lebende Eltern bringen ihren Kindern oft mit sehr viel Geschick die kraftraubende Kunst des Hassens bei. Bei jeder sich bietenden Gelegenheit zeigen sie ganz offen, wie abgrundtief sie sich gegenseitig verachten. Ohne sich darüber bewusst zu sein, was sie ihren Kindern antun, bringen sie ihnen nicht nur bei, wie man hasst. Sie vermitteln darüber hinaus den Eindruck, Hass zahle sich schließlich auch noch aus. Hass straft Menschen. Hass ist eine Waffe, die oft mehr Schaden anrichtet als das schärfste Schwert oder das stärkste Geschoss. Er hinterlässt fast immer bleibende Narben. Wenn Sie es gelernt haben, Ihren Hass wirkungsvoll einzusetzen, brauchen Sie keine andere Waffe mehr zu führen. Sie können damit jeden Schaden anrichten, den Sie möchten.

Misstrauen

Scheidungskinder lernen zu misstrauen, selbst denen, die behaupten, sie am meisten zu lieben. Simon ist zwölf. Er berichtet: „Ich sehe meinen Vater alle 14 Tage. Jedes Mal, wenn wir uns treffen, kommt er gleich mit irgendwelchen Verboten. Zum Beispiel sagt er: ‚Erzähl Mutti aber nichts von meiner neuen

Wohnung. Das regt sie nur wieder auf.‘ Wenn ich dann wieder zu Hause bin, fängt Mutti an, mir Löcher in den Bauch zu fragen. Sie will genau wissen, wohin wir gegangen sind, was wir gemacht haben, wie Papas Wohnung aussieht, wer noch da war und was derjenige gesagt hat. Ich versuche immer, möglichst wenig zu erzählen. Aber irgendwann kriegt sie mich dann doch rum. Dann muss ich wieder betteln: ‚Aber erzähl bloß nichts Papa davon, dass ich dir was gesagt habe.‘ Fünf Minuten später höre ich, wie sie am Telefon mit Papa schimpft und sich über das beschwert, was ich ihr gerade erzählt habe. Dann weiß ich, dass Papa beim nächsten Mal wieder ganz sauer auf mich ist. Ich kann doch aber gar nichts dafür.“

Simon wird später im Leben sein Misstrauen auf andere Menschen übertragen. Er wird es schwer haben, sich zu öffnen und ehrlich zu sein, weil er fürchten muss, seine Ehrlichkeit werde ihm nur Nackenschläge einbringen.

Hinterhältigkeit

Eins haben alle Scheidungskinder, die ich kennen gelernt habe, gehasst: Wenn sie aufgefordert wurden, für den Vater oder für die Mutter zu spionieren.

Vor eine Aufgabe sehen sich Scheidungskinder fast immer gestellt: Sie müssen versuchen, die Freundschaft mit *beiden* Elternteilen zu bewahren. Das aber ist besonders dann problematisch, wenn Vater und Mutter alles tun, um das Kind auf ihre Seite zu ziehen. Oft fühlen sich die Kinder dann in die undankbare Rolle eines Doppelagenten gedrängt. Ich kenne allerdings keinen Spionageroman, in dem der Doppelagent am Ende nicht den Kürzeren gezogen hat.

Lügen

„Wenn du überleben willst, musst du das Lügen lernen", erklärte mir ein junger Mann, als er über sein Leben zwischen zwei Haushalten und zwei Elternpaaren erzählte. Hatte er vielleicht Recht?

„Sie belügen mich ständig", fuhr er fort. „Schon vor der Scheidung haben sie mir Lügen aufgetischt und mir nie die Wahrheit darüber gesagt, was sie vorhaben. Doch ich hatte längst rausbekommen, dass mein Vater eine Freundin hatte und meine Mutter einen Liebhaber. Als ich die beiden zur Rede stellte, wurden sie wütend und behaupteten, ich würde das alles noch nicht verstehen. Wenn ich größer sei, würde ich alles besser verstehen. Wenn ich jetzt meinen Spaß haben will und sie mich fragen, was ich vorhabe, lüge ich genauso wie sie." Können Sie sich vorstellen, wie schwierig es ist, einem solchen jungen Mann klar zu machen, dass sich Lügen letztlich nicht auszahlen?

Das sind nur ein paar Beispiele für Verhaltensweisen, die Scheidungskinder lernen, wenn Sie als Eltern nicht sorgfältig Ihr eigenes Benehmen im Auge behalten. Es sind alles Lektionen mit negativen Lerninhalten. Können aber auch positive Lehren aus einer Scheidung gezogen werden?

Die gibt es durchaus, doch erfordert das auf Seiten der Eltern viel mehr Engagement und bewusstes Vorgehen. Negative Verhaltensweisen sind wie Unkraut. Sie gedeihen ohne Pflege und wuchern besonders kräftig, wenn man sie in Ruhe lässt.

Mit einer sündigen und egoistischen Grundausstattung lernen die Menschen die negativen Lektionen im Leben ganz ohne Anstrengungen. Die positiven und gesunden dagegen erfordern Engagement und Entschlossenheit, wenn sie im Gedächtnis haften bleiben sollen.

Hier nun einige positive Lehren, die man durch die Erfahrungen mit einer Scheidung lernen kann – sofern liebende Eltern sie mit Bedacht zur Geltung bringen (auch wenn sie in Scheidung leben):

Liebe und Freundlichkeit als Antwort auf Hass

Es gibt keinen plausiblen Grund, warum in Scheidung lebende Partner so feindselig sein müssen, wie sie es normalerweise sind. Auch wenn die Scheidung das bittere Ende einer Beziehung ist, die einmal ein Stück vom Himmel auf Erden sein sollte, ist dies noch lange kein Grund für Grabenkämpfe und Scharmützel. Warum fällt es nur so schwer, die durch die Scheidung provozierten negativen Gefühle ins Positive zu kehren? Das ist selbstverständlich nur eine rhetorische Frage. Mir ist durchaus bewusst, dass ein Waffenstillstand vor allem in der frühen Phase einer Trennung fast unmöglich ist. Dennoch meine ich, dass wir das Ziel nicht aus den Augen verlieren dürfen.

Wenn es Eltern tatsächlich einmal gelingt, ihren persönlichen Groll den Kindern zuliebe zu dämpfen, dann – da bin ich sicher – stimmen die Engel im Himmel das „Halleluja“ von Händel an.

Bedenken Sie aber, dass ich hier nicht von der Liebe als Gefühl rede, sondern von der Liebe als Willensakt. Wenn es heißt, dass es gut ist, unsere Feinde zu lieben, dann ist damit ganz bestimmt auch unser Expartner gemeint. So wie die Liebe in 1. Korinther 13 definiert wird, hat sie offenbar wenig mit Gefühlen zu tun. Uns werden hier Verhaltensregeln gegeben, die Ausdruck von Liebe sind – auch denen gegenüber, die uns nicht wohlgesinnt sein wollen oder können.

Vergebung und Versöhnung trotz Ressentiments
Hass und Groll sind wahrscheinlich dem Menschen angeborene Instinkte, die Vergebung aber nicht. *Wir müssen Sie uns erst aneignen.* Ist Ihnen das schon einmal bewusst geworden?

Ein Kind, dem Vergebung nicht vorgelebt wird, wächst auf, ohne diese Fähigkeit zu erwerben. Gerade bei einer Trennung sprechen Taten eine deutlichere Sprache als alle Worte. Die Kinder beobachten jetzt besonders aufmerksam und registrieren jede Handlung, jedes Wort und jede Reaktion. Aus diesem Grund ist es so wichtig, dass in Scheidung lebende Eltern alles tun, ihren Groll zu besiegen und immer wieder Vergebung zu praktizieren.

Geduld und Gleichmut als Antwort auf Gefühlsausbrüche
In der Trennungsphase, wenn die Toleranz für Frus-trationen am niedrigsten ist, werden Entscheidungen häufig spontan getroffen. Die letzten Reserven sind ja bereits fast ausgeschöpft. Wo soll da noch die Energie für die Geduld herkom-

men? Eine Quelle kenne ich allerdings: Es ist das Herz Gottes!

Es kostet Mühe, die ängstigende Verunsicherung zu überwinden, die mit einer Scheidung fast immer einhergeht. Wir neigen in dieser Situation sehr dazu, alle Hoffnung aufzugeben, und meinen, es sei jetzt besser und einfacher, das Handtuch zu werfen.

Es gibt immer wieder Situationen, die so verfahren sind, dass wir mit unseren eigenen Kräften nichts mehr ausrichten und dass wir unsere Hand ausstrecken müssen, um wieder festen Halt zu bekommen. Den finden wir, wenn wir Gottes Hand ergreifen. Eltern können jetzt ihren Kindern ein Vorbild sein und ihnen zeigen, was es heißt, auf Gott zu vertrauen und dadurch Geduld zu lernen. Das ist eine Lektion von nachhaltender Wirkung.

Die Flexibilität Ihres Kindes fördern

In einem der vorangegangenen Kapitel habe ich bereits darauf hingewiesen, dass sich Kinder sehr in ihrer Fähigkeit unterscheiden, traumatische Ereignisse ohne größere Schäden zu verarbeiten. Menschen, die ihr Leben erfolgreich meistern, haben es in ihrer Kindheit und Jugend gelernt, flexibel auf neue Lebensumstände zu reagieren.

Wie können Sie als geschiedene Eltern dazu beitragen, dass Ihr Kind diese Flexibilität erwirbt? Alles, was Sie jetzt tun, um Ihr Kind zu befähigen, Krisen an sich abprallen zu lassen, wird später Früchte tragen. Flexibilität, die jetzt gelernt wird, wird später auch unter ganz anderen Lebensumständen hilfreich sein.

So kann selbst eine Scheidung noch zu einer Kraftquelle werden. Hier nun ein paar Anregungen, wie Sie das erreichen:

Haben Sie keine Angst vor Ehrlichkeit.
Ein Kind kann viel besser mit Ängsten umgehen, die auf Fakten beruhen, als mit Ängsten, denen Spekulationen zugrunde liegen.

Ursache dafür ist unsere mentale Konstitution. Jede Bedrohung unseres Wohlergehens löst eine körperliche Reaktion aus, die uns darauf vorbereitet, geeignete Gegenmaßnahmen zu ergreifen. Bei der Angstreaktion, die auf Fakten beruht, wird die Bedrohung klar umrissen erkannt. Man weiß, woran man ist. Doch Ängste, die sich aufgrund von Spekulationen einstellen, ufern aus. Sie nähren die Sorgen, und so werden aus kleinen Problemen plötzlich riesengroße. Das Grübeln und Sorgen ist für unsere seelische und körperliche Gesundheit allemal gefährlicher als die Angst vor realer Bedrohung.

Viele psychosomatische Erkrankungen haben einen gemeinsamen Ursprung: das Grübeln und Sorgen um Dinge, die eintreten *könnten.* Sehen wir uns dagegen erkennbaren Problemen gegenübergestellt, sind psychosomatische Reaktionen selten.

Es gibt viele Gründe, warum Eltern davor zurückschrecken, offen und ehrlich mit ihren Kindern umzugehen. Einmal, weil sie sich selber vor der Wahrheit fürchten. Zum andern ist es die Angst vor der Reaktion der Kinder. Eltern befürchten das Schlimmste. Besonders problematisch wird es jedoch aus einem ganz entscheidenden Grund: Es kommt der Tag der Abrechnung! Eltern können die Wahrheit immer nur verbergen, aber nicht ungeschehen machen. Früher oder später werden die Kinder dahinterkommen, und es wird sie mehr schockieren, für so wenig vertrauenswürdig gehalten worden zu sein, als wenn man ihnen die Wahrheit gesagt hätte.

Ehrlichkeit bedeutet natürlich nicht, völlig unsensibel mit der Wahrheit herauszurücken. Der richtige Zeitpunkt ist wichtig. Die Eltern sollten das Kind nicht aus heiterem Himmel mit allen Fakten auf einmal belasten. Antworten Sie offen und ehrlich, wenn Sie gefragt werden, und bleiben Sie bei der Wahrheit, sofern nicht ganz gewichtige Gründe dagegen sprechen.

Geben Sie Ihren Kindern das Gefühl, dass Sie ihnen vertrauen.

Kinder möchten, dass man ihnen vertraut. Sie möchten Verantwortung übernehmen, und sie verhalten sich oft reifer als erwartet, wenn man sie respektiert. Kinder möchten das Gefühl haben, dass ihre Eltern an sie glauben.

Mir ist noch kein Kind begegnet, das nicht positiv auf Vertrauensbeweise reagiert hat. Oft kann man ein noch so aufsässiges und ungehorsames Kind zu einem Gesinnungswandel bringen, indem man ihm das Gefühl gibt, es sei vertrauenswürdig. Ich weiß wohl, dass das ein Risiko ist. Doch viele Therapeuten, die mit jungen Kriminellen arbeiten, verzeichnen Erfolge in ihrer Arbeit, weil sie dieses Prinzip anwenden. Haben Sie also keine Angst davor, Vertrauen zu zeigen und Verantwortungsbewusstsein zu erwarten.

Überlassen Sie es Ihrem Kind, auch einmal wichtige Entscheidungen zu treffen und zunehmend Pflichten zu übernehmen, die verantwortungsvolles Handeln voraussetzen. Das wird einen Entwicklungsschub auslösen.

Erklären Sie so viel wie möglich, ohne sich ständig zu verteidigen.
Weil Eltern sich oft schuldig für das fühlen, was sie ihren Kindern angetan haben, glauben sie, sich verteidigen und herausreden zu müssen. Aber das hilft nicht weiter. Was Kinder jetzt brauchen, ist ein klares Wort, ohne Wenn und Aber. „Erzähl mir nur, was Sache ist“, sagte ein Zwölfjähriger zu seiner Mutter. „Ich entscheide dann selber, ob ich Papa für schuldig halte.“ Der Junge hatte Recht. Seine Mutter war viel zu voreingenommen und wollte sich nur rechtfertigen. Das durchschaute der Junge und sagte es ihr auf den Kopf zu.

Warum sind Erklärungen besser als Ausflüchte und Entschuldigungen? Verteidigungsversuche sind zu emotionsgeladen. Die Fakten werden verdreht, so dass hinterher im Kopf des Kindes noch mehr Verwirrung herrscht. Erklärungsversuche sollten sich an die Fakten halten und so wenig wie möglich emotional gefärbt sein. Objektive Erklärungen werden dem Kind Mut machen, aus der Ecke, in die es sich gedrängt gefühlt hat, wieder herauszukommen und sich der Realität zu stellen.

Geben Sie Zeit, bestimmte Dinge zu verarbeiten.
Das menschliche Gehirn braucht Zeit, um Eindrü-

cke zu verarbeiten, und so kann es Entscheidungen immer nur nacheinander treffen. Wenn sich das Kind durch eine Scheidung mit größeren Veränderungen in seinen Lebensumständen konfrontiert sieht, braucht es Zeit, um diese zu verarbeiten. Und je größer die Folgen der Veränderungen sind, desto mehr Zeit braucht ein Kind zur Bewältigung.

Eltern machen oft den Fehler, alles daranzusetzen, dass die Kinder so schnell wie möglich über die Scheidung hinwegkommen. Sie vergessen dabei, dass sie selber sehr viel mehr Zeit hatten, sich auf die neue Situation einzustellen, ehe sie ihre Kinder informierten. Wer in dieser Situation keine Geduld aufbringt, verstärkt die Spannungen und wird wahrscheinlich die Beziehung zwischen Eltern und Kindern beschädigen. Wenn man jedoch den Kindern genügend Zeit gibt, sich auf die neue Lebenslage einzustellen, werden sie viel eher imstande sein, spätere Krisen abzuwehren.

Lassen Sie die freie Wahl.

Ein sehr unglücklicher Nebeneffekt jeder Scheidung für die Kinder ist der Verlust ihrer Entscheidungsfreiheit. Was mit ihnen geschieht, hängt weitgehend von den Entscheidungen anderer ab. Für kleinere Kinder ist das nicht so problematisch. Größere Kinder und Jugendliche aber fühlen sich oft vergewaltigt, wenn sie bei allen wichtigen Entscheidungen, die sie betreffen, kein Mitspracherecht haben.

Das Kind wird zwar nicht über das Für und Wider einer anstehenden Scheidung befinden können. Trotzdem gibt es noch genügend Bereiche, in denen man ihnen Entscheidungsbefugnisse zubilligen kann, so dass sie ein gewisses Maß an Kontrolle über das eigene Leben behalten.

Da entsteht z.B. die Frage, bei wem das Kind nach der Scheidung leben soll. Welche Besuchsrechte sollten eingeräumt werden? Sollte die Familie umziehen? Wer kümmert sich in Zukunft um den Hund? Ist ein Schulwechsel unbedingt nötig? Die Kinder sollten die Gelegenheit bekommen, so viel wie möglich mitzuentscheiden. Vor allem für ältere Kinder ist es ganz wichtig, ein Mitspracherecht bei wichtigen Entscheidungen zu bekommen oder zumindest vor einer endgültigen Entscheidung konsultiert zu werden. Sie werden sich dann nicht nur leichter mit gefundenen Lösungen arrangieren, sondern sich auch bei deren Durchführungen kooperativer zeigen.

Bauen Sie dem Kind ein Nest.

Die Fähigkeit eines Kindes, sich neuen Situationen anzupassen, ist dann am größten, wenn es sich immer wieder in eine Nische flüchten kann, in der es Geborgenheit findet. Meine Enkelkinder bekamen neulich ein Trampolin geschenkt. Man traut sich die höchsten Sprünge zu, wenn man sicher ist, auf dem weich gespannten Tuch zu landen. Schlimm wird es nur, wenn man es verfehlt und neben den Rahmen fällt!

Deshalb rate ich auch immer, dass Eltern so wenig wie möglich Änderungen an der gewohnten Umgebung des Kindes vornehmen. Je mehr die Welt des Kindes auf den Kopf gestellt wird, desto mehr Anpassungsarbeit muss geleistet werden. Und je größer hierfür die Anforderungen, desto wahrscheinlicher das Versagen.

Wenn die Widerstandskraft nicht reicht

Wenn ein Kind es nicht schafft, sich auf die unumgänglichen Veränderungen einzustellen, gibt es eine Reihe von Warnsignalen. Mit ihnen wollen wir uns in den folgenden Kapiteln eingehender befassen. Hier möchte ich lediglich den Rat geben, dass Sie Hilfe suchen, wenn Sie den Eindruck haben, Ihr Kind findet sich mit der neuen Lage offenkundig nicht zurecht. Versuchen Sie, so viel Hintergrundinformationen wie möglich zu bekommen. Erkundigen Sie sich beim Lehrer, wie es in der Schule geht. Fragen Sie die Geschwister, welchen Eindruck sie haben. Ihr Pastor oder Hausarzt kann Ihnen sicher Spezialisten nennen, die Ihnen dann mit Rat und Tat zur Seite stehen. Halten Sie sich vor allem an das Prinzip, dass Vorbeugen immer besser ist als Heilen. Ein früh erkanntes Problem ist schneller aus der Welt geschafft.

Welche individuellen Probleme Sie auch haben mögen, Sie sollten immer damit rechnen, dass auch Ihr Kind – wie fast alle Scheidungskinder – folgende drei Fragen auf dem Herzen hat:

* *Wann wird Papa (oder Mutti) wieder nach Hause kommen?*
* *Wann werden sich meine Eltern wieder versöhnen?*
* *Werden sie sich dann doch irgendwann wieder scheiden lassen?*

Befriedigende Antworten können nicht immer auf diese brennenden Fragen gegeben werden.

Um sicherzustellen, dass sich das Kind körperlich, emotional und sozial gesund entwickelt, ist es ganz wichtig, dass Eltern auf Warnsignale achten und den Mut aufbringen, korrigierend einzugreifen, bevor es zu ernsten Schäden kommt. Diesen Problemkreis wollen wir jetzt besonders beleuchten.

7. Das Scheidungskind und seine Ängste

Es war schon spät abends, als mich eine frühere Patientin dringend am Telefon sprechen wollte. Sie war vier Monate lang wegen Eheproblemen bei mir in der Therapie gewesen. Ich vermutete deshalb, dass sie Hilfe brauchte, weil sie wieder Schwierigkeiten mit ihrem Mann hatte. Das Problem der beiden war nicht ständiger Streit, sondern Gleichgültigkeit. Ihr Mann hatte schon längere Zeit kaum noch Interesse an ihr gezeigt, so dass sie gezwungen war, ein eigenständiges Leben aufzubauen.

Doch ihr Anruf hatte nicht unmittelbar mit ihrem Mann zu tun. „Meiner Tochter ist in einem schlimmen Zustand", erklärte sie mir am Telefon. „Ich weiß nicht, was mit ihr los ist. Auf jeden Fall braucht sie Hilfe."

Dann erläuterte sie mir kurz, was in der Zwischenzeit alles geschehen war. Sie hatte sich doch entschlossen, sich von ihrem Mann zu trennen, hatte dies aber erst vor einer Woche ihren zwei Töchtern mitgeteilt. Die eine lebte nicht mehr zu Hause, weil sie bereits aufs College ging. Doch die Tochter, um die es in unserem Gespräch ging, wohnte noch bei den Eltern. Als sie sich vor zwei Tagen auf ein Referat vorbereitete, bekam sie plötzlich Schweißausbrüche. Sie klagte über Schmerzen in der Brust und Atemnot. Am erschreckendsten aber war ihr Gefühl, den Boden unter den Füßen zu verlieren. Panik hatte sie ergriffen, und ein Weinkrampf schüttelte sie derart, dass ihre Mutter sie in die Notaufnahme bringen musste.

Nachdem das Mädchen einen Tag lang gründlich untersucht worden war, lautete die Diagnose des behandelnden Arztes: „Ihre Tochter ist körperlich völlig gesund. Sie leidet aber an schweren Angstattacken mit Hyperventilation." Mit anderen Worten: Die Ängste dieses Mädchens waren außer Kontrolle geraten, so dass sie einen Psychologen oder Psychiater konsultieren musste. Deshalb rief die Mutter bei mir an.

Ich war einverstanden, die Tochter gleich am nächsten Morgen zu empfangen. Das latente Panikgefühl hatte sich noch immer nicht gelegt. Sie war auch nicht in der Lage, mir klipp und klar zu sagen, wovor sie sich fürchtete. Das ist keineswegs ungewöhnlich. Menschen, die unter Panikattacken leiden, können oft nicht die Quelle ihrer Angst benennen.

Erst nach einigen Vorstößen meinerseits gab sie zu, dass die Absicht ihrer Mutter, sich vom Vater zu trennen, ihr Schwierigkeiten mache. Obwohl sie tief beunruhigt über die Ereignisse war, leugnete sie, dass ihr das dennoch viel anhaben könne. Am Körper jedoch zeigen sich die Reaktionen auf eine solche Lüge.

Schwere Angstzustände vor, während oder nach einer Eheauflösung sind typisch bei Scheidungskindern. Das kann kaum wahrgenommen werden, aber auch ganz dramatisch auftreten. Man ist immer auf der sicheren Seite, wenn man davon ausgeht, dass jede Scheidung Ängste bei Kindern auslöst. Allerdings zeigen einige dies nicht offen.

Bei einigen provoziert die Angst eine Regression. Das bedeutet eine Rückkehr zu bereits abgelegten kindlichen Verhaltensweisen. Bettnässen, nachdem das Kind bereits „trocken“ war, ist solch eine typische Regression. Bei anderen kommt es zu bestimmten Zwangshandlungen wie Nägelkauen oder besonderen Ticks. Viele Erwachsene, die immer noch Nägel kauen, können diese Angewohnheit auf Angsterlebnisse in ihrem früheren Leben zurückführen.

Was ist Angst?

Jeder kennt Angst. Die Fähigkeit, sie körperlich zu produzieren, ist in dem so wunderbar konstruierten Gehirn angelegt, das Gott uns gegeben hat.

Was aber stößt das Angstsystem an? Der Auslöser ist Teil jenes hochkomplizierten Verteidigungssystems, zu dem die Angstreaktion gehört. Würden wir keine Angst kennen, würden wir kaum die ersten Jahre unseres Lebens überstehen. Unsere Unachtsamkeit und unser Mangel an Gespür für Gefahren wäre lebensgefährlich. Die Angst vor Feuer z.B. bewahrt uns davor, verbrannt zu werden.

Angst wird in der Intensität sehr unterschiedlich erlebt. Manche Menschen sind selbst angesichts einer Katastrophe nur leicht erregt, während andere schon bei leichten Bedrohungen in Panik geraten. Nehmen wir z.B. die unterschiedlichen Reaktionen, wenn es darum geht, eine Rede zu halten. Gefährlich ist das im Grunde ja nicht. Die Zuhörer werden uns gewiss kein Leid antun. Dennoch reagieren wir oft mit Angstgefühlen, als sei unser Leben bedroht.

Gelegentlich auftretende Angst schadet nicht. Der Gang zum Zahnarzt hinterlässt (im Normalfall) keine seelischen Narben auf Lebenszeit. Doch wenn die Angst längere Zeit anhält oder wenn sie sehr intensiv empfunden wird, kann sie Ursache so mancher chronischen Erkrankung sein. Ein Kind ist kaum dafür gewappnet, mit unsicheren Zukunftsperspektiven umzugehen. Es ist hilflos, wenn es glaubt, verlassen zu werden, finanzielle oder emotionale Verluste hinnehmen zu müssen oder gar einen nächsten Verwandten zu verlieren. Das jedoch sind die Dinge, mit denen sich Scheidungskinder geballt auseinander setzen müssen. Aufgrund solcher Erfahrungen entwickeln sich dann Ängste unterschiedlicher Intensität, die den Abstieg in die chronische Neurose bedeuten können, wenn sie nicht beachtet werden.

Wie kann man Schäden durch Angst vermeiden? Sie müssen die Warnzeichen erkennen und rechtzeitig einige grundlegende Schritte tun, um die Angst zu mildern.

Weshalb eine Scheidung Angst macht

Es gibt eine Reihe von Gründen, warum eine Scheidung Ängste bei Kindern auslöst. Ein paar davon möchte ich hier ansprechen, damit Sie ein Gefühl dafür bekommen, worin die Gefahren liegen:

Das Gefühl, verlassen zu werden

Wie ich schon sagte, reagiert ein Kind, das von der bevorstehenden Scheidung erfährt, immer mit Ängsten. Das sehr kleine Kind, das die Komplexität der

Beziehungen von Erwachsenen noch nicht durchschaut, hat spontan das Gefühl, vom Vater oder von der Mutter verlassen zu werden. Darauf läuft es ja auch in den meisten Fällen hinaus. Trotz bester Absichten wird der Vater, der auszieht, in Zukunft ein abwesender Vater sein. 40 Prozent aller Kinder von allein erziehenden Müttern haben ihren Vater im zurückliegenden Jahr überhaupt nicht gesehen! Diese Väter scheinen unter einer Art Gedächtnisschwund zu leiden.

Ein Kind verlangt nach der Anwesenheit seines abwesenden Vaters. Und die Angst verstärkt sich, wenn diesem Bedürfnis nicht nachgekommen wird.

Die Mutter mit dem Sorgerecht (es ist selten der Vater) kann die Sehnsucht nach dem abwesenden Elternteil oft nicht nachvollziehen. „Warum trauert sie bloß noch diesem Vater hinterher?“, beklagte sich verständnislos eine Mutter bei mir. „Früher hat sie sich kaum um ihn gekümmert, und plötzlich ist er ihr Ein und Alles.“ Solche Bekundungen von großer Zuneigung können die Mutter (oder den Vater) zu Hause ganz schön kränken.

Das mag zwar für die betroffenen Eltern traurig und schmerzlich sein, doch den größten Kummer hat das Kind. Denn es glaubt irgendwann fest daran, von einem Elternteil im Stich gelassen worden zu sein. Manchmal setzt sich dann auch noch die Überzeugung fest, es selber sei die Ursache hierfür. Solche Schuldgefühle vergrößern noch die Intensität der Angst.

Der Verlust stabiler Verhältnisse
Eng verknüpft mit dem Gefühl, verlassen zu werden, ist die Furcht, die gewohnte Umgebung zu verlieren. Wenn Kinder möglichst angstfrei aufwachsen sollen, brauchen sie stabile und verlässliche Verhältnisse im Elternhaus. Kinder, die das nicht zu Hause vorfinden, sind sehr anfällig, neurotische Ängste zu entwickeln. Bei einer Scheidung als dramatisches Ereignis wird das Umfeld eines Kindes wohl am meisten erschüttert.

Trennungsängste
Viele Psychologen halten eine Scheidung deshalb für so bedrohlich, weil sie „Trennungsängste" produziert. Diese gehören zu einer besonderen Form der Angst, die man vor allem bei Scheidungskindern findet.

Wenn ein Kind gleichzeitig Stress und den Abschied von einem Elternteil verarbeiten muss, kann seine Fähigkeit stark eingeschränkt sein, eine dauerhafte Trennung von einer wichtigen Person im Leben zu verkraften. Als Erwachsener erträgt solch ein Mensch dann kaum noch weitere Trennungen von einem geliebten Menschen – auch nicht, wenn sie zeitlich begrenzt ist.

Verlegenheit und Scham
Auch wenn Scheidungen nicht mehr ungewöhnlich sind und die betroffenen Kinder wissen, dass sie ihr Schicksal mit anderen teilen, ist das Gefühl, stigmatisiert zu sein, noch immer stark und ein Angstauslöser. Als meine Eltern sich trennten, begann man gerade, Scheidungen als gesellschaftliche Gegeben-

heit hinzunehmen. Und obgleich meine Freunde die Sache akzeptierten und mir bekannt war, dass einige von ihnen ebenfalls aus zerbrochenen Elternhäusern kamen, traf mich alles ziemlich schwer.

Bei Veranstaltungen der Schule wurde ich des Öfteren gefragt, warum denn mein Vater nie käme. Unsensible Lehrer, gemeine Mitschüler und nichts ahnende Fremde wurden meine Feinde. Ich war ständig angespannt und auf peinliche Fragen gefasst.

Schließlich kam ich sogar zu dem Schluss, es sei allemal besser, auch meine Mutter würde nicht mehr an solchen Veranstaltungen teilnehmen. Dann fiel die Abwesenheit meines Vater wenigstens nicht mehr so auf.

War mein Verhalten nur typisch für die damalige Zeit? Gerade Erfahrungen, die ich in jüngster Zeit gemacht habe, bringen mich zu der Überzeugung, dass solche Reaktionen heute noch genauso verbreitet sind. Viele Kinder empfinden diese Scham, vor allem wenn sie in einem christlichen Elternhaus aufgewachsen sind. Gerade in christlichen Kreisen hat eine Scheidung immer noch etwas Anrüchiges an sich, so dass betroffene Kinder sich schämen und dadurch Ängste entwickeln.

Die Angst vor dem Unbekannten

Der größte Angstauslöser ist aber wahrscheinlich die Furcht vor dem Unbekannten. Das kleine Kind durchschaut überhaupt noch nicht, was geschieht. Ältere Kinder haben immerhin schon so viel Lebenserfahrung, dass sie ihre Interessen selber vertreten können. Doch das jüngere Kind ist trotz gewachsener Einsicht noch nicht in der Lage abzuschätzen, wie sich die Situation weiterentwickeln wird, und es hat noch nicht die Fähigkeit, mit der sich daraus ergebenden Unsicherheit umzugehen. Für solch ein Kind kann die Angst groß werden.

Scheidung ist der Eintritt in ein völlig unbekanntes Land. Es wirkt finster und bedrohlich, und das Kind wird einfach dort hineingeschickt. Es geht nicht etwa freiwillig. Nein, es *muss* gehen. Und es fragt sich: Was passiert mir dort? Werden wir arm sein? Wird Papa uns eine neue Mutti bringen? Wie wird sie sein? Die Stiefmütter im Märchen sind schließlich immer böse! Wird Mutti für einen neuen Papa sorgen? Wird er schrecklich streng sein? Werden wir umziehen müssen? Wo werden wir bleiben? In welche Schule werde ich gehen? Solche Gedanken schießen dem größeren Kind durch den Kopf. Und sie machen schreckliche Angst.

Wie sich Ängste beim Kind bemerkbar machen

Wie können Eltern feststellen, ob ihr Kind unter Ängsten leidet? Es gibt wichtige Hinweise. Bevor wir im Einzelnen auf sie eingehen, möchte ich noch darauf hinweisen, dass ein gewisses Maß an Ängstlichkeit und Besorgnis durchaus normal und sogar heilsam für die weitere Entwicklung des Kindes ist. Seien Sie also nicht zu sehr besorgt, wenn Sie mitbekommen, dass sich Ihr Kind ängstigt. Doch ausgeprägte Angst erfordert umgehend das elterliche Eingreifen. Wenn das nicht geschieht, wird die Angst zum chronischen Problem, das lange Zeit anhalten kann. Hier ein typischer Fall:

Jimmy war ein Einzelkind. Bei ihm machte sich schon kurz, nachdem seine Eltern den Entschluss fassten, sich scheiden zu lassen, große Angst bemerkbar. Das geschah auf vielfältige Weise. Seine Eltern waren zu sehr mit sich selbst beschäftigt, so dass sie ihm nicht die Aufmerksamkeit schenken konnten, die er eigentlich gebraucht hätte. Jimmys Mutter meinte schließlich, sie sei mit dem Achtjährigen überfordert. Deshalb bat sie die Großmutter, sich eine Weile um ihn zu kümmern.

Der arme Jimmy hatte sich nun mit einem doppelten Trauma auseinander zu setzen. Nicht nur sein Vater hatte das Haus verlassen, nun machte sich auch noch die Mutter aus dem Staub. Zwar war diese schon nach fünf Wochen wieder bereit, sich um Jimmy zu kümmern. Doch er hatte sich inzwischen an seine Großmutter gewöhnt und traute seiner Mutter nicht mehr über den Weg. Die Trennung von der Großmutter war deshalb ein weiterer Schlag für den Jungen.

So wurde die Angst allmählich zu einem Leitmotiv für all sein Handeln, und der Junge ist zu einem überbesorgten Menschen geworden, der Ängste in allen Lebenslagen empfindet. Als junger Erwachsener verbraucht er übermäßig viel Zeit damit, Situationen aus dem Weg zu gehen, die ihm bedrohlich erscheinen. Und sein ganzes Denken wird von Ängsten und Sorgen dominiert. Traurig an der Geschichte ist vor allem, dass seine Probleme bei rechtzeitigem Eingreifen hätten vermieden werden können.

In Scheidung lebende Eltern schulden es ihren Kindern, sie vor solchen neurotischen Entwicklungen zu bewahren. Das Scheidungskind, dem aufmerksame und im positiven Sinne besorgte Eltern beistehen, hat jedenfalls eine bessere Chance auf seelische Gesundheit im Erwachsenenalter als so manches Kind aus einer nur nach außen intakt erscheinenden Familie.

Die Symptome kindlicher Ängste

Die Symptome kindlicher Ängste können in drei Kategorien eingeteilt werden: körperliche, seelische und soziale. Ich werde alle drei nacheinander besprechen und versuchen, Ihnen zu helfen, selber zu entscheiden, ob Ihr Kind ein solches Problem hat und der Hilfe bedarf.

Körperliche Symptome

Schwere oder lang andauernde Angstzustände rufen Störungen in fast allen Systemen unseres Körpers hervor. Wie Erwachsene haben auch Kinder bestimmte Schwachstellen, wo sich die Angst am ehesten manifestiert. Manche haben Magenbeschwerden oder Verdauungsprobleme. Bei anderen ist das Herz-Kreislauf-System in Mitleidenschaft gezogen. Wieder andere haben Probleme mit den Atemwegen. Gelegentlich kommt es vor, dass ein Kind seine Angst durch Symptome in mehreren Systemen gleichzeitig verarbeitet.

Am verbreitetsten sind Körperreaktionen im Verdauungstrakt. Magenschmerzen, Übelkeit, Erbrechen oder Durchfälle können chronisch oder sporadisch auftreten. Oft zeigen sich die Symptome nur in besonders angespannten Situationen – also beim

Abschied nach einem Besuch von Vater oder Mutter, beim Schulanfang nach den Ferien oder beim Umzug in eine andere Wohnung.

Ein fast gleich häufiges Stresssymptom sind Kopfschmerzen. Eltern sollten allerdings auch darauf gefasst sein, dass Kinder ihre Beschwerden maßlos übertreiben können, um Aufmerksamkeit und Zuwendung zu erschleichen.

Die verbreitetste Variante ist der Spannungskopfschmerz, doch gelegentlich wird sogar beim Kind durch Stress eine Migräne ausgelöst. Migräne kommt häufiger bei Mädchen vor, besonders nach Eintritt in die Pubertät. Die Migräneattacke setzt häufig kurz vor der Periode ein und ist vorüber, bevor diese zu Ende gegangen ist. Es ist wichtig, zwischen Spannungskopfschmerzen und Migräne zu unterscheiden, weil beide Schmerzzustände unterschiedlich behandelt werden müssen. Wenn nötig, müssen Sie einen Arzt konsultieren.

Um welchen Kopfschmerztyp es sich auch handelt, die zugrunde liegende Angst muss immer mitbehandelt werden. Eltern können ihren Teil dazu beitragen, indem sie Geborgenheit, Liebe und Verständnis für das Kind haben.

Beschwerden des Herz-Kreislauf-Systems sind bei kleineren Kindern selten, können aber bei größeren Kindern und vor allem bei Jugendlichen durchaus schon auftreten. Herzklopfen, kalte Hände und Füße, Schmerzen in der Brust, Schwindel und Ohnmachtsanfälle sind verbreitete Reaktionen auf die Angst. Manchmal beginnt das Kind plötzlich zu hyperventilieren. Das unnatürlich schnelle und hektische

Atmen verursacht dann durch Sauerstoffüberschuss euphorische Reaktionen im Körper.

Atembeschwerden sind in allen Altersstufen anzutreffen. Asthma, andere allergische Reaktionen, Kurzatmigkeit durch Verspannungen und größere Anfälligkeit für Atemwegsinfektionen – all das kann auf Ängste zurückgeführt werden.

Verhaltensauffälligkeiten wie Nägelkauen, Bettnässen oder Daumenlutschen treten plötzlich in Zeiten großer Stressbelastung auf oder intensivieren sich dann. Der Schlaf kann gestört sein, und das Kind hat vielleicht häufiger Alpträume als normal. Manche Kinder wachen schweißgebadet auf und wollen dann zu den Eltern ins Bett, um sich dort zu beruhigen. Andere wollen um keinen Preis allein einschlafen und machen jeden Abend ein fürchterliches Theater, wenn es heißt, ins Bett zu gehen. Liebevoll gesetzte Grenzen werden dem Kind ein Gefühl der Sicherheit geben.

Psychische Symptome

Zunehmende Reizbarkeit und die Neigung, sich mit Geschwistern und Freunden zu streiten, sind die verbreitetsten Symptome für latente Ängste. Die Toleranz des Kindes für Frustrationen, Verzögerungen und Enttäuschungen sind unter Umständen dramatisch. Wenn solche Kinder einen Wunsch aussprechen, wollen sie ihn sofort erfüllt haben. Wutausbrüche können sich häufen. Sie dienen dem Kind als Ventil für Spannungen und verdrängte Wut.

Extreme Ängste zeigen sich auch in deutlichen Verhaltensstörungen. Betroffene Kinder weichen der

Mutter nicht mehr vom Schürzenzipfel oder wollen überall dort sein, wo der Vater ist. Gerade dieses Symptom tritt bei Ängsten auf, die durch die Trennung von einem Elternteil oder deren Androhung ausgelöst werden. Das Kind sucht jetzt ganz besonders die Nähe des sich trennenden Vaters oder der nicht mehr anwesenden Mutter.

Ein weiteres Angstsymptom ist die übertriebene Sorge, den Eltern oder dem Kind selbst könnte etwas Furchtbares zustoßen – ein Unfall oder eine schwere Krankheit. Manche Kinder stellen sich vor, dadurch auf Dauer von den Eltern getrennt zu werden oder sogar zu sterben.

Soziale Symptome

Die erste Reaktion, die ein Kind durch die Angst vor der Scheidung oft zeigt, ist der Rückzug aus allen sozialen Kontakten. Ein Grund ist die Trauerarbeit, die das Kind jetzt leisten muss. Darauf werde ich ausführlicher im Kapitel über Depressionen eingehen. Angst ist ein großer Energiefresser, so dass nicht mehr viel für Freundschaften und andere soziale Kontakte übrig bleibt. Ein weiterer Grund für den Rückzug kann das Problem sein, auf unangenehme Fragen von Freunden keine einfachen Antworten geben zu können. Statt sich in peinliche Situationen zu begeben, bleibt das Kind lieber allein.

Das Kind kann sich unwohl fühlen, wenn es auf Reisen geht und die vertraute Umgebung verlassen muss. Manche Kinder wollen nicht mehr bei Freunden übernachten und weigern sich, kleine

Erledigungen zu machen. Sie wollen nicht mehr an der Klassenfahrt teilnehmen oder gar zur Schule gehen. Diese Reaktionen sind möglicherweise nur schwach ausgeprägt, und man kann mit ein wenig Nachdruck den inneren Widerstand überwinden. Ist die Verhaltensstörung jedoch auffällig und lang anhaltend, sollte ein ausgebildeter Seelsorger oder Psychotherapeut konsultiert werden. Das gilt vor allem dann, wenn der innere Widerstand des Kindes überdeutlich spürbar ist oder das Kind alle seine normalen Aktivitäten einstellt.

Was Sie gegen Angstprobleme Ihres Kindes tun können

Es ist zwar eine besonders unglückliche Situation, wenn gläubige Eltern sich scheiden lassen. Trotzdem haben sie als Kinder Gottes einen großen Trost: Unser himmlischer Vater lässt uns mit unserem Versagen nicht allein. Er kommt uns in solchen Zeiten oft sogar noch näher. Und wenn wir es zulassen, steht er uns bei, indem er uns innerlich stärkt und uns mit Weisheit ausrüstet – so wie wir es in guten Zeit vielleicht noch gar nicht erlebt haben. Er hat uns jedenfalls verheißen: „Lasst uns also voll Zuversicht hingehen zum Thron der Gnade, damit wir Erbarmen und Gnade finden und so Hilfe erlangen zur rechten Zeit“ (Hebräer 4,16).

Leider fühlen sich gerade geschiedene christliche Eltern häufig von Gott verlassen. Sie argumentieren: „Warum sollte Gott mir jetzt helfen, wo ich doch seine Gebote übertreten habe?“ Oder: „Gott wird mich strafen, weil ich nicht genug zur Rettung meiner Ehe getan habe."

Aber das ist weit von der Realität entfernt. Das *Gefühl,* von Gott verlassen worden zu sein, ist trügerisch. Es ist eine teuflische Lüge. Vielleicht ist es auch ein Nebenprodukt Ihrer Depression oder die Folge tiefster Erschöpfung.

Bevor Sie also Ihrem Kind mit seiner Angst wirklich helfen können, müssen Sie selber Ihr Vertrauen in Gott erneuern. Wie geschieht das? Gehen Sie davon aus, dass er Ihnen helfen will, Ihr Kind zu retten. *Er will,* dass Ihr Kind ohne all die seelischen Probleme aufwächst, die eine Scheidung normalerweise hinterlässt! Oder können Sie sich etwas anderes vorstellen? Haben Sie Vertrauen! Mit dieser Zuversicht gehen Sie dann ans Werk. Gott wird Sie nicht jetzt, wo Sie ihn so dringend brauchen, im Stich lassen!

Wenn Sie jetzt darangehen, eine Strategie gegen die Ängste zu entwerfen, sollten Sie immer daran denken, dass die Hauptursache des Problems die verlorene Sicherheit ist. Ich meine damit nicht nur die physische und materielle Geborgenheit. Das Kind muss sich vor allem anderen emotional eingebunden und aufgehoben fühlen. Es muss mitbekommen, dass es geliebt wird. Jedes Kind braucht zu Hause eine Atmosphäre, in der es Wärme, persönliche Nähe, Offenheit, Toleranz und die Bereitschaft zur Vergebung seiner Fehler zu spüren bekommt. Sind diese Dinge erfahrbar in einer Familie, werden die Menschen, die daraus erwachsen, seelisch gesund sein. Deshalb sollte auch bei Ihnen zu Hause eine solche Atmosphäre herrschen.

Verschenken Sie Ihre Liebe und geben Sie Geborgenheit. Verbringen Sie mehr als üblich Zeit mit Ihren Kindern, und verhindern Sie nicht, dass auch Ihr Expartner seinen Teil dazu beitragen kann. Ihr Kind braucht die Gewissheit, dass beide Eltern auch in Zukunft Teil seines Lebens sind.

Hier nun eine Reihe von konkreten Schritten, durch die Sie Ihrem Kind helfen können, seine Ängste zu überwinden.

Finden Sie heraus, was Ihr Kind bedrückt.
Seien Sie ein interessierter und aufmerksamer Zuhörer. Fallen Sie Ihrem Kind nicht ins Wort, so albern sich seine geäußerten Befürchtungen auch anhören mögen. Verhalten Sie sich so, dass Ihr Kind spürt, wie aufmerksam Sie zuhören.

Gestehen Sie Ihrem Kind seine Ängste zu.
Sie helfen Ihrem Kind nicht, wenn Sie ihm seine berechtigten Ängste ausreden wollen. Ihr Kind lernt aus Lügen und Beschönigungen nur, dass man Ihnen nicht trauen kann. Bedrohungen, die man kennt, sind immer leichter zu bewältigen als die Angst vor übertriebenen Erwartungen. Angst ist allzu oft das Produkt eingebildeter Probleme. Wenn wir aber wissen, was uns erwartet, werden all unsere internen Ressourcen mobilisiert. So sind wir gerüstet, um zu handeln, Entscheidungen zu treffen und den Umständen gefestigt zu begegnen. Wir ertragen so unser Schicksal besser.

Beruhigen Sie Ihr Kind, wann immer es nötig ist.
Sie müssen Ihr Kind immer und immer wieder beruhigen. Nur so erzielen Sie eine Wirkung. Wenn Sie aber genervt reagieren und dem Kind sagen, Sie hätten doch schon gestern versichert, auf keinen Fall fortzugehen, provozieren Sie ungewollt mehr Ängste, weil das Kind sich nicht ernst genommen fühlt. Wiederholen Sie es ruhig noch einmal: „Wie ich gestern schon gesagt habe: Ich bleibe ganz bestimmt bei euch. Da brauchst du überhaupt keine Angst zu haben!" Wer so geduldig reagiert, stimmt das Kind zuversichtlich. Und nach vielen Wiederholungen wird es am Ende vielleicht doch Vertrauen fassen.

Sorgen Sie für ein stabiles Umfeld zu Hause.
Die Grundregel lautet: *Verändern Sie so wenig wie möglich!* Um die gewohnte Umgebung Ihres Kindes zu bewahren, müssen Sie vielleicht über Ihren Schatten springen und trotz mancher Verletzungen den Expartner bitten, um des Kindes willen mit Ihnen zusammenzuarbeiten. Es hat schon genug unter Ihrem Konflikt gelitten. Versuchen Sie sich zu beherrschen und sich nicht so wichtig zu nehmen. Wenn Ihnen das nicht von allein gelingt, sollten Sie nicht zögern, eine Familienberatung aufzusuchen.

Schenken Sie Ihrem Kind besonders viel Aufmerksamkeit.
Das fällt nicht immer leicht, vor allem, wenn man noch sehr mit sich selbst beschäftigt ist. Geben Sie sich dennoch alle Mühe, Ihre eigenen Interessen ein wenig mehr hintanzustellen – Ihrem Kind zuliebe.

Ich schreibe dies nicht, weil ich meine, Ihre eigenen Belange seien weniger wichtig. Ich weiß aber, dass Sie immer Gefahr laufen, von Ihren persönlichen Problemen ganz vereinnahmt zu werden.

Vermeiden Sie es, Ihr Kind mit Ihren eigenen Ängsten und Sorgen zu belasten.
Es gilt zwar die wichtige Regel, dass man seinem Kind so ehrlich wie möglich gegenübertreten soll. Dennoch sollte man auf keinen Fall mit ihm über so die eigenen Ängste und Sorgen ausführlich reden, sodass es noch ängstlicher wird. Wenn Sie im Zusammenhang mit Ihrer Scheidung unter starken Ängsten leiden, besteht immer die Gefahr, dass Ihr Kind etwas davon mitbekommt.

Manche Eltern machen den Fehler, ihre Gefühle den Kindern allzu detailliert zu schildern. Sie haben das Bedürfnis mit irgendjemand zu reden, und weil das Kind meist in der Nähe ist, schütten sie ihm ihr Herz aus. Damit aber wird das Kind noch mehr durch zusätzliche Ängste belastet und verunsichert. Jeder, der emotional aus dem Gleichgewicht geraten ist, braucht jemand, bei dem er sich aussprechen kann. Doch Ihr Kind sollten Sie so wenig wie möglich mit Ihren Sorgen behelligen. Es ist nicht Ihr Therapeut!

Bieten Sie dem Kind die Möglichkeit, seine Ängste auszuleben.
Älteren Kindern fällt es oft leichter, über ihre Ängste zu reden. Doch kleineren Kindern gelingt es meist nicht, Angst in Worte zu fassen. Sie sollten ihnen deshalb regelmäßig Papier und Buntstifte, Spiele,

Puppen oder Knete zur Verfügung stellen, damit sie durch Spiel und kreative Beschäftigung ihr Innerstes zum Ausdruck bringen können. Kritisieren Sie nicht, was sie herstellen oder tun. Sollten sie ihre Eltern als Teufel darstellen, dürfen Sie nicht schimpfen. Die Kinder drücken damit nur ihre Gefühle aus. Reagieren Sie lieber so: „Findest du, dass ich gemein zu dir gewesen bin? Was war denn so gemein von mir? Was soll ich denn anders machen? Stimmt's, du möchtest jetzt auch mal gemein zu mir sein?“ Wenn man Kinder auf diese Weise fragt, bekommt man sie oft dazu, sich ihrer Gefühle bewusst zu werden.

Doch wer heute seinen Gefühlen freien Lauf lässt, ist darauf angewiesen, dies auch morgen wieder zu tun. Stellen Sie sich also darauf ein, dass Ihr Kind dieses Ventil noch viele Male braucht.

Respektieren Sie das Bedürfnis Ihres Kindes, in Ruhe gelassen zu werden.
Wenn das Kind bekundet, allein sein zu wollen, dann sollten Sie das respektieren. Die Kinder unterscheiden sich sehr in ihrem Bedürfnis nach Nähe bzw. Zurückgezogenheit. Jedes setzt seine eigenen Schwerpunkte. Sie möchten zwar, dass die Eltern im Haus sind, aber nicht unbedingt im selben Zimmer. Achten Sie darauf, was Ihr Kind diesbezüglich äußert, und respektieren Sie seine Wünsche. Seien Sie nicht unfreundlich, nur weil das Kind andere Bedürfnisse hat als Sie. Der Standpunkt eines Kindes ist genauso zu achten wie Ihr eigener. Akzeptieren Sie die Unterschiede, und lieben Sie Ihr Kind bedingungslos.

Verständigung ist wichtig

Ich habe immer wieder darauf hingewiesen, wie wichtig es ist, zu verstehen, was Ihr Kind fühlt. Haben Sie keine Angst vor der Konfrontation mit diesen Emotionen. Sie sind nicht ansteckend!

Oberste Priorität sollte bei Ihnen immer sein, Ihr Kind zu verstehen. Aus diesem Verständnis heraus gewinnen Sie die richtige Einstellung, mit der Sie Ihrem Kind gegenübertreten. Wenn Sie wirklich wissen, was in Ihrem Sohn oder Ihrer Tochter vorgeht, werden Sie immer die bessere Lösung für Ihr Kind finden.

Oft kommen Eltern erbost und verärgert zu mir, weil sie durch die Verhaltensauffälligkeiten ihrer Kinder irritiert sind. Ich stelle aber immer wieder fest, dass diese Irritation nur deswegen entstehen konnte, weil sie die Situation nicht aus dem Blickwinkel ihres Kindes betrachtet haben. „Er trägt nicht einmal mehr den Mülleimer raus. Den ganzen Tag sitzt er da und stiert vor sich hin", beklagte sich der Vater eines 16-jährigen Sohnes.

Ich sprach danach mit diesem jungen Mann. Und wie sah er die Situation? „Es ist die einzige Möglichkeit, meinem Vater zu zeigen, wie es mir geht. Wenn ich mit ihm reden will, hört er mir nicht zu. Er wird nur auf mich aufmerksam, wenn ich mich so benehme."

Jeder von uns möchte aus seinem Blickwinkel heraus verstanden werden. Seelsorger lernen es in ihrer Ausbildung, sich in die Lage des andern zu versetzen. Man nennt das Empathie. Wenn Eltern oft nur ein wenig von dieser Empathie aufbringen würden, könnten sie die Verhältnisse zu Hause auf den Kopf stellen. Wie weit sind *Sie* zur Empathie fähig? *Versetzen Sie sich doch mal in die Lage Ihres Kindes!* Nehmen Sie gedanklich einen Rollentausch vor – nur für eine Stunde oder ein paar Minuten. Versuchen Sie sich vorzustellen, was in dieser Zeit in Ihrem Kind vorgeht. Fühlen Sie, was es fühlt, und machen Sie seine Erfahrungen. Das wird Sie ganz schnell von so manchem Irrglauben kurieren.

Wenn in Scheidung lebende Eltern in die Gedanken- und Gefühlswelt ihres Kindes eintauchen könnten und all seine Sorgen, Nöte und Befürchtungen in den verborgensten Winkeln seiner Seele entdecken würden, dann – davon bin ich überzeugt – hätten sie keine Probleme, die richtigen Entscheidungen zu treffen. Wissen verhindert Vorverurteilungen. Und Verständnis lehrt uns die Sprache der Liebe.

Wenn Sie das bedenken, werden Sie zu der Erkenntnis gelangen, dass auch Gott so mit uns umgeht. Er sandte Jesus, damit dieser in der Welt mit uns lebt. Er kam, um mit uns zu leiden und den Schmerz am eigenen Leib zu erfahren. Deshalb kann ihm niemand mehr das Recht absprechen, uns über das Leben die Augen zu öffnen, uns Wege zur Heilung zu weisen und uns zu trösten. Keiner kennt uns besser als Gott, und wer kann sich besser in uns hineinfühlen als sein Geist? „Bei euch aber sind sogar die Haare auf dem Kopf alle gezählt. Fürchtet euch nicht! Ihr seid mehr wert als viele Spatzen“ (Lukas 12,7). Was für ein tröstendes Wort!

Wenn wir als Eltern doch imstande wären, „die Sorgen unserer Kinder zu zählen“! Das würde viel von dem Schaden abwenden, den wir ihnen durch unsere Scheidung zufügen. Trauer könnte sich in Segen verwandeln, und so würden aus unseren Kindern doch noch erwachsene Menschen werden, die ein heiles Leben führen. Mir wäre bei solch einem Elternhaus sicher manches erspart geblieben.

8. Das Scheidungskind und sein Zorn

Jedes Scheidungskind wird auch ein zorniges Kind sein. Ich sage bewusst „jedes", denn nach meiner Erfahrung sind die Umstände, mit wenigen Ausnahmen, so ungewöhnlich, dass man diese seltenen Fälle kaum berücksichtigen muss.

Wie ich schon in vorangegangenen Kapiteln erwähnte, wollen nur sehr wenige Kinder, dass sich ihre Eltern scheiden lassen – so konfliktbeladen die Ehe auch sein mag. Ältere Teenager und bereits erwachsene Kinder begrüßen manchmal die Trennung als ein Ende von unglücklichen Jahren. Doch diese Kinder stehen dann meist nicht mehr in einem Abhängigkeitsverhältnis zu den Eltern. Auch kleinere Kinder fühlen sich in seltenen Fällen nach einer Scheidung erleichtert, wenn ein Elternteil einen allzu negativen Einfluss auf die Kinder ausgeübt hat – bei schweren Persönlichkeitsstörungen, Alkoholismus, Psychosen oder wiederholter Kriminalität. Allerdings beobachtet man selbst in solchen Fällen, dass Kinder von ihren Gefühlen hin- und hergerissen sind.

Wie immer ein Kind dazu auch Stellung bezieht, in jedem Fall bedeutet die Scheidung Frustration und Leid. Die Ziele und Hoffnungen eines jungen Lebens werden durchkreuzt. Und das macht in jedem Fall zornig.

Dieser Zorn ist allerdings nicht immer offensichtlich. Oft ist er Teil einer verborgenen Grundstimmung, die unterdrückt wird und nicht an die

Oberfläche gelangt. So kommt es zu keinen Wutausbrüchen und Weinkrämpfen. Zorn kann im Innern eines Menschen schlummern und sich lediglich durch Missmut und schlechte Laune manifestieren. Wenn auch der Zorn sich nicht dramatisch und offenkundig zeigt, ist noch lange nicht gesagt, dass er auch keinen Schaden anrichtet.

Diese versteckte und unterdrückte Variante des Zorns, die man auch als „passiv-aggressives Verhalten" bezeichnet, kann langfristig sogar schädlicher sein als die explosive Form mit offener Feindseligkeit. Wenn sich Zorn offen zeigen kann, ist die Gefahr von Explosionen, die aus heiterem Himmel kommen, wesentlich geringer. Zudem kommt es nicht zu einer schädlichen Verdrängung.

Wie ich noch aufzeigen werde, ist allerdings auch der allzu ungehemmte Umgang mit der eigenen Wut kein gesunder Lösungsansatz für Probleme. Wir müssen immer ein wichtiges biblisches Prinzip beachten: Niemand, der zornig ist, hat das Recht, seine Wut an anderen auszulassen. Das Neue Testament ist diesbezüglich klar und eindeutig. Paulus schreibt: „Soweit es euch möglich ist, haltet mit allen Menschen Frieden! Rächt euch nicht selber" (Römer 12,18-19). Eltern haben deshalb die Pflicht, ihre Kinder zu lehren, wie man vernünftig mit dem eigenen Zorn umgeht, damit er nicht zu einer zerstörerischen Kraft in ihrem Leben wird.

Wann wird der Zorn zu einem ernsten Problem?
Es ist eine schwierige Frage: Wann ist der Zorn so ernst zu nehmen, dass professionelle Hilfe angebracht ist? Und wann können wir damit rechnen, dass sich das Problem mehr oder weniger von allein löst?

Dafür gibt es kein Patentrezept. Nicht einmal die Fachleute sind sich diesbezüglich einig. Die einen meinen – ich gehöre zu ihnen –, dass nach *jeder* Scheidung das Verhalten des Kindes von einem ausgebildeten Seelsorger oder Psychotherapeuten beobachtet werden sollte. Eltern können sich nicht immer auf ihr eigenes Gespür verlassen, denn sie wollen ja oft glauben, dass alles in Ordnung sei.

Das heißt nicht, dass alle Scheidungskinder einem Psychotherapeuten vorgeführt werden müssen. Mindestens ein Elternteil jedoch – wenn nicht beide – sollten Hilfe bei einer dritten Person suchen, vorzugsweise bei einem ausgebildeten und unparteiischen Ratgeber, der feststellen kann, ob ein ernstes Problem vorliegt oder nicht.

Gibt es bestimmte Anzeichen, die Eltern auf ernste Probleme ihrer Kinder hinweisen? Als Richtschnur kann gelten, dass totale Passivität und Lethargie bzw. offen zum Ausdruck kommende Wut dann für Sie eine Überforderung ist, wenn dieser Zustand länger als vier oder fünf Wochen andauert. Wenn Sie also im Zweifel sind, sollten Sie nicht zögern, sich beraten zu lassen.

Was ist Zorn?

Um Ihnen zu helfen, die Problematik Ihres Kindes besser einzuschätzen, möchte ich ausführlicher erläutern, was Zorn eigentlich ist.

Der Zorn gehört zu den undurchsichtigsten menschlichen Emotionen. Vor allem uns Christen fällt es schwer, ihn richtig einzuordnen. Die Fähigkeit, zornig zu werden, hat Gott in unsere Natur gelegt. Beteiligt sind viele Systeme unseres Körpers, so auch das Gehirn und der Hormonhaushalt. Grundsätzlich hat der Zorn wichtige Funktionen. Gleichzeitig steckt in ihm aber auch ein hohes Potenzial an Zerstörungskraft und Sünde.

Berücksichtigt man diese zwei Aspekte des Zorns – den natürlichen Nutzen und sein Potenzial zur Sünde –, wird klar, dass sich der Christ hier vor eine heikle Aufgabe gestellt sieht. Es würde den Rahmen dieses Buches sprengen, das so komplexe Phänomen an dieser Stelle erschöpfend zu behandeln. Für unser Thema genügt es, wenn ich vier entscheidende Ursachen des Zorn erläutere, die in jedem von uns angelegt sind. Wenn wir sie kennen, sind wir besser gerüstet, unseren eigenen Zorn in den Griff zu bekommen und den Kindern zu helfen, mit ihm besser umzugehen.

Zorn als instinktive Schutzmaßnahme

In allen Menschen (und allen Tieren) angelegt ist eine instinktive Zornreaktion, sobald sie bedroht oder angegriffen werden. Diese Reaktion ist für Notsituationen gedacht und soll Energie mobilisieren, damit wir den Mut aufbringen, uns selbst und unsere Lieben zu beschützen.

Zorn als konditionierte Reaktion
Zorn ist allerdings nicht nur instinktiv, sondern auch angelernt. Man spricht dann von Konditionierung. Die Reaktion erfolgt automatisch in Situationen, in denen wir zuvor schon einmal Zorn und Wut empfunden haben.

So haben wir z.B. bereits in jungen Jahren gelernt, mit Wutausbrüchen etwas zu erreichen. Wir haben die Erfahrung gemacht, dass wir damit Menschen manipulieren und Ziele erreichen können. Nachdem wir diese Erfahrungen in der Kindheit gemacht haben, können wir auch noch als Erwachsene unsere Mitmenschen auf diese Weise manipulieren. Wahrscheinlich werfen wir uns nicht mehr auf den Boden. Wir schreien und weinen nicht mehr vor Wut und trampeln nicht mehr mit den Füßen. Als Erwachsene neigen wir eher dazu, unseren Wutanfall in eisiges Schweigen zu kleiden. Wir reden kein Wort mehr und zeigen dem anderen die kalte Schulter. Damit hoffen wir, unseren Willen doch noch durchzusetzen. Oder, falls das nicht klappt, den Übeltäter zu bestrafen. Ehepaare kennen diese konditionierte Reaktion meist zur Genüge!

Zorn als Reaktion auf Frustrationen
Es ist eine bekannte Tatsache in der Psychologie, dass jede Frustration wütend macht. Das ist eine natürliche Reaktion, deren Funktion es ist, die Frustrationsursache zu überwinden. Das funktionierte noch problemlos in grauer Vorzeit, wenn zwei Konkurrenten auf dieselbe Beute stießen, der Hunger groß war und der Fang für die Sippe gesichert werden musste. Die

Frustration darüber machte wütend. Dadurch wurde Energie freigesetzt und der Wille verstärkt, den Konkurrenten aus dem Feld zu schlagen. Das Problem bei dieser Art Zorn ist allerdings – und das gilt besonders für unser heutiges Leben –, dass der Auslöser oft nicht beseitigt werden kann, auch wenn die Wut noch so groß ist. Wir haben es heute mit Mitmenschen zu tun und nicht mehr mit Konkurrenten wie damals!

Frustration ist die Reaktion auf alles, was sich uns in den Weg stellt. Für Scheidungskinder ist die Trennung der Eltern solch ein frustrierendes Erlebnis und damit eine Quelle des Zorns. Eine Scheidung bedeutet für sie, dass viele Wege verbaut und Privilegien fortgenommen werden. So mancher Traum zerplatzt, und das eine oder andere Ideal muss begraben werden. Wie soll sich ein Kind angesichts all dieser Hindernisse verhalten? Die natürliche Reaktion ist der Zorn.

Oft aber weiß solch ein Kind nicht, wie es seinen Zorn halbwegs sinnvoll verarbeiten kann. Diese Verunsicherung verstärkt den inneren Konflikt. Die Frustrationen nehmen zu und damit auch die Wut. Die Kinder geraten in einen Teufelskreis, aus dem sie nicht mehr herauskommen.

Zorn als Reaktion auf Verletzungen

Wichtigste Quelle des Zorns in unserer heutigen Welt ist der Zorn als Reaktion auf Verletzungen und Kränkungen.

Solch eine Zorn auslösende Verletzung kann rein körperlich sein – wenn uns z.B. jemand auf die Füße tritt. Instinktiv möchten wir augenblicklich zurückschlagen. Die Verletzung kann aber auch seelisch sein – wenn jemand uns unberechtigt kritisiert oder verurteilt. Oft drischt man mit Worten aufeinander ein. Wenn wir also aufgrund von Verletzungen wütend werden, sind diese zumeist emotionaler Natur.

Diese Art des Zorns ist so schädlich, weil die Verletzungen, die wir einstecken mussten, das starke Bedürfnis auslösen, es dem Angreifer heimzuzahlen. Wir wollen Rache. Und so schlagen wir mit ebenso beißender Kritik zurück. Ist das im Augenblick nicht möglich oder vielleicht zu gefährlich, speichern wir die Erinnerung an die Kränkung in unserem Gehirn ab. Es entsteht Groll. Das sind die gespeicherten Erinnerungen, die wir mit der Option auf spätere Rache verquicken.

Eine Scheidung kann alle vier Arten des Zorns selbst bei den umgänglichsten Kindern auslösen. Angst und Verunsicherung lassen die Kinder instinktiv nach Selbstschutzmaßnahmen greifen. Und so rächen sie sich an denen, von denen sie eigentlich Liebe und Geborgenheit bekommen müssten.

Zorn als Schutz

Es gibt viele Auslöser für den Zorn, aber er ist in jedem Fall eine Schutzmaßnahme. Das sollten Eltern begreifen. Ihr Kind verhält sich, wenn es wütend ist, in seiner Situation nur folgerichtig. Zorn ist grundsätzlich immer ein Warnsignal. Er ist für das Gemüt, was der Schmerz für den Körper ist. Zorn weist auf die Gegenwart eines Konflikts oder einer

Bedrohung hin. Nach Gottes ursprünglichem Plan ist Zorn Teil unseres Verteidigungssystems und nicht so sehr ein Mittel zum Angriff!

Die meisten Situationen, die Zorn hervorrufen, lösen aber nicht mehr im ursprünglichen Sinn Schutzmechanismen aus. Unser Zorn, der für ein primitiveres Leben optimal war, muss dem komplizierter gewordenen und wesentlich seelischer orientierten Lebensstil unserer modernen Welt angepasst werden. Die meisten ursprünglichen Ausdrucksformen des Zorns, wie z.B. der Faustschlag für unliebsame Artgenossen, sind in der modernen Gesellschaft kaum mehr das richtige Mittel. Dennoch werden wir immer noch wütend.

Es ist wichtig, dass die Eltern eines zornigen Kindes dieses Dilemma verstehen. Jedes Kind sollte grundsätzlich die Freiheit haben, Zorn im Bauch zu haben. Erst dann können wir es lehren, seinen Zorn in vernünftige Bahnen zu lenken und nicht mehr blind um sich zu schlagen. Nur wenn das gelingt, wird Zorn so verarbeitet, dass *niemand dabei Schaden nimmt.*

Ein Kind, dem jede zornige Gefühlsregung untersagt wird, muss den Drang, seinen Gefühlen nachzugeben, ständig unterdrücken und für später aufbewahren. Unterdrückter Zorn erhöht das Risiko, dass sich das Kind passive und indirekte Wege zum Ausleben seiner Wut sucht. Es ist deshalb in jedem Fall gesünder, dem Kind zu erlauben, Zorn zu empfinden und darüber offen zu reden. Wenn es das kann, vermindert sich der Drang, die Wut aggressiv auszuleben.

Passiver Zorn

Ich möchte das Phänomen des passiven Zorns detaillierter besprechen, weil es in unserer Gesellschaft verbreitet ist. Im Gegensatz zu manchen südeuropäischen Kulturen, in denen eher das aufbrausende Naturell vorherrscht, bevorzugen wir mehr die passive Art, unseren Zorn zu verarbeiten.

Welche Verdrängungsmechanismen haben unsere Kinder bereits von uns übernommen? Auf welchen indirekten Wegen drücken sie ihre Wut aus? Am verbreitetsten ist die negative Lebenseinstellung. Für solche durch und durch „negativen“ Kinder ist alles nur doof und ungenügend. Jede Aufmunterung prallt ab. Eine pessimistische Grundstimmung herrscht vor. Stets reagiert solch ein Kind gereizt und unwirsch. Es zieht sich zurück und isoliert sich von anderen, kritisiert Eltern und Geschwister und geht nur unter Androhung von Gewalt zur Schule. Zur Übernahme von Pflichten lässt es sich kaum bewegen. All das sind Anzeichen dafür, dass das Kind Zorn unterdrückt und passiv verarbeitet.

Manche zornigen Kinder verarbeiten ihre Wut mit noch weit negativeren Folgen. Ihr Verhalten bekommt asoziale Züge, und sie werden zum ersten Mal wegen kleinerer Delikte straffällig. Das alles ist Folge ihrer kaschierten Wut.

Ein 15-jähriger Junge stand unter dem Zwang, fremde Autos zu demolieren. Er ging am Abend durch stille Straßen, zerstach Reifen oder zerkratzte den Lack mit einem Nagel. Seine innere, unerkannte Wut war so groß, dass er irgendetwas zerstören musste.

Woher kam diese Wut, und warum ließ er sie ausgerechnet an Autos aus? Seine Eltern hatten sich zuvor scheiden lassen, weil der Vater die Mutter wegen einer anderen Frau verlassen hatte. Der Vater war ein Autofan, der mit besonderem Stolz seine schicken Wagen fuhr. Und so versuchte der Sohn, auf symbolische Weise dem Vater Leid zuzufügen.

Auch in Fällen wie diesem ist der Zorn eine natürliche Reaktion, gegen die eigentlich nichts einzuwenden ist. Verkehrt ist allein die Art, wie er verarbeitet wird. Es wäre besser gewesen, wenn die Eltern ihrem Sohn schon viel früher beigebracht hätten, seinen Zorn zu identifizieren und über seine Wut zu reden – vorzugsweise mit der Person, die ihn verursacht hat. Das ist immer noch die beste Art, passiv-aggressives Verhalten zu verhindern. Eine Therapie hat das bei dem jungen Mann schließlich geschafft. Sie half ihm, seinen Zorn offen zuzugeben und durch Gespräche ein Ventil dafür zu finden. Schon kurz nach Beginn der Therapie hörten seine Zwangshandlungen auf.

Wie weit darf man gehen mit der Wut?

Eltern und Seelsorger, die sich mit zornigen Kindern auseinander setzen, werden irgendwann die Gretchenfrage beantworten müssen, wie weit ein Kind gehen darf, wenn es seinen Zorn ausleben will. Sollen wir es gar noch dazu ermuntern?

Um diese Frage zu beantworten, müssen wir unterscheiden zwischen dem Zorn als Emotion und der Wut als deren aggressivem Ausdruck. Der Zorn als Emotion sollte niemals unterdrückt oder bestraft werden. Das Kind sollte stets die Freiheit haben, Zorn zu empfinden. Je offener ein Kind dazu stehen kann, desto besser. Solange wir unseren Zorn noch bewusst wahrnehmen, erkennen wir, dass uns etwas nicht passt. Wir empfangen das Signal und wissen, dass eine Bedrohung vorliegt. Deshalb müssen wir lernen, Gefühle des Zorns zu akzeptieren, um dann deren Ursache zu erforschen. Erst dann können wir etwas gegen sie tun.

Zorn löst aber auch in uns den Impuls zur Vergeltung aus. Wir wollen den Verursacher angreifen oder ihm heimzahlen, was er uns angetan hat. Diese Aggressivität aber bringt uns erst richtig Probleme ein. Zorn zu verspüren, ist eine gesunde Reaktion. Den Zorn durch Feindseligkeit und Gewalt auszuleben, ist jedoch immer ungesund. Deshalb schreibt Paulus an die Epheser und damit auch an uns: „Lasst euch durch den Zorn nicht zur Sünde hinreißen! Die Sonne soll über eurem Zorn nicht untergehen“ (4,26).

Meiner Meinung nach will Paulus hier zum Ausdruck bringen, dass nicht der Zorn (die Emotion) selber das Problem ist, sondern die Tatsache, dass wir im Zorn oft sündigen.

Wenn Eltern also mit einem zornigen Kind auskommen wollen, müssen sie diesen Unterschied beachten. Es ist wichtig, Ihrem Kind zu helfen, sich seines Zornes bewusst zu werden und darüber zu reden. Ein Kind sollte seinen Eltern sagen dürfen: „Ich bin wütend auf euch. Ich kann euch nicht ausstehen, weil ihr mir das angetan habt“, ohne dass die Eltern deswegen gleich in Ohnmacht fallen oder außer sich geraten. Diese Gelassenheit fällt aber gerade geschiedenen Eltern nicht leicht, da sie ohnehin schon

Gewissensbisse ihren Kindern gegenüber haben. Eltern müssen also ganz bewusst ihren eigenen Schmerz hintanstellen, wenn sie ihren Kindern erlauben wollen, ihre Wut offener zu zeigen.

Die Rolle des Vaters

Damit komme ich zu einem wichtigen Punkt, der mir ganz besonders am Herzen liegt, welch entscheidende Rolle gerade der Vater beim Umgang mit einem zornigen Kind spielt.

Jüngste Forschungsergebnisse belegen, dass Kinder eher dem in Scheidung lebenden Vater gegenüber Zorn empfinden als der Mutter. Außerdem reagieren Jungen schneller zornig als Mädchen. Ich vermute, dass das an der Erziehung liegt. Wir erwarten in unserer Kultur von den Jungen, dass sie ihren Zorn anders ausleben als die Mädchen. Außerdem sind es häufiger die Väter, die das Haus verlassen.

In jedem Fall hat die Forschung bewiesen, wie wichtig der Vater für den Heilungsprozess des Kindes ist. Ein abwesender Vater oder ein Vater, dem es schwer fällt, mit Gefühlen umzugehen, wird das Problem noch verschärfen. Deshalb, ihr lieben Väter, sorgt dafür, dass euer Seelenleben im Gleichgewicht bleibt!

In unserer Kultur muss ein Mann leider seine Gefühle verstecken. Männer fühlen sich in der Regel wesentlich unwohler bei emotionalen Dingen als Frauen. Deshalb sind auch Frauen viel eher bereit, einen Therapeuten aufzusuchen. Das liegt nicht daran, dass Frauen neurotischer wären. Sie sind jedoch ehrlicher vor sich selber, und sie haben eher den Mut, sich auch ihren innersten Regungen zu stellen. Ich glaube sogar, dass Männer im Allgemeinen emotional labiler sind als Frauen, weil sie dazu neigen, ihre Gefühle zu verbergen. Auf jeden Fall sind sie schwieriger zu therapieren – wenn sie überhaupt in die Seelsorge kommen.

Ich hoffe, dass Sie mir jetzt nicht vorwerfen, ich würde zu sehr verallgemeinern. Natürlich gibt es auch Frauen, die Probleme mit ihren Gefühlen haben; so wie es auch Männer gibt, die ausgesprochen gefühlsbetont sind. Man findet – darüber können wir froh sein – immer noch Ausnahmen. Doch im Großen und Ganzen kann man schon sagen, dass Männer mehr an ihrer emotionalen Ausdrucksfähigkeit arbeiten müssen als Frauen.

Wie können Väter ihren Söhnen helfen, ihr Zornproblem in den Griff zu bekommen? Hier meine Vorschläge:

* *Seien Sie ansprechbar. Ein ständig abwesender Vater kann nicht helfen. Verbringen Sie genügend Zeit mit Ihrem Kind – mindestens zwei- bis dreimal in der Woche.*
* *Verbringen Sie Zeit zu zweit mit Ihrem Problemkind. Wenn Sie nicht nur ein Kind haben, sollten Sie mit jedem einzelnen Zeit allein verbringen, vor allem aber mit dem Kind, das offenbar Groll in sich trägt. Schon die regelmäßige Anteilnahme am Leben Ihres Kindes und Ihre ungeteilte Aufmerksamkeit können Wunder wirken.*
* *Arbeiten Sie daran, ein besserer Zuhörer zu werden. Männer sind im Allgemeinen gute Ratgeber, aber*

schlechte Zuhörer. Arbeiten Sie an Ihrer Fähigkeit, anderen zuzuhören. Stellen Sie solche Fragen, die Ihrem Kind helfen, aus sich herauszukommen und über seinen Zorn zu reden. Bemühen Sie sich, diese Gefühle zu akzeptieren, ohne Abwehrreaktionen und ohne das Gefühl zu haben, sich verteidigen zu müssen.

* *Achten Sie auf indirekte Anzeichen von Zorn. Dazu gehören Querulantentum, Tratschen, Sarkasmus, negative Lebenseinstellung und widerborstiges Verhalten. Immer wieder äußert sich verborgener Zorn durch körperliche Beschwerden wie Magenschmerzen, Asthma, Erbrechen und Schlafstörungen. Gehen Sie bei all diesen Anzeichen so behutsam wie möglich vor, und versuchen Sie Ihrem Kind deutlich zu machen, dass Sie verstehen, warum es so verärgert ist.*
* *Akzeptieren Sie Zorn als etwas Normales. Machen Sie Ihrem Kind Mut, über seinen Zorn zu reden, statt ihn an anderen auszulassen. Nehmen Sie es nicht hin, dass Ihr Kind seine Wut an Gegenständen oder auch an Ihnen durch Tätlichkeiten auslässt. Zorn kann durch Reden abgebaut werden. Dazu bedarf es keiner tätlichen Übergriffe. Kraftsport, Leichtathletik und Radfahren hilft manchen Kindern, ihre Frustrationen abzubauen, ohne dass dabei Schaden angerichtet wird. Solche sportlichen Betätigungen sollten aber niemals das Gespräch ersetzen!*
* *Seien Sie ein gutes Vorbild. Das ist das Beste, was Sie tun können. Selbst wenn Sie ein schlechter Zuhörer sind oder zu viele Ratschläge geben und damit vieles verderben, können Sie die Schlacht noch gewinnen, wenn Sie vorleben, wie man offen über seine Gefühle*

redet und seinen Zorn nicht außer Kontrolle geraten lässt. Erzählen Sie Ihrem Kind, was Sie fühlen, überfordern Sie es aber nicht mit allzu ausführlichen Geständnissen. Solch ein positives Vorbild ist mehr wert als tausend Worte.

Wenn Sie als Erwachsener diese Aufgabe im Augenblick nicht leisten können, dann bringen Sie das Kind so oft wie möglich mit Freunden oder Verwandten zusammen, die Zeit haben und dafür sorgen, dass es mit seelisch ausgeglichenen Menschen in Kontakt bleibt.

Das ist das Großartige an der seelischen Gesundheit: Sie ist ansteckend! Übertragen wird sie durch Vorleben. Sie erfüllt uns, wenn wir von ihr umgeben sind. Wir können uns dagegen gar nicht wehren. Wichtig ist nur, dass wir täglich mit ihr konfrontiert werden. Deswegen – ihr lieben Eltern – sorgt zuallererst für eure eigene seelische Gesundheit! Eure Kinder werden es euch danken.

9. Das Scheidungskind und sein verlorener Selbstwert

Eine Scheidung ist kein erfreuliches Ereignis, selbst wenn sich die Ehepartner im gegenseitigen Einverständnis trennen. Wenn der Bruch aber mit Groll und Bitterkeit vollzogen wird, sind die Folgen wesentlich schwerwiegender.

Zu den folgenschwersten Konsequenzen einer Scheidung gehört der damit verbundene Angriff auf das Selbstwertgefühl aller Beteiligten. Am meisten betroffen sind allerdings die Kinder. Für sie ist eine Scheidung der Auslöser einer Kette, die sich in irreparablen Schäden am Selbstwertgefühl zeigt.

Das Selbstwertgefühl leidet nicht in erster Linie, weil die Eltern auseinander gehen und es keinen gemeinsamen Haushalt mehr gibt. Viel schwerwiegender sind die Demütigungen durch Außenstehende. Das Kind macht sich Sorgen, was andere Menschen über es denken könnten. Wenn es dann noch wie ein Stück Eigentum zum Tauschhandel freigegeben wird, wenn Gefühle und Wünsche ignoriert werden oder wenn es von einem Elternteil als Faustpfand oder Waffe eingesetzt wird, dann ist es nur allzu verständlich, dass das Gefühl für den eigenen Wert verloren geht.

All das sollte bei Christen eigentlich nicht vorkommen, denn es widerspricht dem Liebesgebot des Neuen Testaments. Dennoch machen sich viele christliche Eltern all dieser Dinge schuldig. Ich will hoffen, dass sie aus Unwissenheit handeln und sich anders verhielten, wenn sie es besser wüssten.

Der Christ und sein Verhältnis zum Selbstwertgefühl

Bei vielen Christen herrscht Verunsicherung über ihr Verhältnis zu den Begriffen Selbstwertgefühl und Selbstbewusstsein. Bevor ich Eltern raten kann, wie sie ihren Kindern zu einem sicheren Selbstwertgefühl verhelfen können, muss ich erst erläutern, wie es sich aus christlicher Sicht mit diesem Begriff verhält.

Viel Verunsicherung ist entstanden, weil nicht jeder weiß, wie er den aus der Psychologie stammenden Begriff eindeutig definieren soll. Außerdem scheint die biblische Lehre über die grundsätzliche Sündigkeit des Menschen für manche im Widerspruch zu einem hohen Selbst-Wert zu stehen.

Die Heilige Schrift ermahnt uns, die eigene Person nicht in den Mittelpunkt zu stellen, ja sogar zu verleugnen. Wir sind zu einem Leben aufgerufen, in dem wir uns für andere hingeben und den Mitmenschen in all unsere Betrachtungen mit einbeziehen. Selbstverleugnung und Selbstwert beginnen zwar beide mit dem Wörtchen „Selbst", aber es steckt darin jeweils eine andere Aussage. Unsicherheit entsteht nur dann, wenn wir beide Bedeutungen in einen Topf werfen. Das Selbst, das wir verleugnen, ist nicht das gleiche, das wir wertschätzen. Das eine ist Ausdruck unserer Ich-Bezogenheit, die uns selber zum Maß aller Dinge macht. Das andere Selbst ist ein anderer Ausdruck für unsere Persönlichkeit.

Keine biblische Lehre leugnet das berechtigte Bedürfnis des Menschen, etwas wert zu sein und sich selber respektieren zu können. Das Selbstwertgefühl ist Ausdruck unserer Einstellung zu uns selber. Und jeder hat ein solches Bild von sich. Die Erkenntnis, Gottes Vergebung erlangt zu haben, sollte ja eigentlich die Einstellung zu uns selbst dramatisch verändern. Aus Selbstverachtung und Selbsthass darf Selbstachtung und Selbstannahme werden. Wenn Gott Sie liebt, wie können Sie sich dann selber verachten? Sollten Sie auch weiterhin wenig Selbstachtung empfinden, so leugnen Sie Gottes Liebe zu Ihnen.

Der Begriff Selbstwertgefühl, wie er in der weltlichen Psychologie verwendet wird, ist allerdings durchaus problematisch. Das hat viele Kritiker auf den Plan gerufen, die teilweise zu Recht in Frage stellen, was die Psychologen vertreten. Gläubige Eltern sollten deshalb darüber informiert sein, wie dieser Begriff aus christlicher Sicht zu deuten ist.

Es ist wahr, dass es eine Form der Selbstliebe gibt, die für uns Christen nicht akzeptabel ist. Es handelt sich dabei um eine Art Selbstanbetung, die unsere eigene Person über andere (sogar über Gott) erhebt und uns dazu treibt, rücksichtslos unsere eigenen Interessen zu verfolgen.

Doch das berechtigte Verlangen, etwas wert zu sein, hat damit nichts zu tun. Im Gegenteil: Krankhafte Eigenliebe (Narzissmus) ist ja gerade eine kompensatorische Maßnahme gegen den *Mangel* an Selbstwertgefühl.

Was aber ist nun ein gesundes Selbstwertgefühl? Jeder von uns macht sich ein Bild von sich selber.

Dieses Selbstbild formt sich schon sehr früh in unserem Leben, und unsere Eltern tragen viel dazu bei. Deswegen müssen in Scheidung lebende Eltern besonders darauf achten, wie sie mit ihren Kindern umgehen und was sie ihnen sagen. Indem das Kind sein Selbstbild ausgestaltet, nimmt es auch eine eigene Bewertung vor: gut, schlecht oder mittelmäßig. Dieses Urteil prägt dann sein Selbstwertgefühl.

Ist das Selbstwertgefühl positiv entwickelt, so respektiert sich der Betreffende selbst, und er weiß, dass er wertvoll ist. Bei einem unterentwickelten Selbstwertgefühl hat der Betreffende das Gefühl, für niemanden von Wert zu sein. Das führt in den meisten Fällen zu Selbsthass. Den Respekt vor sich selber, gepaart mit einem hohen Maß an Selbstannahme, sollten wir unseren Kindern mit auf den Weg geben können.

Selbstwert aus christlicher Sicht

Nach meinem Verständnis der neutestamentlichen Lehre ist ein positives Selbstwertgefühl gleichzusetzen mit jener Eigenliebe, von der Jesus in Markus 12,31 spricht: „Du sollst deinen Nächsten lieben *wie dich selbst.*"

Dabei muss man allerdings beachten, dass dies eine Zurechtweisung Jesu war. Seine Botschaft lautet: Ihr liebt euch doch auch selbst. Warum liebt ihr dann nicht auch euren Nächsten wie euch selbst? Wichtig dabei war ihm die Liebe zum Nächsten und nicht die Liebe zu sich selber. Jesus geht hier davon aus, dass wir uns selber von allein lieben!

Ein geringes Selbstwertgefühl, wie wir es heute kennen, war in neutestamentlicher Zeit so gut wie unbekannt. Auch in Afrika, wo ich Kontakt zu vielen Menschen aus den verschiedensten Stammestraditionen habe, kennt man einen Mangel an Selbstwertgefühl kaum. Die Menschen dort beziehen ihr Selbstbewusstsein aus dem Wissen, Angehöriger eines Stammes zu sein, der sich in der Vergangenheit einen Namen gemacht hat. Das Sein bestimmt dort das Selbstwertgefühl und nicht so sehr die Leistung des Einzelnen. Das aber ist genau das Gegenteil von unserer Kultur.

In unserer Gesellschaft können wir unseren Selbstwert nicht mehr aus einer Stammes- oder Sippenzugehörigkeit beziehen. Wir müssen persönlich etwas aufweisen, um uns und anderen zu beweisen, dass wir etwas wert sind. Darin aber liegen viele unserer Probleme begründet.

Geschiedene Eltern müssen handeln, um das Selbstwertgefühl ihres Kindes vor dem Zerbruch zu retten; denn es ist nicht nur die Scheidung an sich, die das Selbstbewusstsein schmälert. Durch die veränderten Lebensumstände wird auch noch die Leistungsfähigkeit des Kindes beeinträchtigt. Und das verringert das positive Selbstwertgefühl noch mehr.

Paulus will uns helfen, wenn er schreibt: „Strebt nicht über das hinaus, was euch zukommt, sondern strebt danach, besonnen zu sein, jeder nach dem Maß des Glaubens, das Gott ihm zugeteilt hat" (Römer 12,3).

Paulus spricht hier das Selbstwertproblem seiner Zeit an. Es war damals nicht so sehr der Mangel an

Selbstbewusstsein als vielmehr die Selbstüberschätzung. Das Gegenmittel, das er anbietet, wirkt bei Problemen mit dem Selbstwert in beiden Richtungen. Wenn er von Besonnenheit spricht, so meint er Folgendes:

1. Macht euch ein realistisches Bild von euch selbst.
2. Habt den Mut, euch als Person anzunehmen.

Diese zwei Bedingungen sind unverzichtbar, wenn wir ein gesundes Selbstwertgefühl entwickeln wollen. Wir müssen also dafür sorgen, dass unsere Kinder sich selbst richtig einzuschätzen lernen und den Mut bekommen, Persönlichkeiten zu werden, die zu sich selber stehen.

Wie Eltern das Selbstwertgefühl ihres Kindes beeinflussen

Da unser Selbstwertgefühl weitgehend von dem Selbstbild abhängt, das wir von uns entworfen haben, ist der Zeitpunkt für dessen Vollendung von großer Bedeutung. Eltern sind die Informationsquelle für jedes Kind, aus der es erfährt, was für ein Mensch es ist. Bei einer Scheidung müssen die Eltern ihre Anstrengungen verdoppeln, um ihren Kindern ein möglichst genaues und positives Selbstbild zu vermitteln. Sie sind der Spiegel, in den Ihre Kinder schauen, um Informationen über sich selbst zu bekommen.

Kinder brauchen Feedback von ihren Eltern. Sie möchten wissen, wie sie sind: „Guck mal, Papa, wie stark ich bin!" – „Guck mal, Mutti, wie toll ich die Schuhe gebunden habe." – „Lest mal mein Zeugnis. In Mathe habe ich mich echt verbessert." Wenn es Kindern gelingt, ein gesundes und genaues Selbstbild von sich zu entwickeln, dann haben sie das ihren Eltern zu verdanken, die sie mit klaren Botschaften versorgt haben: „Du bist ein wertvolles Mitglied unserer Familie." Oder: „Wir haben dich lieb, weil du Peter (oder Sylvia) bist!" Leider haben viele Eltern nur höchst selten positive Botschaften für ihre Kinder.

Eltern, vor allem wenn sie in Scheidung leben, sollten niemals vergessen, dass ihre Kinder sich vor allem in dem Spiegelbild selbst erkennen, das ihnen vorgehalten wird. Und dieses Spiegelbild wird von der Einstellung der Eltern geprägt. Irgendwann glauben Ihre Kinder, was Sie ihnen erzählen!

Leider aber sind in Scheidung lebende Eltern ganz besonders anfällig dafür, das Selbstbild ihrer Kinder zu verzerren. Schließlich leiden sie ja selber, und ihr Selbstwertgefühl ist dadurch oft ebenfalls vermindert. Deshalb sollten solche Eltern ganz besonders darauf achten, ob die Botschaften, die sie aussenden, möglicherweise das Selbstbewusstsein ihres Kindes untergraben und seinen Wert als Mensch in Frage stellen. Die Scheidung an sich bringt schon genug Probleme mit sich. Deshalb müssen die Eltern nicht noch zusätzlich all ihren eigenen Groll, ihre Verbitterung und ihren Zorn an den Kindern abreagieren.

Geschiedene Eltern sollten auch besonders achtsam bei ihrer Wortwahl sein und bestimmte Titulierungen vermeiden. Streichen Sie die folgenden Wörter aus Ihrem Vokabular: „Biest, frecher Kerl, Teufel, Egoist, Widerling und Nichtsnutz."

Wie beeinträchtigt eine Scheidung das Selbstwertgefühl des Kindes?

Nicht nur verletzte und gekränkte Eltern können das Selbstwertgefühl eines Kindes ins Negative kehren. Es gibt viele andere Begleiterscheinungen einer Scheidung, die das Gleiche bewirken.

Die Scheidung als Stigma

Es ist ein verbreiteter Denkfehler, zu glauben, Kinder würden heute eine Scheidung nicht mehr als stigmatisierend empfinden, weil sie so häufig in der Gesellschaft vorkommt. Ein Vater, der seine Trennungsabsichten mir gegenüber zu rechtfertigten suchte, behauptete immer wieder: „Peter wird meine Abwesenheit gar nicht als ungewöhnlich erleben. Die Eltern seiner Freunde sind nämlich auch geschieden."

„Na und?", fragte ich zurück. „Vielleicht ist Ihr Sohn besonders stolz darauf, dass sein Papa noch zu Hause ist. Die Tatsache, dass die Eltern seiner Freunde geschieden sind, wird ihn kaum darüber hinwegtrösten, wenn Sie sich auch noch scheiden lassen. Im Gegenteil, vielleicht wird das für ihn eine besonders bittere Enttäuschung."

Besonders in christlichen Kreisen wird eine Scheidung immer noch als Makel empfunden. Obgleich ich ein vehementer Verfechter der Ehe und ihrer Rettung bin, wünschte ich, wir würden geschiedene Menschen nicht verurteilen und ausgrenzen. Es gibt

Scheidungen, die nicht zu vermeiden sind. Man hat oft überhaupt keinen Einfluss darauf, was der Partner tut. Deshalb ist nicht jeder, der geschieden ist, zu verurteilen. Realität aber ist, dass einem immer noch mit Misstrauen begegnet wird, sobald man geschieden ist. Das kränkt die Erwachsenen, aber auch die betroffenen Kinder empfinden Scham und haben das Gefühl, Menschen zweiter Klasse zu sein. Manchmal verbieten Eltern von Freunden sogar den Umgang mit ihnen.

Wir helfen diesen Kindern, wenn wir Verständnis für sie aufbringen und sie Rückhalt bei uns finden. Es ist oft schon eine Erleichterung, wenn wir dem Kind signalisieren, Verständnis für seine Lage zu haben. Es ist wichtig, das Kind daran zu erinnern, dass sein Wert nicht von den Handlungen seiner Eltern abhängt. Unterschätzen Sie nicht die Macht Ihrer Worte, wenn Sie dem Kind den Rücken stärken und seine falschen Vorstellungen von sich selber richtig stellen.

In extremen Fällen, wenn Ihr Kind ganz besonders unter seiner Umgebung zu leiden hat, sollten Sie durchaus einen Wechsel des Wohnorts, der Schule oder der Gemeinde in Erwägung ziehen. Menschen, die Ihnen nicht wohlgesinnt begegnen, verdienen Ihre Gegenwart nicht. Suchen Sie sich deshalb ein Umfeld, wo Sie respektiert und angenommen werden. Tun Sie diesen Schritt, solange Sie es noch können. Ein Neuanfang verhindert oft dauerhafte Schäden für das Selbstwertgefühl Ihres Kindes.

Die Auflösung der Familie

Wenn Familien auseinander gehen – vor allem, wenn Geschwister getrennt werden –, löst sich ihr ganzes inneres Gefüge auf. Das bedeutet eine große Verunsicherung für die Kinder, und es unterminiert das Fundament, auf dem sich ihr Selbstwertgefühl entwickeln soll. Zerbricht eine Familie, so fehlt plötzlich das so notwendige Feedback, das zur Herausbildung eines gesunden Selbstbildes nötig ist. In einer konfliktgeladenen Atmosphäre oder bei Abwesenheit eines Elternteils muss die zurückgebliebene Mutter oder der allein erziehende Vater mit sehr viel mehr Aufwand und Engagement für dieses Feedback sorgen.

Wenn die Liebe fehlt

Um ein gesundes Selbstwertgefühl zu entwickeln, braucht das Kind ein Zuhause, in dem es umsorgt wird, mit Ehrlichkeit rechnen kann und die Bereitschaft erfährt, auch mit seinen Fehlern angenommen zu sein. Das Kind muss sich also ohne Vorbedingungen geliebt fühlen. Auch wenn Eltern nicht alles gutheißen können, was ihre Kinder tun, so sollten diese doch genug Freiheit haben, neue Verhaltensweisen auszuprobieren und dabei auch Fehler zu machen. Wenn ein Kind versagt, sollten die Eltern mit ihrer Liebe zur Stelle sein, um es aufzufangen und sanft in die richtige Richtung zu lenken.

Das Vorbild hierfür ist Gottes Umgang mit uns. Auch wenn er viele unserer Handlungsweisen nicht billigt, ist er ständig bereit, uns aufzufangen, unsere Wunden zu heilen, unsere Fehler zu vergeben und uns zu einem Neuanfang zu verhelfen. Das nennen wir bedingungslose Liebe. Und sie ist das anzustrebende Ziel für alle Eltern, die ihre Kinder zu selbstbewussten Menschen erziehen wollen.

Der oft langwierige Prozess einer Scheidung ist eine sehr ungünstige Voraussetzung für bedingungslose Liebe. Allerdings kenne ich auch Eltern in halbwegs intakten Ehen, die genauso wenig zu solch einer Liebe fähig sind. Bei mir waren einmal Eheleute in der Therapie, die 25 Jahre eine halbwegs glückliche Ehe geführt hatten. Dennoch war ihre 23-jährige Tochter auf die schiefe Bahn geraten. Nach längerer Abwesenheit war sie erst kürzlich wieder heimgekehrt. Sie bereute, was sie getan hatte, und bat um die Chance für einen Neuanfang. Wie reagierte der Vater darauf? Er sagte damals zu mir: „Ich schaffe es einfach nicht, ihr zu vergeben. Meine Verbitterung über das, was sie uns angetan hat, ist zu groß."

Viele geschiedene Eltern verlieren ihre Fähigkeit, zu vergeben. Um das zu vermeiden, müssen sie ganz bewusst darauf achten, dass sich bei ihnen nicht ein Geist der Lieblosigkeit einschleicht, der die Bereitschaft zur Vergebung abtötet. Auch wenn man manchmal nicht Herr seiner negativen *Gefühle* ist, kann man doch sein *Verhalten* steuern. Die angstlösende Atmosphäre, die man damit schaffen kann, wirkt sich ausgesprochen positiv auf das Selbstwertgefühl des Kindes aus.

Das Kind und seine Depressionen

Das verbreitetste Nebenprodukt jeder Depression ist ein negatives Selbstwertgefühl. Der Depressive sieht ja nicht nur seine Umgebung in düstersten Farben, sondern auch sich selbst. Das gilt besonders für Kinder, die wegen der Scheidung ihrer Eltern depressiv geworden sind.

Eine Vierzehnjährige beschrieb mir ihre Gefühle wie folgt: „Als mir meine Eltern erzählten, dass sie sich scheiden lassen wollen, hatte ich keine Lust mehr zu leben. Ich weiß nicht warum, aber irgendwie hatte ich das Gefühl, das sei der Weltuntergang für mich. Ich hatte solche Angst, mit dieser Nachricht meinen Freundinnen gegenüberzutreten. Ich wollte niemand mehr sehen und nichts mehr unternehmen. Was mich aber noch mehr erschreckte, war die Tatsache, dass ich mich selber nicht mehr leiden konnte. Ich hasste mich sogar. Ich weiß nicht, warum, denn ich hatte mir eigentlich nichts vorzuwerfen. Ich gab mir gar nicht die Schuld für die Scheidung. Ich wusste, dass ich nicht die Ursache war. Dennoch verlor ich jede Selbstachtung. Ich hatte keine Lust, morgens aufzustehen, mich anzuziehen und mich zu waschen."

Ein völliges Desinteresse am Leben und an der eigenen Person ist typisch für eine Depression. Und wenn sie nicht schnell überwunden wird, können solche Gefühle im Denkschema des Betreffenden fest verankert werden.

Depressionen können immer wieder zu einer sich selbst erfüllenden Prophezeiung werden. Leidet ein Kind wegen der Scheidung seiner Eltern unter Depressionen, kann es zu Lernschwierigkeiten kommen. Die Schulnoten werden schlechter. Der darauf folgende Gesichtsverlust verstärkt die Depressionen, und das Selbstwertgefühl leidet noch mehr. Das Selbstvertrauen des Kindes ist tief erschüttert. Es bringt keinen Leistungswillen mehr auf, weil es sich vor weiterem Versagen fürchtet. Ein Teufelskreis ist in Gang gesetzt worden. Wenn nichts getan wird, ihn zu unterbrechen, kann er ein Leben lang wirksam bleiben.

Depressionen bei Kindern sollten schnell behoben werden, weil sie das Potenzial haben, lebenslange Probleme zu schaffen. Im nächsten Kapitel werde ich mich ausführlicher mit diesem Problem befassen und aufzeigen, wie man betroffenen Kindern helfen kann.

Das Selbstwertgefühl des Scheidungskindes stärken

Beide Eltern müssen sich verantwortlich fühlen, das Selbstwertgefühl ihrer Kinder zu stärken. Selbst wenn die Mutter, die das Sorgerecht hat, wieder heiratet, sollte der abwesende Vater sich nicht aus dieser Verantwortung stehlen.

Mein eigener Stiefvater war freundlich, auf mein Wohlergehen bedacht und sehr liebevoll zu mir. Er war im Grunde der ideale Stiefvater. Dennoch konnte er meinen leiblichen Vater nicht ersetzen. Dessen Zuwendung und Lob war für mich immer noch wichtiger als jede Anerkennung von meinem Stiefvater. Daran hat sich niemals etwas geändert. Ein Lob von meinem Vater war weit mehr wert als jedes Lob vom Stiefvater – nicht weil er als Mensch größere Autorität gehabt hätte, sondern allein aufgrund der Tatsache, dass er mein leiblicher Vater war. Der abwesende Vater sollte deshalb niemals seine Rolle unterschätzen, die er für die Entwicklung eines gesunden Selbstwertgefühls bei seinem Kind spielt.

Bevor wir uns im Einzelnen mit den entscheidenden Schritten zum Aufbau eines gesunden Selbstwertgefühls befassen, fasse ich zusammen, was wir bisher über das Phänomen Selbstwertgefühl herausgefunden haben.

* *Das Selbstwertgefühl ist Ausdruck all jener Empfindungen, die ein Mensch sich selber gegenüber hat. Es hat Einfluss darauf, wie der Betreffende sein Leben gestaltet.*
* *Das Selbstwertgefühl ergibt sich aus dem Selbstbild, das ein Mensch von sich hat. Dieses Selbstbild wird weitgehend durch das Verhalten der Eltern bestimmt. Sie sind der Spiegel, der – verzerrt oder naturgetreu – dem Kind zeigt, wer es ist.*
* *Ein positives Selbstwertgefühl basiert auf den Erfahrungen eines Menschen, die ihm den Eindruck vermitteln, er sei liebenswert und für andere wertvoll. Es setzt objektive Selbsterkenntnis und Selbstannahme voraus.*
* *Liebe ohne Vorleistungen, so wie wir sie von Gott bekommen, ist das stabilste Fundament für ein gesundes Selbstwertgefühl.*
* *Überheblichkeit hat nichts mit einem gesunden Selbstwertgefühl zu tun. Sie ist vielmehr der Deckmantel für mangelndes Selbstbewusstsein.*

Mit diesem Grundwissen wollen wir uns nun anschauen, was wir ganz konkret tun können, um das Selbstwertgefühl unseres Kindes zu stärken.

Das Feedback, das Sie Ihrem Kind geben, sollte objektiv sein.
Wir Eltern neigen dazu, unsere Kinder durch Kritik motivieren zu wollen. Dabei schießen wir oft genug übers Ziel hinaus: Wir werden überkritisch. Das ist kein objektives Feedback für die Kinder, sondern eine Verzerrung der Wirklichkeit, an der sie sich dann orientieren.

Lassen Sie Ihre Kinder wissen, dass man Fehler machen darf.
Nobody is perfect. Die Menschen mit der positivsten Ausstrahlung sind jene, die um ihre kleinen Schwächen wissen und gelernt haben, mit ihnen zu leben. Wenn es Eltern gelingt, diese Einstellung zu sich selber vorzuleben, werden die Kinder wenig Probleme haben, ein gesundes Selbstwertgefühl zu entwickeln.

Achten Sie darauf, Ihrem Kind keine Leistungen abzuverlangen, die es nicht erfüllen kann.
Unrealistische Erwartungen können einem Kind ständig das Gefühl vermitteln, es sei nicht leistungsfähig. Meine zweitälteste Tochter studierte Psychologie. Die erste Zeit jedoch war ziemlich hart für sie, denn sie hatte ständig das Gefühl, meinen Erwartungen nicht zu entsprechen. Ich bekam allerdings nichts davon mit. Immerhin schrieb sie Zweien und Dreien trotz erheblicher Konkurrenz. Eines Tages rief sie mich vom College an und konfrontierte mich mit ihren Gefühlen. Ich konnte sie beruhigen, indem ich ihr mitteilte, dass mir ihre Noten gar nicht so wich-

tig seien. Viel wichtiger sei mir, dass sie ihr Studium gern mache. Meiner Tochter fielen pfundschwere Steine vom Herzen. Als sie begriff, dass ich sie gar nicht ständig mit Argusaugen beobachtete, wurden ihre Noten sogar noch besser.

Stärken Sie das Ego Ihres Kindes mit bedingungsloser Liebe.
Auch wenn Sie sich noch so miserabel fühlen, sollten Sie alles tun, um Ihrem Kind Ihre bedingungslose Liebe zu zeigen. Setzen Sie niemals Liebesentzug als Strafe ein. Sohn und Tochter brauchen und wünschen sich Ihre Liebe, unabhängig davon, ob Sie ihr Verhalten missbilligen oder gutheißen. Verschenken Sie Liebe ohne Bedingungen!

Lernen Sie, die Stärken Ihres Kindes zu würdigen.
Wenn Sie selber eine Sportskanone sind, Ihr Sohn aber eher ein Bücherwurm, werden Sie mit einiger Wahrscheinlichkeit Ihre Enttäuschung bewusst oder unbewusst zum Ausdruck bringen. Versuchen Sie, seine Aktivitäten ganz neu zu bewerten, so dass Sie auch seine Fähigkeiten in einem ganz neuen Licht sehen. Es ist immer ein Fehler, Ihr Kind unter Druck zu setzen und dort von ihm Leistungen zu erwarten, wo es kein Interesse und kein Talent mitbringt.

Eltern müssen lernen, Ihre Kinder nicht in eine Form pressen zu wollen, die ihrem Wesen nicht entspricht. Das Kind muss genügend Freiraum haben, sein Leben zu gestalten. Nur dann wird es ein positives Selbstwertgefühl entwickeln.

Helfen Sie Ihrem Kind, Stärken zu entwickeln, um Schwächen auszugleichen.
Von unseren drei Töchtern haben zwei eine gute Singstimme. Die dritte aber gibt unumwunden zu, nicht besonders gut singen zu können. Als die drei noch klein waren, war das ein Problem für diese Tochter. Deshalb dachten meine Frau und ich darüber nach, welche anderen Talente in ihr schlummern könnten. Wir fanden bald heraus, dass sie eine ausgezeichnete Tänzerin war. Wir erweiterten unseren Horizont und interessierten uns nun auch fürs Tanzen. Und unsere Zweitälteste blühte regelrecht auf. Ich bin überzeugt, dass sie immer nur neidisch auf ihre zwei Schwestern geblieben wäre und eines Tages das Haus mit dem Gefühl verlassen hätte, ihren zwei Schwestern unterlegen zu sein – wenn wir ihr nicht geholfen hätten, ihr eigenes Talent als Ausgleich zu finden.

Korrigieren Sie negative Einflüsse von Gleichaltrigen.
Kinder können grausam sein. Ein Kind, das sich durch irgendetwas von andern unterscheidet, wird sehr schnell gehänselt. Seien Sie immer auf solche Gemeinheiten gefasst, und greifen Sie gegebenenfalls ein, um den Schaden zu beheben. Vielleicht müssen Sie Ihrem Kind eines Tages sagen: „Na ja, deine Zensuren sind wirklich nicht so berückend, aber dafür machst du den anderen im Handball was vor. Und das finde ich ganz toll.“

Hänseleien sind meist ein Abwehrmechanismus gegen die eigene Angst, eines Tages selber betroffen zu sein. Wenn ein Kind das weiß, wird es den Spott der anderen eher als das erkennen, was sich hinter ihm verbirgt. Früher oder später lässt die Anspannung nach, und so verstummen auch meist die Spötter.

Lehren Sie Ihr Kind, dass geistliche Werte eine Kraftquelle für Ihr Selbstwertgefühl sind.
Welche Fehler und Schwächen wir auch haben mögen, es ist Christus, der uns heil macht. Der Selbstzufriedene und sich vollkommen Dünkende wird Gott nicht suchen, weil er meint, ihn nicht zu brauchen. Unsere Kinder aber sollten so erzogen werden, dass sie ihre Fehler nicht fürchten, sondern sie annehmen als Teil ihrer Persönlichkeit. Erst dann werden sie in der Lage sein, sie zu überwinden. Paulus schreibt, was Gott ihm zur Antwort gab, als er um die Befreiung von einem Makel betete: „Meine Gnade genügt dir; denn sie erweist ihre Kraft in der Schwachheit“ (2. Korinther 12,9).

Kein Selbstwertgefühl ist etwas nütze ohne die heil machende Kraft Christi. Wenn wir sie nicht spüren, werden wir in uns zerrissen bleiben. Selbstannahme ist ohne die Gewissheit, angenommen zu sein, nicht möglich. Und diese Gewissheit haben wir nur, weil wir Gott kennen. Das gilt für unsere Kinder genauso wie für uns Erwachsene.

10. Das Scheidungskind und seine Depressionen

Peter ist neun. Seine Mutter und seine Lehrerin sind besorgt, weil er das Klassenziel wahrscheinlich nicht erreicht. Ein Jahr zuvor war er so gut in der Schule, dass er in eine Klasse für besonders begabte Schüler versetzt worden ist. Man glaubte, Peter sei ein außergewöhnlich begabtes Kind. Und nun fragt man sich, warum seine Leistungen in den vergangenen sechs bis acht Monaten so nachgelassen haben. Selbst Peter hat keine Erklärung. Er weiß eigentlich, dass er ein cleverer Bursche ist. Warum aber bringt er keine besseren Leistungen?

Peter scheint es irgendwie an Kraft zu mangeln. Schon wochenlang macht er keine Hausaufgaben mehr. Er sitzt nur so da und stiert in sein leeres Heft. Früher war er im Nu mit seinen Arbeiten fertig. Und es hat ihm Spaß gemacht. Doch heute fühlt er sich wie ein nasser Sack.

Vor kurzer Zeit ist er dann immer verschlossener geworden. Er weigert sich, an Schulveranstaltungen teilzunehmen, und spricht nicht mehr mit seinen Freunden. Wenn einer von ihnen fragt: „Was ist los mit dir, Peter?", dann reagiert er gereizt: „Lass mich in Ruhe. Ich habe keinen Bock, mit dir zu reden." Es ist jeden Morgen ein Drama, ihn in die Schule zu bekommen. Er widersetzt sich jedem Versuch, ihn zu motivieren. Und oft murmelt er nur: „Am liebsten wäre ich tot."

Was ist los mit Peter? Ist er von einer mysteriösen Krankheit befallen? Zeigt er die frühen Symptome eines schweren Hirnleidens? Das befürchtete zumindest seine Mutter und stellte ihn einem Kinderarzt vor. Untersuchungen und verschiedene Tests ergaben allerdings, dass er an sich ein außergewöhnlich intelligenter Junge ist, dessen Leistungen weit unter seinen eigentlichen Fähigkeiten liegen. Ergebnis der Untersuchungen war aber auch, dass er an einer tiefen Traurigkeit und Melancholie leidet. Der Psychologe sprach von Lethargie. Peter ist extrem verunsichert und demotiviert. Das alles passt zu dem Bild einer reaktiven Depression. Sie ist eine Form der Depression, die oft nach großen Verlusten im Leben auftritt – z.B. nach dem Tod eines geliebten Menschen.

Was aber war der Auslöser von Peters Depression? Ein paar persönliche Fragen an die Mutter brachten schnell des Rätsels Lösung. Vor sechs Monaten begann der Vater Andeutungen zu machen, er könne sich vorstellen, die Familie zu verlassen. Peters Eltern fingen darauf an, sich immer häufiger zu streiten. Und längst nicht alle Zweikämpfe wurden verbal ausgefochten. Immer wieder kam es zu Handgreiflichkeiten.

Fast jeder Streit endete mit der Drohung des Vaters: „Ich lasse mich von dir scheiden. Wart's nur ab!" Seine Mutter entgegnete dann: „Hau doch ab! Glaub ja nicht, dass mir das was ausmachen würde!" Dabei war es ihnen völlig egal, wie diese Kämpfe auf ihren Sohn wirkten.

Schließlich zog Peters Vater aus und reichte die

Scheidung ein. Damit entglitt Peter der letzte Strohhalm, an den er sich immer noch geklammert hatte. Weder der Vater noch die Mutter begriffen, dass Peters Probleme etwas mit ihrem Konflikt und dem endgültigen Tod ihrer Ehe zu tun hatten.

Die Scheidung als Auslöser von Depressionen

Immer wieder hoffen Eltern verzweifelt, dass die Kinder durch den Ehekonflikt der Eltern nicht Schaden nehmen. Ich verstehe diesen Wunsch, aber er geht meistens nicht in Erfüllung. Die Eltern werden von ihrem schlechten Gewissen geplagt. Das aber nutzt ihnen gar nichts. Unglückliche Familien machen unglückliche Kinder, und jede Scheidung fordert ihren Tribut, wenn nicht korrigierend eingegriffen wird.

Wie sieht der emotionale Tribut aus, den die beteiligten Kinder bezahlen? Das hängt von deren Persönlichkeit und emotionaler Gesundheit ab, aber auch vom Verhalten der Eltern. Manche Kinder werden zornig, manche leiden unter extremen Ängsten. Andere bekommen Schlafstörungen, und wieder andere können ihre Wut nicht mehr zügeln. Die meisten werden auf die eine oder andere Weise körperlich krank.

Ein Symptom jedoch tritt fast immer auf: Die Kinder bekommen mehr oder weniger schwere Depressionen. Bei einigen – wie bei Peter – ist die Depression so schwer, dass sie zum Hauptsymptom ihrer seelischen Erkrankung wird. Wenn für Peter nichts getan wird, um ihm zu helfen, wird er für den Rest seines Lebens mit depressiven Verstimmungen zu kämpfen haben.

Ich kann das Thema Depressionen hier nicht erschöpfend behandeln, möchte aber bewirken, dass geschiedene Eltern verstehen lernen, wodurch es bei den betroffenen Kindern zu Depressionen kommt. Wichtig ist vor allem, dass Eltern, Großeltern und Lehrer die Depression überhaupt erkennen, um dann entsprechend handeln zu können.

Wie Verluste Depressionen auslösen

Der Depressionstyp, mit dem wir es hauptsächlich zu tun haben, ist die reaktive Depression. Sie beobachten wir als Reaktion auf schwere persönliche Verluste oder nach deren Androhung.

Für die meisten Erwachsenen haben Depressionen etwas Unheimliches, weil sie sie nicht durchschauen. Es gibt aber Depressionen, die so schwer sind, dass sie den Außenstehenden zutiefst erschrecken. Sonderbarerweise sind aber gerade diese schweren Formen leichter zu therapieren als die milderen. Es handelt sich bei ihnen um Störungen der Hirnchemie, die sehr gut auf die Behandlung mit Medikamenten ansprechen. Die reaktive Depression dagegen spricht – wenn überhaupt – nicht so gut auf eine medikamentöse Behandlung an. Deshalb ist sie ein größeres Problem für uns Psychologen.

Ich möchte einen wichtigen Gedanken vorausschicken: *Die reaktive Depression ist eine ganz natürliche Erscheinung, die in uns angelegt ist.* Sie ist deshalb kein Unglück, das uns überfällt. Und wir sind keine Versager, wenn wir hin und wieder depressiv verstimmt sind. Diese Fähigkeit hat Gott in uns hineingelegt, um auf diese Weise mit Verlusten im Leben fertig zu werden. So lesen wir in der Bibel: „Alles hat seine Stunde. Für jedes Geschehen unter dem Himmel gibt es eine bestimmte Zeit: ... eine Zeit zum Weinen und eine Zeit zum Lachen, eine Zeit für die Klage und eine Zeit für den Tanz“ (Prediger 3,1 u.4). Die reaktive Depression ist eine bestimmte Art des Trauerns. Sie ist die Depression, die uns hilft, einen Verlust zu verarbeiten.

Die reaktive Depression ist Teil der Trauerarbeit. Trauer bedeutet ja nicht nur, dass man einen persönlichen Verlust bedauert. Sie ist immer auch eine Depression. Und diese Depression stellt sich gewöhnlich dann ein, wenn uns etwas entrissen wird, was uns lieb und teuer geworden ist. Gerade diese Erfahrung machen Scheidungskinder. Ihnen wird genommen, was ihnen das Wertvollste im Leben war: die intakte Familie, in der beide Eltern zu Hause wohnen.

Welche Aufgabe hat die Depression?

Diese Frage hat mich viele Jahre intensiv beschäftigt. Ich bin nämlich überzeugt, dass die Depression – wie viele andere Emotionen – eine wichtige Funktion hat. Welche Funktion könnte das sein?

Wenn wir die wichtigsten Symptome einer Depression betrachten, gewinnt man den Eindruck, dass sie unserem Schutz dienen. Sie sind nicht zufällig, sondern von einem klugen Schöpfer erdacht worden und zum Schutz bei Verlusten wichtig.

Um welche Hauptsymptome handelt es sich? Da

sind zunächst einmal die schweren Antriebsstörungen, dann die Interesselosigkeit und drittens die tiefe Traurigkeit. Alle diese Symptome dienen dazu, unsere Aktivitäten einzuschränken und unser Interesse an der Umwelt zu dämpfen. Dadurch ziehen wir uns automatisch zurück und bekommen so Gelegenheit, zu uns selber zu finden, den Verlust zu verarbeiten, uns der neuen Situation anzupassen, um schließlich wieder zur Normalität zurückzukehren. Im Schneckenhaus, in das wir uns zurückgezogen haben, unterstützt die Depression die Trauerarbeit. Ohne Depression also auch keine Trauer.

Bei einem Todesfall leuchtet uns das ein. Der Tod eines geliebten Menschen ist wohl das Schlimmste, was einem widerfahren kann. Und die Trauer danach ist der Beginn des Weges zurück ins normale Leben. Doch auch eine Scheidung ist für das Kind ein Trauerfall. Die heile, intakte Familie ist „gestorben". Und das kann die gleiche Trauer mit den entsprechenden Depressionen auslösen wie ein körperlicher Tod. Die Symptome der Depression zwingen das Kind, sich aus seiner Umwelt zurückzuziehen, um den Verlust zu verarbeiten. Sie ist in diesem Fall keine zusätzliche Last, sondern ein Hilfsprogramm für den Heilungsprozess. Deshalb müssen Eltern wissen, wie sie ihr Kind durch diese Depression hindurch richtig begleiten. Eine Abkürzung ist in keinem Fall die Lösung!

In vielfacher Hinsicht ist eine Scheidung sogar noch schlimmer als der Tod. Der Tod ist unumkehrbar. Man muss sich mit der Endgültigkeit des Verlustes abfinden. Das zwingt zu einer intensiven Trauerarbeit, so dass man schneller darüber hinwegkommt.

Bei einer Scheidung muss sich das Kind mit einem Verlust auseinander setzen, der – weil eventuell umkehrbar – kein absoluter Verlust ist. Ein Elternteil wohnt zwar nicht mehr zu Hause, aber er ist nicht auf Dauer von der Bildfläche verschwunden. Meistens wohnen Vater oder Mutter noch irgendwo in der Nähe. Die Trauerarbeit setzt ein, aber sie kann nicht recht zu Ende geführt werden. Der Verlust ist da, doch das Kind kann immer noch auf eine Versöhnung hoffen.

Der Vater kommt, aber er geht auch wieder. Und so ist das Scheidungskind zwischen Verlustgefühlen und Hoffnungen hin- und hergerissen. Das ist die entsetzlichste Form der Trauerarbeit, die ein Mensch erleben kann. Deshalb muss man sich auch nicht wundern, dass Depressionen unter Scheidungskindern weit verbreitet sind und oft bleibende seelische Narben hinterlassen.

Andere Verluste bei einer Scheidung

Es ist aber nicht so, dass Scheidungskinder lediglich die Abwesenheit des Vaters oder der Mutter als großen Verlust empfinden. Eine Scheidung zieht viele andere Verluste nach sich. Das Ganze ist deshalb so kompliziert und schwer einzuschätzen, weil jedes Kind diese Verluste anders verarbeitet. Um ein Kind durch seine reaktive Depression richtig begleiten zu können, ist es so wichtig, herauszubekommen, welchen Aspekt der Scheidung es als besonders bedauerlichen Verlust empfindet. Das ist bei jedem Kind anders.

Zu welchen Verlusten kommt es, wenn eine Familie auseinander bricht?

1. Manchmal bricht der Kontakt zu Geschwistern ab, wenn die Kinder unter den Eltern aufgeteilt werden.
2. Die heile Familie ist nicht mehr da. Ein intaktes Elternhaus, in dem Vater und Mutter anwesend sind, hat einen großen Symbolwert für die Kinder. Es stellt ein Ideal dar, dessen Lebensstil für die Kinder erstrebenswert ist.
3. Die positive Zukunftsperspektive geht verloren. Kinder sind normalerweise voller Erwartungen, was die Rolle ihrer Eltern für die eigene Zukunft angeht. Sie hoffen, dass die Eltern ihnen noch lange zur Seite stehen. Eine Scheidung zerstört diese Hoffnung.
4. Die finanzielle Sicherheit geht verloren. Wenn Männer zum ersten Mal über Scheidung reden, sagen die meisten: „Mach dir keine Gedanken, ich sorge schon für dich. Du bekommst alles, was du brauchst." Doch am Ende heißt es dann meist nur noch: „Das alles wird doch ganz schön teuer. Schließlich bin ich kein Millionär. Da musst du den Gürtel halt etwas enger schnallen." Für die meisten Kinder bedeutet die Scheidung Verluste beim Lebensstandard. Die geschiedenen und allein erziehenden Eltern tragen zu einem großen Teil zu dem Phänomen der neuen Armut bei. Und das kann große Verunsicherung bei den Kindern auslösen.
5. Der traurigste Verlust, den ein Kind erleiden kann,

ist das verlorene Vertrauen in die Eltern. Der Glaube an sie ist zerstört. Scheidungskinder fühlen sich oft hintergangen. Es ist, als würden sie ihren Eltern vorwerfen: „Ihr habt mich in die Welt gesetzt und mich in dem Glauben gelassen, ich sei ein Wunschkind. Ich habe geglaubt, ihr würdet mich lieben und beschützen. Darauf habe ich vertraut. Und so habe ich keinen Schutz gegen euch aufgebaut. Und nun lasst ihr die Bombe platzen. Ihr gebt mir plötzlich das Gefühl, ein Störenfried zu sein."

6. Der Verlust des Glaubens an die Eltern kann einen Verlust des Glaubens an Gott nach sich ziehen: „Ich bat Gott um Hilfe, dass er unsere Familie rettet. Aber Gott hat mir offenbar überhaupt nicht zugehört. Inzwischen glaube ich, dass er gar nicht existiert."

Es gibt noch eine ganze Reihe anderer Verluste, die ich aber hier aus Platzgründen nicht alle aufführen kann. Eltern sind wahrscheinlich in der Lage, noch weitere Möglichkeiten zu identifizieren. Ich erinnere mich z.B., dass mir nach der Scheidung meiner Eltern die Werkstatt meines Vaters sehr fehlte. Ich vermisste es sehr, mit ihm dort Zeit zu verbringen und zu basteln. Ich war damals erst zwölf, und mit ihm irgendetwas herzustellen, war für mich das Größte. Zwar versicherte mir mein Vater immer wieder, die Werkstatt stehe mir jederzeit offen. Das nutzte jedoch nicht viel. Ich hatte irgendwie das Gefühl, ich gehöre nicht mehr dorthin. Nach der Scheidung war ich bei meinem Vater immer nur Gast.

Zeichen versteckter Depressionen

Zwar haben die meisten Scheidungskinder mit Depressionen zu tun, doch machen sie sich oft anders bemerkbar als bei Erwachsenen. Oft sind die Kinder noch zu jung, um den rechten Umgang mit Trauer gelernt zu haben. Wegen ihrer geringen Lebenserfahrung und der noch etwas anderen physischen Konstitution zeigen sich Depressionen bei Kindern oft durch Rebellion, Null-Bock-Stimmungen, Wut und Groll. Man spricht von einer lavierten Depression, weil eine versteckte Depression von anderen Symptomen maskiert wird. Eltern erkennen das Problem oft nicht, weil sie ihr Hauptaugenmerk auf die maskierenden Symptome richten.

Ein Fall, mit dem ich erst vor kurzem zu tun hatte, ist ein gutes Beispiel. Sandra (Name geändert) ist 16 und ein bisschen übergewichtig. Aber ihr musikalisches Talent ist recht viel versprechend. Schon früh zeigte sie Interesse an der Musik, und so lernte sie auch sehr schnell Klavier spielen. Sie möchte Musiklehrerin werden. Hin und wieder hatte sie schon eine flüchtige Bekanntschaft mit einem Freund, aber im Großen und Ganzen interessiert sie sich noch nicht sehr für Jungen. Sie kennt ihre Prioritäten.

Eines Tages kündigte der Vater aus heiterem Himmel an, er wolle die Familie verlassen. Allem Anschein nach nahm Sandra die Nachricht recht gelassen auf. Doch schon kurze Zeit später hörte sie plötzlich auf, Klavier zu spielen, und sie interessierte sich auffallend für Jungen.

Sechs Monate später kam es zum Eklat. Mehr durch Zufall entdeckte Sandras Mutter, dass ihre Tochter schwanger gewesen war und abgetrieben hatte. Die Mutter war natürlich entsetzt. Durch Gespräche mit Sandras Freundinnen erfuhr sie, dass ihre Tochter nicht nur mit einem Freund ins Bett gegangen war. Das war offenkundig ihre Art, die bevorstehende Scheidung ihrer Eltern zu verarbeiten.

In der nun folgenden Psychotherapie, die mehrere Monate dauerte, begann Sandra, über ihre verborgensten Gefühle zu reden. Und so kam die Depression zum Vorschein, die zuvor durch Rebellion und wechselnde Freundschaften maskiert worden war. Sandra musste sich fortan nichts mehr vormachen, sie konnte sich ihren wahren Gefühlen stellen, sie richtig verarbeiten und so den Heilungsprozess in Gang setzen.

Kinder maskieren ihre Depression auf vielerlei Weise: Sie machen nachts wieder ins Bett oder sind auffällig aggressiv gegen Geschwister und Freunde. Vielleicht werden sie plötzlich wieder übertrieben anhänglich und weichen der Mutter nicht mehr vom Schürzenzipfel. Weitere Maskierungen sind schlechte Leistungen in der Schule oder notorisches Quengeln.

Weniger häufig dienen als Maskierung ständiges Lügen, maßloses Übertreiben beim Erzählen verworrener Geschichten, zwanghaftes Masturbieren und Hamstern von Lebensmitteln. Gehortete Lebensmittel, die man oft verschimmelt und verdorben in irgendwelchen Ecken findet, sind darüber hinaus ein sicheres Zeichen für massive Ängste.

Die Zeichen einer Depression

Ist die Depression nicht maskiert, kann man sie natürlich viel leichter erkennen. Die wichtigsten Anzeichen führe ich hier auf:

1. Das Kind wirkt bedrückt und traurig, ohne sich darüber zu beklagen oder Anlässe zu nennen.
2. Das Kind wirkt körperlich und geistig verlangsamt.
3. Das Kind verliert das Interesse an bisherigen Aktivitäten und vermittelt den Eindruck, gelangweilt oder körperlich krank zu sein. Eltern glauben oft, es brüte eine Krankheit aus.
4. Das Kind klagt plötzlich über Kopfschmerzen, Bauchschmerzen oder Schlafstörungen. Es hat kaum noch Appetit, verweigert die Nahrung und kümmert sich auffällig um Ernährungsfragen und sein Körpergewicht.
5. Das Kind wirkt mit sich und der Welt unzufrieden. Nichts scheint ihm mehr Spaß zu machen. Es gibt anderen die Schuld und beklagt sich, dass niemand mit ihm spielen wolle. Von Eltern, Geschwistern und Freunden fühlt es sich abgelehnt.
6. Frustrationen lösen Depressionen aus, werden aber auch von ihnen produziert. Solche Frustrationen sorgen dafür, dass das Kind oft gereizt ist, schnell aufbrausend reagiert und sehr sensibel ist. Die kleinste Provokation löst einen völlig überzogenen Wutanfall aus.
7. Das Kind macht sich selber schlecht. Es sagt z.B. immer wieder: „Ich bin zu nichts nutze!" Solche Bemerkungen sind Anzeichen für mangelnde

Selbstachtung, für Selbsthass und Selbstbestrafung.

Diese Zeichen für eine Depression können in unterschiedlichen Kombinationen auftreten und sich von Zeit zu Zeit bei einem Kind auch verändern.

Wie man dem Kind in seiner Depression hilft

Eltern sollten in der Lage sein, ihrem Kind bei der Bewältigung seiner Depression zu helfen. Schon im Kindergarten sollte man die Kleinen darauf vorbereiten, dass Verluste zum Leben gehören und dass wir es lernen können, darüber traurig zu sein.

Schwere depressive Zustände müssen zwar professionell behandelt werden, doch gibt es mildere Formen der depressiven Verstimmung, die durchaus von liebenden Eltern aufgefangen werden können. Zeigen solche Bemühungen nach wenigen Wochen keine Erfolge, sollte man allerdings zum Therapeuten gehen. Das ist kein Armutszeugnis für Sie als Eltern! Sie sind keine Versager, nur weil Sie Hilfe brauchen. Im Gegenteil! Wer seine Grenzen erkennt, beweist viel eher seine Reife und sein Bemühen, etwas für das Kind zu tun.

Ich möchte Ihnen nun die wichtigsten Schritte nennen, die Sie als Eltern zunächst selber tun können, um Ihrem Kind zu helfen.

Versuchen Sie, den Verlust aus der Perspektive des Kindes zu sehen.

Bagatellisieren Sie nichts. Versuchen Sie herauszubekommen, was Ihr Kind gerade fühlt. Das kann schmerzlich für Sie sein, weil es die eigenen Schuldgefühle verstärkt. Doch wenn Sie diesen Schritt nicht wagen, werden Sie es nie schaffen.

Es hilft z.B. überhaupt nicht weiter, wenn eine Mutter zu ihrem Sohn sagt: „Ich glaube nicht, dass es ein Drama ist, wenn Papa jetzt geht. Er hat dich doch sowieso nie leiden mögen. Was regst du dich also auf?" Solch eine Äußerung – so sehr Sie damit Recht haben mögen – signalisiert Ihrem Kind, dass Sie es nicht verstehen. Für das Kind ist und bleibt der Verlust ein Drama. Wenn Sie versuchen, dies herunterzuspielen, ziehen Sie Ihre eigene Glaubwürdigkeit in Zweifel.

Eltern unterscheiden sich erheblich in der Fähigkeit, die Welt aus der Perspektive ihrer Kinder zu sehen. Den einen gelingt das hervorragend, während andere kläglich versagen. Wenn Sie das Gefühl haben, die Welt Ihres Kindes ständig falsch zu interpretieren, dann bitten Sie andere, doch einmal ihre Meinung dazu zu äußern. Vertrauen Sie nicht blindlings Ihrer eigenen Wahrnehmung.

Das Problem wird leider oft noch dadurch verschärft, dass viele Kinder dazu neigen, ihre eigenen Gefühle vor anderen, aber auch vor sich selber zu verbergen. Ich fragte einmal eine Mutter, die sich scheiden lassen wollte, wie sich ihre 15-jährige Tochter dabei fühle.

„Ach, ganz gut", meinte sie. „Sie geht freundlicher mit mir um als je zuvor. Also kann es ihr eigentlich nicht schlecht gehen. Wer so nett und freundlich ist, der muss doch seelisch ziemlich ausgeglichen sein."

Als dann die Tochter zum ersten Mal zu mir kam, schüttete sie ihr Herz aus und erzählte mir von ihrem Kummer. Als ich ihr entgegenhielt, was ihre Mutter gesagt hatte, antwortete sie: „Natürlich bin ich nett zu ihr. Ich möchte sie schützen. Deshalb möchte ich auch nicht, dass sie weiß, was wirklich in mir vorgeht."

Diese Mutter war froh über das, was sie von ihrer Tochter zu hören bekam. Sie forschte nicht weiter nach, weil sie genau das hörte, was sie hören wollte. Doch damit entging ihr völlig, was die Tochter wirklich empfand.

Akzeptieren Sie die Depression des Kindes als etwas in Ihrer Situation völlig Normales.

Mit „akzeptieren" meine ich nicht, die Depression zu ignorieren. Versuchen Sie nicht so zu tun, als sei sie nicht da.

Normalerweise löst die Depression des Kindes Schuldgefühle bei den Eltern aus, die nun – um sich Erleichterung zu verschaffen – alles tun, damit das Kind aufhört, depressiv zu sein. „Nun mach aber mal halblang, so schlimm ist es ja nun auch wieder nicht." So reagieren Eltern häufig. Solche Aussagen aber verschlimmern die Depression, weil die Kinder sich noch schuldiger fühlen. Nun sind sie es, die auch noch übertreiben!

Lassen Sie Ihrem Kind eine Zeit der Trauer, um das zu verarbeiten, was es als Verlust empfindet. Trauer braucht Zeit, und man überwindet sie am besten, wenn der Betroffene Rückhalt und Verständnis erfährt.

Helfen Sie Ihrem Kind, seine Depression bewusst zu durchleben.
Das ist der Schritt, der Eltern am meisten Angst macht. Immer, wenn ich diesen Rat gebe, reagieren Eltern oder Verwandte schockiert: „Sollen wir die Depression denn nicht bekämpfen? Wenn wir sie noch fördern, werden wir die Trauer dann nicht noch verlängern?“

Ich frage darauf immer, was sie tun würden, wenn der Vater des Kindes gestorben wäre? „Dann würde ich das Kind durchaus richtig trauern lassen, weil das hilft, den Kummer zu verarbeiten.“ Eine Scheidung aber ist nicht weniger dramatisch für das Kind als der Tod!

Es ist eine gesellschaftliche Aufgabe, Verständnis dafür zu wecken, dass Trauerarbeit bei allen zwischenmenschlichen Verlusten geleistet werden muss – nicht nur beim Tod eines Menschen. Geben Sie der Trauer Raum. Lassen Sie depressive Stimmungen zu. Wir müssen unseren Kummer richtig spüren. Nur so können wir unsere Trauer vollständig verarbeiten. Haben Sie also Geduld mit Ihrem Kind!

Verhindern Sie, dass die Depression chronisch wird.
Wie viel Geduld sollten Sie haben? Wie lange sollte eine Depression anhalten? Dafür gibt es keine festen Regeln. Ein Kind, dem erlaubt wird, seine Trauer ungehindert auszuleben, wird nicht lange brauchen, um sie zu verarbeiten.

Das Problem ist, dass viele Eltern ungeduldig werden. Sie geben dem Kind nicht ausreichend Zeit für seine Trauer. Oder das Kind selbst meint, sich allzu bald wieder fassen zu müssen. Die Trauerarbeit wird also auf mannigfache Weise behindert, wodurch zum Teil neue Verlusterlebnisse provoziert werden. So fühlt sich ein Kind von den Eltern verachtet, weil es auf ihre Beschwichtigungsversuche einfach noch nicht reagieren kann. Solch eine Abweisung ist ein weiterer Verlust, und die Depression verstärkt sich. Damit hält sie länger an als eigentlich nötig.

Strafe und der Zorn der Eltern können eine Depression sehr leicht verlängern. Dasselbe bewirken Angst und Verunsicherung.

Auch die Kinder selbst verlängern manchmal ihre Depression. Ihre von Angst bestimmte Fantasiewelt kann den Verlust durch die Scheidung gravierender als in der Realität erscheinen lassen. Wenn man nicht darauf achtet, dass das Kind den Kontakt zur Wirklichkeit behält, kann die Depression sehr schnell durch eingebildete Verlusterlebnisse verschlimmert werden. Kinder brauchen Trost, es ist aber wichtig, dass dieser Trost realitätsbezogen bleibt. Dadurch wird verhindert, dass das Kind mit seiner Fantasie Amok läuft.

Helfen Sie Ihrem Kind, sich mit der Realität abzufinden.

Seien Sie offen und ehrlich. Vage Andeutungen und Anspielungen, die nicht geklärt werden, nähren die Angst. Wirken Sie behutsam darauf hin, dass sich Ihr Kind mit der geschaffenen Tatsache Ihrer Scheidung abfindet. Das mag zu Anfang die Depression noch verstärken. Doch es wird die Trauerarbeit beschleunigen.

Das Problem dabei liegt oft bei den Eltern. Wenn es schon dem einen Partner oder beiden schwer fällt, den Verlust zu akzeptieren, wird es ihnen kaum gelingen, dem Kind zu helfen, sich damit abzufinden. Achten Sie also darauf, dass Sie nicht auch selber den Boden unter den Füßen verlieren.

Gerade bei sehr kleinen Kindern fällt es schwer, ihnen die Realität verständlich zu machen. Das Kind fragt dann immer wieder: „Wo ist Papa?" – „Wo ist Mama?" Solche Fragen müssen dann ehrlich, aber mit viel Einfühlungsvermögen beantwortet werden: „Papa wohnt nicht mehr bei uns. Aber er kommt sehr bald wieder vorbei. Er besucht uns ganz oft." Es fällt nicht immer leicht, mit der Wahrheit herauszurücken, aber es zahlt sich auf lange Sicht aus!

Zeigen Sie dem Kind neue Perspektiven auf.
Eine der wichtigsten Funktionen einer Depression ist es, uns Zeit zu geben, aus dem Verlust heraus neue Perspektiven zu entwickeln. Ohne sie würden wir die große Last eines unbetrauerten Verlustes lange Zeit mit uns herumschleppen.

Es hilft Kindern, eine neue Perspektive zu bekommen, wenn Sie ihnen die Gelegenheit geben, ausgiebig über ihre Gedanken und Gefühle zu reden. Wer trauert, muss über seinen Verlust reden dürfen. Das hilft die Gedanken zu ordnen. Man kann in Erinnerungen schwelgen und die Vergangenheit lebendig werden lassen. Damit kann die Gegenwart erträglicher werden. Sprechen Sie mit einer trauenden Witwe, und Sie werden erleben, dass sie am liebsten über Erlebnisse mit ihrem verstorbenen Mann redet.

Das Kind wird deshalb nach einer Scheidung gern und ausgiebig über den Vater reden, der nicht mehr im Haus ist, oder über die Mutter, die woanders wohnt. Es wird von glücklichen Tagen vor der Scheidung erzählen. Das mag für den Partner, der beim Kind geblieben ist, unerfreulich sein. Es handelt sich jedoch dabei um einen wichtigen Bestandteil der Trauerarbeit, den man nicht unterbinden sollte.

Eine der größten Segnungen Gottes, die er uns als seinen Kindern geschenkt hat, ist die Fähigkeit, Tragödien in unserem Leben nach einer gewissen Zeit in einem ganz neuen Licht zu sehen. Wer Gott durch Christus kennt, wird Katastrophen im eigenen Leben anders verarbeiten. Wenn Eltern Glauben haben und nach christlichen Werten leben, werden ihre Kinder davon profitieren. Deshalb: Auch wenn Sie durchs finsterste Tal müssen, sollten Sie versuchen, Ihre Scheidung aus einer Perspektive der Zuversicht zu sehen. Vertrauen Sie darauf, dass Gott Ihnen zur Seite stehen wird, wenn Sie eines Tages wieder Pläne für die Zukunft schmieden werden. Durch die Zuversicht, die Sie ausstrahlen, helfen Sie auch Ihrem depressiven Kind. Es wird mitbekommen, dass Sie an einen Gott glauben, der über sein Reich herrscht, in dem sich auch Ihre ganz persönliche Tragödie ereignet hat. Ihre Scheidung hat Gott nicht entthront. Vielmehr hat sie dafür gesorgt, dass er an Ihnen seine Macht entfalten und seine Heilungskraft auf individuelle Weise zeigen konnte.

Beten Sie mit Ihrem Kind.
Gebet bringt Heilung. Gebet sorgt für einen klaren Kopf. Gebet hilft uns, Dinge aus Gottes Perspektive zu sehen. Beten Sie deshalb mit Ihrem Kind! Benutzen Sie aber das Gebet nicht, um Ihr Kind anzupredigen! Das tun Eltern leider allzu häufig. Solche „Gebete" haben die gleiche Wirkung wie der erhobene Zeigefinger. Sie fördern den Glauben nicht.

Beten Sie mit Ihrem depressiven Kind, aber seien Sie weise und sensibel dabei. Beten Sie darum, dass Sie beide stark genug sein werden, um Ihr Schicksal zu meistern. Beten Sie um gegenseitiges Verständnis und um Geduld. Bitten Sie um den Frieden Gottes, dass er Ihrer beider Leben ausfüllt, damit Sie demjenigen, der Ihnen etwas angetan hat, mit Liebe und Vergebung begegnen können. Bitten Sie darum, dass es Ihnen gelingen möge, Ihrem Kind zu vermitteln, dass es ein Anliegen Ihres Herzens ist, seine Gefühle ganz zu verstehen. Solch ein Gebet wird heilsam wirken, und Ihr Kind wird dadurch gleichzeitig ein Gespür dafür bekommen, was es heißt, Gott zu vertrauen.

Einige nützliche Tipps

Zum Abschluss meiner Ausführungen über das Scheidungskind und seine Depression möchte ich noch ein paar nützliche Tipps geben, durch die Sie verhindern können, dass sich die Depression Ihres Kindes verschlimmert.

1. Sorgen Sie für Ablenkung für Ihr Kind, vor allem, wenn die Depression bereits am Abklingen ist.

Sobald Sie merken, dass Ihr Kind über den Berg ist, sollten Sie es auf eine Reise mitnehmen, ihm ein neues Hobby ermöglichen und seine Rechte erweitern.

2. Legen Sie Verhaltensregeln fest, die Sie ohne allzu große Strenge und Disziplin durchsetzen können. Eltern sollten sich nicht durch das Leid ihres Kindes manipulieren lassen. Die Einsicht, dass ein Kind trotz seiner Depression klare Grenzen und einzuhaltende Regeln braucht, kann so mancher Komplikation vorbeugen.
3. Achten Sie auf alles, was Sie in Gegenwart Ihres Kindes sagen. Seien Sie der Wächter Ihres Mundes. Ohne es zu wollen, kann man durch ein unbedachtes Wort großen Schaden anrichten.
4. Respektieren Sie die Rechte Ihres Expartners. Gewöhnen Sie sich an den Gedanken, dass Ihr Kind Ihren Expartner liebt und auch weiterhin lieben soll. Wenn Sie diese Liebe sabotieren, verstärken Sie die Verlustgefühle Ihres Kindes, und die Depression wird schlimmer. Das Kind kann sich dann am ungestörtesten entwickeln, wenn es so wenig wie möglich in den Konflikt der Eltern hineingezogen wird.

11. Der Expartner als Elternteil

Jedes Kind hat einen moralischen Anspruch darauf, Vater *und* Mutter um sich zu haben und sie lieb haben zu dürfen. Durch eine Scheidung wird dieser Anspruch niemals aufgehoben! Das ist wichtig für die Entwicklung des Kindes nach der Trennung. In jedem Fall tragen geschiedene Eltern hierfür Verantwortung – so sehr ihre sonstige Beziehung auch zerrüttet sein mag. Weder Verletzungen noch Schuldzuweisungen dürfen als Vorwand dienen, sich aus der Verantwortung zu stehlen.

Doch leider wollen nicht alle geschiedenen Eltern diese Botschaft hören. Ihnen wäre es am liebsten, wenn ihre Kinder den Expartner überhaupt nicht mehr zu Gesicht bekämen. Und lieben sollen sie ihn schon gar nicht. Tatsächlich tun manche Mütter oder Väter alles, um zwischen dem Kind und dem Expartner so viele Hürden wie möglich zu errichten, nur um sich zu rächen und den anderen zu verletzen.

So etwas schadet natürlich dem Kind sehr – aber nicht nur ihm, sondern auch dem nachtragenden Elternteil selbst. Wenn das Grundrecht des Kindes auf Liebe zu Vater *und* Mutter beschnitten wird, ist der emotionale Schaden bei *allen* Beteiligten groß.

Wohl jeder Psychologe oder Eheseelsorger kann schon nach kurzer Beratungstätigkeit die reinsten Horrorgeschichten über solche Schäden erzählen. Bei manchen Scheidungen sind *alle* schädlichen Folgen auf diesen einen Faktor zurückzuführen.

Warum verhalten sich Eltern so? Es geschieht nicht immer mit Absicht. Ich gehe davon aus, dass Eltern normalerweise ihren Kindern nicht absichtlich Schaden zufügen wollen. Halten wir uns deshalb an den Rechtsgrundsatz: Im Zweifel für den Angeklagten. Wenn den Kindern Leid angetan wird, so geschieht dies meist aus Unwissenheit. Manchmal ist die eigene Last so groß, und die Probleme sind so vielfältig, dass Eltern nicht mehr wissen, wo ihnen der Kopf steht. Dann haben sie kaum noch Reserven, darüber nachzudenken, was ihren Kindern gut tut.

Bei manchen Eltern ist es aber leider keine Unwissenheit. Wer verletzt wird, fühlt den Impuls, es dem Verursacher heimzuzahlen. Bei einer Scheidung dienen die Kinder dann oft unfreiwillig als Waffen, weil die Eltern sich gegenseitig verletzen wollen. Rache soll ja süß sein.

Ohne das wiederherstellende und heilende Werk Christi können wir diesem natürlichen Urtrieb kaum entkommen. Dafür sorgt schon die Sünde. Selbst wenn wir den gerichtlichen Streit über das Sorgerecht abschaffen und beide Eltern zwingen würden, gemeinsam für ihre Nachkommen zu sorgen, hätten Eltern keine Mühe, Mittel und Wege zu finden, den Expartner unter Einbeziehung gemeinsamer Kinder zu verletzen.

Was mich an diesen Scharmützeln besonders beunruhigt, ist die Tatsache, dass sich christliche Eltern oft nicht anders verhalten als ihre ungläubigen Mitmenschen. Auch sie lassen sich auf erbitterte Zweikämpfe ein – nicht um der Kinder willen, sondern allein, um sich zu rächen. Dass Atheisten sich so verhalten, ist nicht verwunderlich. Christen aber haben keine Entschuldigung dafür, wenn sie auf diese Weise ihren Kindern Leid zufügen.

Die wichtige Rolle leiblicher Eltern

Unter Seelsorgern herrscht eindeutig die Meinung vor, dass der wichtigste Beitrag zu einer schnellen Normalisierung im Leben von Scheidungskindern eine stabile und liebevolle Umgebung und eine fortbestehende Beziehung zu *beiden Elternteilen* ist.

Das ist ein hoher Anspruch und sicher auch ein Problem für viele Eltern. Trotzdem kann man von christlichen Eltern, die selber Vergebung erlangt haben und denen die Heilungskraft Jesu Christi zur Verfügung steht, erwarten, dass sie dem Kind ermöglichen, zu Vater und Mutter einen guten Kontakt zu halten. Wenn es Ihnen schon nicht gelingen will, eine funktionierende Ehe zu führen, dann sollten Sie wenigstens alles daransetzen, dass Ihre *Scheidung* „funktioniert". Geben Sie Ihr Bestes – um Ihrer Kinder willen.

Wenn ein Elternteil erneut heiratet

Richtig kompliziert wird es meist erst in dem Augenblick, da ein Elternteil wieder heiratet. Wie sich solch eine Eheschließung auswirkt, hängt weitgehend vom Alter der beteiligten Kinder ab. Aber auch die Frage, wie weit das Elternteil ohne Sorgerecht weiterhin seine Erziehungsaufgabe wahrzunehmen bereit ist, bestimmt den Ausgang. Grundsätzlich gilt, dass auch nach späteren Eheschließungen der Expartner ihre *gemeinsame* Erziehungsaufgabe bestehen bleibt.

Nehmen wir an, der Vater, der kein Sorgerecht hat, heiratet wieder. Damit aber gibt er seine Pflicht zur Erziehung seiner Kinder keineswegs ab. Er ist wahrscheinlich nicht mehr in der Lage, alle Aufgaben zu erfüllen, die ihm normalerweise zufallen. Dennoch sollte er sich bemühen, so viel Anteil wie möglich zu nehmen. Er muss mit dafür Sorge tragen, dass die Kinder materiell möglichst keine Not leiden und auch emotional die Basis für eine gesunde Entwicklung behalten. Stiefeltern können diese Aufgabe niemals ganz erfüllen, so liebevoll sie sich auch um die Kinder ihres Partners bemühen.

Leider fühlen sich Eltern nicht immer auf diese Weise für ihre Kinder verantwortlich. Ich kenne eine ganze Reihe von christlichen Familien, in denen vor allem die abwesenden Väter wegen ihrer erneuten Heirat meinen, dass die Exfrau nun die ganze Verantwortung für die Erziehung der eigenen Kinder übernehmen müsse. Schließlich habe man ja nun die fremden Kinder der neuen Partnerin mit zu versorgen. „Ich bezahle für ihren Unterhalt, und du übernimmst den Rest“, heißt es dann lapidar. Er betreut auch die Kinder nicht mehr, wenn die Mutter einmal etwas anderes vorhat. Und sobald keine Unterhaltszahlungen mehr fällig werden, überlässt solch ein Vater seine Kinder ganz ihrem Schicksal. Sie müssen jetzt allein klarkommen.

Mir tun die Mütter Leid, die die ganze Last der Kindererziehung emotional verarbeiten müssen, aber auch die Kinder, die jetzt lernen müssen, die Diskrepanz zwischen dem Anspruch des Vaters, Christ zu sein, und seinem tatsächlichen Verhalten zu bewältigen.

„Ich möchte doch nur, dass ich meinen Kindern einen halbwegs normalen Lebensstandard bieten kann und dass sie bei ihren Freunden nicht so oft zurückstehen müssen!“, sagte eine Mutter zu mir, die durch ihren täglichen Existenzkampf kurz vor dem Zusammenbruch stand. Durch die Scheidung von ihrem „christlichen“ Ehemann ist sie gezwungen, ganztags zu arbeiten. Dieser lebt mit seiner neuen Frau in einem vornehmen Wohnviertel und lässt es sich mit seinem üppigen Gehalt gut gehen. Seine jetzige Frau ist nicht berufstätig. Sie bleibt zu Hause und kümmert sich um ihre Kinder aus erster Ehe. Doch meine Klientin muss sich plagen, um ihren Lebensstandard halbwegs zu halten.

Mit der Anfrage konfrontiert, ob er nicht doch etwas zur Erziehung seiner Kinder finanziell beitragen könne, damit seine Exfrau etwas weniger arbeiten müsse, gab er zur Antwort: „Ich habe genug eigene Verbindlichkeiten. Man kann von mir nicht erwarten, dass ich zwei Haushalte gleichzeitig finanziere.“

Doch, das kann man durchaus erwarten! Dieser Mann trägt Verantwortung. Er hat nicht nur eine Ehe vorschnell aufgegeben, sondern sich auch noch von zwei Kindern getrennt, die große Schwierigkeiten haben werden, zu glauben, das Evangelium sei mehr als ein netter Zeitvertreib für gute Zeiten.

Wie aber sieht es aus, wenn die Mutter wieder heiratet? Übergibt dann der leibliche Vater seine Erziehungspflicht dem Stiefvater?

Ich meine, nicht. Natürlich werden – je nach Alter – verschiedene Erziehungsaufgaben vom Stiefvater übernommen. Es sind aber nicht allzu viele. Ob es dem abwesenden Vater recht ist oder nicht, seine leiblichen Kinder sollten noch immer das Gefühl haben, dass er für sie da ist und eine Rolle in ihrem Leben spielt. Dieses Bedürfnis ist so stark, dass Kinder, die schon früh in ihrem Leben von Vater oder Mutter verlassen wurden, oft unter krankhaften Zwängen leiden. Ihr weiteres Leben verbringen sie damit, nach einem Ersatzvater oder einer Ersatzmutter zu suchen. Sie werden besitzergreifend in ihren zwischenmenschlichen Beziehungen, neigen zu extremer Eifersucht und haben große Probleme, Nähe zuzulassen, weil sie Angst davor haben, wieder verlassen zu werden.

Weitere Komplikationen

Noch schwieriger wird es, den Kontakt zum nicht mehr im Hause wohnenden Vater aufrechtzuerhalten, wenn er entfernter fortgezogen ist. Das reduziert die Zeit für persönliche Kontakte noch mehr, und die räumliche Entfernung kann zu einer fast unüberwindlichen Hürde werden. Es ist leider eine Tatsache, dass sich Menschen, die keinen persönlichen Kontakt pflegen, meist schnell auseinander leben. Selbst Eltern und Kinder werden einander fremd, wenn sie kaum Zeit miteinander verbringen.

Geringe finanzielle Mittel können den Spielraum für persönliche Begegnungen zusätzlich einschränken. Mit ein bisschen Phantasie und gutem Willen lässt sich jedoch der eine oder andere Kontakt arrangieren. Man könnte regelmäßige Telefongespräche verabreden. Machen Sie es möglich, dass Ihr entfernt lebendes Kind in den Sommerferien bei Ihnen wohnt. Legen Sie Ihre Dienstreisen so, dass Sie Abstecher zu Ihren Kindern machen können. Oder nehmen Sie sie auf Geschäftsreisen mit – sofern das möglich ist.

Der abwesende Vater sollte sich immer seiner ganzheitlichen Verantwortung dem Kind gegenüber bewusst sein. Dazu gehören die Finanzen genauso wie der gute Rat und der emotionale Beistand. Wenn sich auf diesen verschiedenen Ebenen nichts mehr tut, muss man davon ausgehen, dass die Liebesbeziehung Schaden genommen hat.

Das Loyalitätsdilemma

Dem Kind wird es nicht leicht fallen, sich an ein Leben zwischen zwei Haushalten zu gewöhnen. Es muss viele Veränderungen seiner Umgebung verkraften. Die meisten Kinder dürfen sich nicht aussuchen, bei welchem Elternteil sie leben werden. Und auch die Eltern sind sich oft nicht einig, was das Beste für das Kind ist. So muss vor Gericht darum gestritten werden. Es ist immer ein Unglück, wenn Gerichte als Kampfarena für Eheleute herhalten müssen. Seelsorger und Psychotherapeuten wären in jedem Fall die besseren Schlichter, denn in deren Praxen herrscht meist eine günstigere Atmosphäre, um den Interessen des Kindes gerecht zu werden.

Ob man sich nun gütlich einigt oder nicht – in jedem Fall sieht sich das Kind mit zwei Haushalten und einem großen Dilemma konfrontiert: „Wem gegenüber soll ich mich loyal verhalten?“

Anfangs solidarisieren sich Kinder meist spontan mit der Mutter, die eher als das Opfer der Trennung gesehen wird. Später kann sich das aber ändern. Dann erlangt oft der Vater die Solidarität seiner Kinder. Wenn der Kampf der Eltern um die Sympathie der Kinder nicht schnellstens beendet wird, sind irreparable Schäden die Folge, weil die Kinder gezwungen werden, zwischen den Eltern Partei zu ergreifen.

Das Dilemma entsteht ja nur deshalb, weil die Eltern Probleme miteinander und mit sich selber haben. Gelänge es ihnen, ihren Groll zu begraben, wären auch die Kinder aus ihrer Zwickmühle befreit. In jedem Fall sind es die Eltern ihren Kindern schuldig, ihre Gegensätze in den Griff zu bekommen. Wenn Eltern darüber hinaus akzeptieren würden, dass jedem Kind zugebilligt werden muss, ohne Einschränkungen und Angst vor Nachteilen sowohl Vater als auch Mutter zu lieben, gäbe es das Loyalitätsdilemma überhaupt nicht.

Die Rolle der Großeltern

Großeltern sind Gottes heilende Helfer. Selbst wenn sie bei ihren eigenen Kindern versagt haben, dienen sie doch oft der nächsten Generation als Tröster und tragen zur Heilung bei.

Ich erwähnte ja bereits, welche Kraftquelle meine eigenen Großeltern für mich waren, als meine Eltern sich scheiden ließen. Mein Bruder und ich waren stets bei ihnen willkommen. Vor der Scheidung hatten wir sie immer nur in den Sommerferien besucht. Doch nachdem die endgültige Trennung der Eltern eingeleitet worden war, luden sie uns immer wieder zu Wochenenden und zu den restlichen Ferien ein.

Die Liebe, die ich durch die Großeltern erfuhr, war tröstend und beruhigend. Sie drängten mich niemals, über die Probleme zu Hause zu reden. Doch sie waren gute Zuhörer, wenn ich von mir aus etwas erzählte. Bei ihnen zu sein, hieß, von all meinem Kummer abgelenkt zu werden. Darüber hinaus dienten die beiden meinem Glauben an Gott. Ich begriff damals, dass bei Gott all unsere armseligen Beziehungsprobleme gut aufgehoben sind. Gott war für mich da – trotz all der Fehler, die meine Eltern machten. Die menschlichen Unzulänglichkeiten konnten seiner Existenz nichts anhaben, und er bot mir mitten in meinem Leid verlässliche Hilfe an. Ich hoffe, dass auch ich solch ein Großvater für meine eigenen Enkelkinder sein kann!

Wie Sie das Verhältnis Ihrer Kinder zum Expartner verbessern können

Reden Sie in Gegenwart der Kindern nicht abschätzig über Ihren Expartner.

Ja, ich weiß, das fällt schwer. Aber Sie müssen Ihre Zunge im Zaum halten! Kinder wollen nicht ständig die Schlechtigkeiten des Vaters oder der Mutter aufgetischt bekommen, denn dann müssen sie Stellung beziehen. Und das wollen sie ja gerade nicht. Sie sind nämlich in der Mehrzahl aller Fälle überzeugt, dass beide Eltern Schuld tragen. Ihre Kinder sind objektiver, als es Ihnen vielleicht lieb ist!

Es dient also niemandem, wenn Sie in Gegenwart der Kinder Ihren Expartner verächtlich machen. Seien Sie vor allem nicht überrascht, wenn die Kinder plötzlich zu *ihm* halten und Sie angreifen. Kinder haben einen ausgeprägten Gerechtigkeitssinn. Deshalb werden sie sich unfaire Äußerungen von Ihnen nicht gefallen lassen.

Missbrauchen Sie Ihre Kinder nicht als Spione.
Kinder können sehr verärgert reagieren, wenn sie von beiden Seiten als Spione eingesetzt werden. Sie ziehen sich dann von beiden Eltern zurück. Wenn Sie nicht sicher sind, ob Sie das eventuell unbewusst tun, dann fragen Sie doch Ihre Kinder. Manchmal ist man blind für das, was man tut, weil man viel zu verbittert und verletzt ist. Die Kinder werden es Ihnen schon sagen!

Ermutigen Sie Ihre Kinder, den Mund aufzutun, wenn ihnen missfällt, was Sie gerade tun. Das kostet anfangs ein wenig Überwindung. Aber es wird Ihre Beziehung immens verbessern. Kinder schätzen und respektieren solche Offenheit und sind glücklich, wenn Sie sich nicht in den Schmollwinkel zurückziehen.

Missbrauchen Sie Ihre Kinder nicht als Nachrichtenüberbringer.
Nach einer Scheidung kommt es immer wieder vor, dass ein Elternteil Angst davor hat, dem anderen zu begegnen. Vielleicht fürchtet man sich davor, seine

Beherrschung zu verlieren, oder die Ungewissheit plagt, was der Expartner sagen könnte. Da versteckt man sich dann gern hinter den Kindern: „Sag Papa, dass er seine Alimente noch nicht überwiesen hat.“ – „Frag Mutti mal, ob du nächste Woche mit mir angeln gehen kannst.“ Solche Botschaften zwingen das Kind, als Puffer zwischen den Eltern zu fungieren. Und oft genug bekommen sie dann auch noch den Ärger ab, weil sie die Nachricht überbracht haben. In der Antike haben Überbringer schlechter Nachrichten nicht selten ihren Kopf verloren. Das müssen sie heute nicht mehr befürchten, die Situation ist aber ähnlich heikel.

Ein Kind nimmt es normalerweise beiden Eltern übel, wenn es Botschaften überbringen soll. Wollen Sie also ein gutes Verhältnis zu ihm behalten, so müssen Sie schon selber erledigen, was Ihnen unangenehm ist! Seien Sie nicht feige. Reden Sie mit Ihrem Exmann oder mit Ihrer Expartnerin direkt, und bewahren Sie Ihre Kinder davor, Botschafter zwischen Ihnen sein zu müssen. Dadurch werden sie ein ungezwungenes Verhältnis zu Ihnen beiden behalten können.

Sagen Sie deutlich, dass Sie nichts dagegen haben, wenn die Kinder den Expartner immer noch lieb haben.
Es kommt immer wieder vor, dass eine Mutter zu mir sagt: „Peter weiß doch, dass ich nichts dagegen habe, dass er seinen Vater noch liebt. Ich hindere ihn nicht.“ Das reicht nicht! Vielleicht weiß es Peter, vielleicht aber auch nicht. Eltern sollten nicht davon ausgehen, dass ihre Kinder schon wissen, dass sie

nichts dagegen haben. Wenn nicht deutlich darüber gesprochen wird, senden Eltern manchmal zweideutige Signale aus: Sie sagen etwas, meinen aber genau das Gegenteil. Wir sind ja vor uns selber nicht immer ehrlich, und deshalb wissen wir auch nicht, welche versteckten Botschaften wir unseren Kindern senden. Daher ist man immer auf der sicheren Seite, wenn man Dinge offen und unmissverständlich zur Sprache bringt, selbst wenn man das Gefühl hat, sich zu wiederholen. Erklären Sie Ihrem Kind also unmissverständlich, dass es völlig in Ihrem Sinn ist, wenn es seinen Vater oder seine Mutter noch immer gern hat. Sie werden dafür gewiss Respekt ernten.

Ermuntern Sie Ihr Kind, offen über seine Gefühle zu reden und zu sagen, was es denkt.
Wenn Gefühle offen ausgesprochen werden können, ist dies immer die beste Voraussetzung für ein gesundes Klima zu Hause. Doch Redefreiheit bedeutet nicht Freiheit für Unverschämtheiten. Kinder sind häufig so enttäuscht von sich und der Welt und damit so wütend, dass sie ihre Eltern am liebsten als seelischen Punchingball benutzen möchten. Das darf man nicht zulassen. Man kann es lernen, auch in aller Ruhe über seinen Zorn zu reden. Es ist jedenfalls nicht nötig, ausfallend werden.

Früh übt sich, was ein Meister werden will. Deshalb sollten Sie mit Ihren Kindern den offenen Gedankenaustausch bereits üben, wenn sie noch klein sind. Dann wird Ihnen später so manche unangenehme Überraschung erspart bleiben.

Versuchen Sie flexibel auf alle neuen Entwicklungen in Ihren familiären Beziehungen zu reagieren.
Dadurch vermeiden Sie manche Fehler. Flexibilität bedeutet Kompromissbereitschaft und den Willen zum Verhandeln. Ein wichtiger Bereich, in dem Sie Ihre Flexibilität beweisen können, ist die Frage der Besuchsrechte. Auseinandersetzungen hierüber werden immer auf dem Rücken der Kinder ausgetragen. Es entstehen unnötige Spannungen, die die Freude an den Begegnungen mit Vater oder Mutter erheblich beeinträchtigen.

Das ist vielleicht auch das unbewusste Motiv vieler Eltern für ihre mangelnde Flexibilität in dieser Frage, ihren Kindern die Freude an Besuchen beim Expartner zu verderben. Auch das ist nicht fair! Seien Sie also besonders ehrlich zu sich selbst, und arbeiten Sie daran, jeden Starrsinn bei sich zu bekämpfen.

Die Flexibilität sollte allerdings nicht so weit gehen, dass ein Elternteil immer nur nachgibt und alle seine Rechte an den Expartner abtritt. Damit würden wir der Manipulation Tür und Tor öffnen. Wer jedoch kämpft, muss seinen Einsatz ständig überdenken. Es gibt viele Fragen, die bei genauerem Hinsehen gar nicht so wichtig sind, wie man zunächst meint. Seien Sie also niemals ein Prinzipienreiter. Denken Sie immer daran: Die Liebe Christi können Sie allemal besser durch Vernunft als durch Starrsinn weitergeben.

Ermuntern Sie Ihre Kinder und Ihren Expartner, so viel wie möglich miteinander zu unternehmen.
Je mehr Zeit sie miteinander verbringen, desto bes-

ser. Es ist eine traurige Tatsache, dass die meisten Väter oder Mütter, die ausziehen, nach und nach immer weniger Kontakt mit ihren Kindern pflegen.

Väter neigen dazu, zu ihren Söhnen länger und intensiver Kontakt zu halten als zu ihren Töchtern. Weil aber sowohl Söhne als auch Töchter darauf angewiesen sind, zu *beiden* Eltern ein inniges Verhältnis zu haben, müssen die Väter sich überlegen, wie sie den Kontakt zu ihren Töchtern kreativ gestalten.

Wenn Ihr Expartner zur Erziehung völlig ungeeignet ist

Bei allem, was ich bisher gesagt habe, bin ich davon ausgegangen, dass der nicht mehr im Hause lebende Vater oder die ausgezogene Mutter die Erziehungsrolle normal ausüben können. Was aber soll man tun, wenn der geschiedene Ehepartner zur Kindererziehung völlig ungeeignet ist?

Zunächst einmal eine Warnung: Die meisten geschiedenen Eltern sind so verbittert über die Scheidung – vor allem, wenn sie selber die Verlassenen sind –, dass sie fast immer den Expartner beschuldigen, seelisch gestört zu sein und unchristlich zu handeln. Das ist zumeist das Produkt ihrer feindseligen Einstellung.

Der eine oder andere Leser mag sich diesbezüglich nicht angesprochen fühlen, aber ich muss es hier eindeutig ansprechen: So sehr Sie sich auch von Ihrem Expartner schlecht behandelt oder missbraucht fühlen und so groß Ihre Abneigung gegen diesen Menschen auch sein mag, er ist deshalb nicht von vornherein in seiner Rolle als Vater oder Mutter disqualifiziert! Wie ein Ehepartner den anderen behandelt, ist noch kein sicherer Indikator für sein Verhalten Kindern gegenüber.

Ich möchte nicht missverstanden werden: Es gibt tatsächlich Väter und Mütter, die völlig ungeeignet für die Kindererziehung sind! Das können Alkoholiker, Kriminelle, Gewalttäter oder extrem unreife Menschen sein. Die Forschung belegt eindeutig, dass Kinder, die solchen Menschen anvertraut werden, schlechtere Chancen haben, sich im normalen Leben zurechtzufinden. In diesen Fällen tut die Mutter oder der Vater mit dem Sorgerecht gut daran, den Kontakt zu dem verhaltensgestörten Elternteil, so weit es geht, zu beschränken.

Das ist aber keine Entscheidung, die der Vater oder die Mutter allein treffen sollte. Es ist immer eine heikle Aufgabe, zu sagen, ob der Expartner mit seinen Schwierigkeiten tatsächlich eine Bedrohung für das Kind ist. Konsultieren Sie deshalb lieber einen Therapeuten oder Seelsorger, bevor Sie drastische Maßnahmen ergreifen. Sofern Ihre Kinder schon alt genug sind, die Problematik zu durchschauen, sollten sie ein Mitspracherecht bekommen.

Ich habe viele Fälle erlebt, bei denen der Expartner als Ehemann bzw. Ehefrau völlig versagt hat, aber dennoch ein guter Vater bzw. eine gute Mutter war. Es ist meine Überzeugung, dass ein Elternteil schon sehr gestört sein muss, um überhaupt nichts Sinnvolles mehr zur Entwicklung seines Kindes beitragen zu können.

Ich kenne einen Fall, bei dem sich ein Mann von

seiner geistesgestörten Frau scheiden ließ, die später sogar in eine psychiatrische Klinik eingewiesen werden musste. Der Sohn war zum Zeitpunkt der Scheidung vier und die Tochter zwei. Wegen der Einweisung der Mutter in die Klinik verhinderte der Vater jeden Kontakt zwischen Mutter und Kindern. Als diese viele Jahre später bereits Teenager waren, verlangten sie, ihre Mutter sehen zu dürfen. Es war ein bewegender Augenblick, als Mutter und Kinder sich zum ersten Mal begegneten. Doch am meisten hat mich beeindruckt, dass beide Kinder das Gefühl hatten, all die Jahre ihrer Mutter beraubt worden zu sein. Und das hielten sie dem Vater auch vor. „Ganz egal, wie krank meine Mutter auch ist", sagte die Tochter, „mir wäre es wichtiger gewesen, sie zu kennen und zu wissen, wie es ihr geht. So aber hat man sie totgeschwiegen. Sie ist immerhin meine Mutter. Und jeder sollte seine Mutter kennen!"

Die Worte dieser ihrer Mutter beraubten Tochter drücken in kurzen Worten aus, weshalb ich bei diesem Thema so engagiert bin!

12. Konfrontiert mit einem Stiefkind

Viele geschiedene Christen wissen nicht recht, ob sie wieder heiraten sollen oder nicht. Dem liegen gar nicht immer nur theologische Erwägungen zugrunde. Vielmehr fragen sich die Betroffenen, was ganz allgemein das Beste für sie und ihre Kinder ist. Wenn Sie grundsätzliche Probleme mit dem Recht auf Wiederverheiratung haben, dann rate ich Ihnen, einen Pastor oder christlichen Seelsorger aufzusuchen. Die damit zusammenhängenden ethischen und theologischen Fragen sind zum Teil so komplex, dass man darauf keine einfachen Antworten geben kann. Mit ein paar schlichten Verhaltensregeln ist es nicht getan. Die Situation nach einer Scheidung ist so individuell, dass man am Ende ganz allein vor Gott entscheiden muss, was im eigenen Fall richtig ist.

Mein Anliegen in diesem Kapitel ist, Ihnen so zu raten, dass Sie nach einer erneuten Heirat Ihre Elternrolle optimal ausfüllen können. Ihr neuer Ehepartner übernimmt als Stiefvater oder Stiefmutter eine heikle Aufgabe. Vielleicht müssen Sie zudem die Erziehungsaufgabe bei den Kindern Ihres neuen Partners übernehmen. Sie werden sich mit einer ganzen Reihe von neuen Herausforderungen konfrontiert sehen. In der Rolle der Stiefmutter oder des Stiefvaters liegt eine tückische Wegstrecke vor Ihnen, auf der Sie immer wieder mit unerwarteten Fallen rechnen müssen. Wer jedoch vorbereitet ist, kann so manchen Fehltritt vermeiden. Dieses Kapitel richtet sich deshalb an Sie und Ihren neuen Lebensgefährten. Vielleicht sollten Sie es gemeinsam lesen, damit Sie beide wissen, was auf Sie zukommen kann.

Heiraten oder nicht heiraten ...

Bevor wir uns mit dem eigentlichen Thema dieses Kapitels befassen, möchte ich noch ein paar Bemerkungen zu der Frage voranstellen, ob man überhaupt mit Kindern wieder heiraten sollte.

Für manchen ist dies keine Frage. Soll man denn nicht alles tun, um ein erfülltes und glückliches Leben zu führen? Doch gerade für geschiedene Eltern ist die Antwort nicht ganz so klar, und sie möchten wissen, was das Beste für alle Beteiligten ist.

Tatsächlich sollte man sich nicht allzu leichtfertig auf eine neue Ehe einlassen. Vieles muss bedacht werden, und so empfehle ich jedem, der einen neuen Bund fürs Leben in Erwägung zieht, sich einen Ratgeber zu suchen – und wenn es „nur" der Freund oder die Freundin ist. Es sollte auf jeden Fall jemand sein, dem man vertrauen kann.

Um die Komplexität des Themas vor Augen zu führen, möchte ich Ihnen als Beispiel die Geschichte von Cynthia erzählen. Sie war 45 und geschieden, als sie zu mir kam und wissen wollte, ob sie als Christin wieder heiraten solle. Sie erzählte mir ihre Lebensgeschichte, und ich hörte aufmerksam zu. Zwischendurch redeten wir und beteten gemeinsam. Sie berichtete von ihren Nöten und Bedürfnissen und von ihren Pflichten ihrer schwer kranken Mutter gegenüber, die täglicher Pflege bedurfte. Es war ein

Merkmal ihres Charakters, dass sie diese Aufgabe mit Hingabe erledigte.

Nachdem wir sorgfältig alle Fakten zusammengetragen und besprochen hatten, kam Cynthia ganz für sich zu dem Entschluss, dass sie – zumindest im Augenblick – nicht wieder heiraten sollte. Ihre Entscheidung war Ausdruck eines sicheren Gespürs für die Umstände, die im Augenblick ihr Leben bestimmten. Sie ließ sich jedenfalls nicht durch allzu spontane Impulse in eine zweite Ehe hineintreiben. Sie war sich des Risikos bewusst, erneut zu scheitern. Und das wollte sie nicht eingehen.

Cynthias Reife hat mich tief beeindruckt. Sie hatte eine weise Entscheidung getroffen. Viel zu viele geschiedene Leute stürzen sich vorschnell in ein neues Eheabenteuer, ohne die Konsequenzen sorgfältig abzuwägen. Allerdings fühlen sich die meisten immer noch durch ihre Umwelt unter Druck gesetzt, endlich wieder zu heiraten. Und man muss schon viel Willenskraft aufbringen, um sich dagegen zu wappnen. Die zweite Ehe ist nicht prinzipiell die bessere und leichtere. Ganz im Gegenteil! Oft wird alles noch schwieriger. Und wenn die Bedingungen auch diesmal wieder nicht stimmen, zahlen die Kinder die Zeche für Ihren zweiten Fehltritt.

Eine neue Ehe aus der Sicht des Kindes

Milli ist eine Achtjährige, deren Eltern sich vor einem halben Jahr scheiden ließen. Ihre Mutter hat wieder einen Mann kennen gelernt, und alle zwei Wochen kommt er zum Essen.

Ungefähr zwei Tage vorher wird Milli unruhig. „Willst du deinen neuen Freund etwa heiraten?" Mit dieser Frage nervt sie dann ihre Mutter viele Male am Tag. „Was macht ihr, wenn du bei ihm bist?" – „Warum sitzt er immer so dicht bei dir?" Nach einem Bombardement mit solchen Fragen ist Millis Mutter jedes Mal völlig entnervt und verunsichert. Sie mag diesen Mann, fragt sich aber, ob sie überhaupt wieder heiraten soll. Ihr Freund ist noch Junggeselle. Wird er ein guter Vater für ihre Tochter sein? Wird die Tochter ihre Abneigung verlieren? Kann ihr die neue Ehe schaden? All diese Fragen gehen ihr immer wieder durch den Kopf.

In den folgenden Monaten verschlimmerten sich Millis Ängste. „Mutti, du sollst nicht wieder heiraten, bitte! Ich möchte keinen Stiefvater haben", bettelte sie. Als sie dann noch anfing, nachts schreiend aus Alpträumen zu erwachen, kam die Mutter zu dem Schluss, dass es Zeit war, professionelle Hilfe in Anspruch zu nehmen.

Millis Verhalten ist typisch für viele Scheidungskinder. Sie fürchten sich vor der Konfrontation mit dem neuen Stiefvater oder der neuen Stiefmutter. Außerdem befürchten sie, die Zuwendung der Mutter oder des Vaters zu verlieren. Angst macht vor allem das Unbekannte. Viel hängt also von Ihrem Einfühlungsvermögen ab.

Die meisten Kinder nehmen das Eindringen eines Fremden in ihr gewohntes Familienleben übel. Die Vorstellung ist ihnen unsympathisch, dass sich die Mutter oder der Vater in einen neuen Partner verliebt. Vom Verstand her ist ihnen zwar bewusst, dass

Eltern das Bedürfnis haben, neue Freundschaften zu schließen und die sozialen Kontakte auszubauen. Wenn es dann aber konkret wird, stellen sie sich quer.

Was sind die Gründe für diesen Widerstand? Aus der Sicht des Kindes gibt es vier Hauptgründe:

1. Die meisten Scheidungskinder geben den Traum nicht auf – vielleicht nur unbewusst –, dass sich ihre leiblichen Eltern wieder zusammenfinden. Alles, was diesem Traum zuwiderläuft, wird heftig bekämpft.
2. Kinder befürchten, dass der neue Ehepartner den eigenen Rang im Leben des Vaters oder der Mutter einnimmt. Es entwickelt sich dadurch instinktiv Argwohn gegen *jeden* Eindringling.
3. Kinder fürchten, dass sie mit dem Stiefvater oder der Stiefmutter nicht auskommen werden. Sie selber suchen sich ihre Stiefeltern schließlich nicht aus. Allein die Eltern entscheiden sich für ihren zukünftigen Partner.
4. Aus Sicht der Kinder bringt der neue Partner festgefügte Familienstrukturen durcheinander. Sie haben die Befürchtung, diese Eingriffe nicht steuern zu können.

Das Ganze ist allerdings keine Einbahnstraße. Oft ist auch der Partner in spe eifersüchtig auf die Kinder und vergiftet so die Atmosphäre. Die langjährig gewachsene Beziehung zwischen dem leiblichen Elternteil und dem Kind ist für den neuen Liebhaber möglicherweise ein Dorn im Auge.

Der zukünftige Partner empfindet die Kinder unter Umständen als Störenfriede in der jungen Beziehung. Kinder fordern Zeit für sich ein und begrenzen auf diese Weise die Zeit. Sie verhindern so manches Schäferstündchen. Deshalb ist für den neuen Liebhaber die Gegenwart der Kinder ein Ärgernis. Diese Ressentiments haben oft gar keinen berechtigten Hintergrund. Dennoch werden die Kinder als verzogen, frech und hinterhältig beschimpft. Und die Kinder erwidern solche Gefühle natürlich!

Besonders in der Anfangsphase einer neuen Beziehung ist das Verhältnis zwischen Liebhaber und Kindern oft gestört. Das bedeutet für die schon genug seelisch belasteten Kinder zusätzliche Verunsicherung. Weise Eltern werden es als normal ansehen, dass in solch einer Situation die Emotionen vorübergehend hochschlagen. Sie werden Verständnis zeigen und nicht ärgerlich werden. Dadurch wird eine ohnehin schon explosive Atmosphäre nicht noch mehr angeheizt.

Kinder verschiedenen Alters reagieren unterschiedlich

Das ideale Alter für den Erstkontakt mit Stiefeltern gibt es nicht. Besonders schwierig wird es allerdings mit pubertierenden Teenagern ab zwölf und Jugendlichen bis 18. Kleinere Kinder und Erwachsene, die schon in der Berufsausbildung sind und deshalb oft das Elternhaus verlassen haben, passen sich der neuen Situation etwas leichter an, obwohl auch sie sich zu Anfang vehement dagegen auflehnen. Dazwischen liegt die Altersgruppe mit Kindern von sechs bis zwölf

Jahren. Ihre Reaktionen sind oft zwiespältig und schwer voraussagbar.

Es gibt eine ganze Reihe von Gründen, warum gerade Jugendliche mehr Schwierigkeiten haben als Kinder, sich an neue Partnerschaften der allein erziehenden Eltern zu gewöhnen.

Die Pubertät ist das Alter, bei dem der Widerstand gegen Veränderungen am größten ist. Kleinere Kinder haben noch nicht die Willenskraft, sich gegen unerwünschte Veränderungen zu wehren. Und die jungen Erwachsenen sind oft nicht mehr so unmittelbar von der neuen Situation betroffen, so dass sie damit besser fertig werden.

Darüber hinaus haben junge Erwachsene bereits Schutzmechanismen entwickelt. Sie geben sich cool und sind schon in der Lage, ihre Umwelt selektiv wahrzunehmen. Durch diese Abwehrstrategie treten die wahren Gefühle nicht mehr so zutage. Das hat zur Folge, dass sich der gesamte Anpassungsprozess verlangsamt und weniger dramatisch gestaltet.

Die Pubertät ist auch die Zeit, in der die Kinder mit sich selber nicht im Reinen sind. Selbst wenn es gut läuft, haben Eltern immer noch ihre liebe Not, die rebellischen Attacken ihrer jungen Leute zu überstehen. Da macht eine Scheidung und die Konfrontation mit Stiefeltern die Situation noch schwieriger.

Eine typische Reaktion der Teenager ist Rückzug. Sie schotten sich ab und wollen von der neuen Ehe so wenig wie möglich mitbekommen. Sie verhalten sich kühl und distanziert und weigern sich, in die neu entstandene Familie mit einbezogen zu werden. Noch komplizierter wird die Situation, wenn der neue

Partner ebenfalls Kinder mit in die Ehe bringt. Die Kinder müssen sich dann sowohl an eine neue Mutter oder einen neuen Vater als auch an neue Stiefgeschwister gewöhnen. Das ist keine leichte Aufgabe für alle Beteiligten.

Bei Kindern zwischen sechs und zwölf ist die Angst das größte Problem. Sie sind nicht reif genug, um zukünftige Entwicklungen realistisch einzuschätzen, und sie sind noch sehr auf die Zuwendung der Eltern angewiesen. Deshalb werden sie jedes Treffen mit dem neuen Freund oder der Freundin nach Kräften sabotieren und ständig wissen wollen, ob sie auch nichts zu befürchten haben.

Die betroffenen Kinder werden zu den ungünstigsten Zeiten ihre Krankheiten bekommen. Sie werden viel betteln, kaum ins Bett zu bekommen sein und nur mit viel gutem Zureden zur Schule gehen. All das sind Verhaltensweisen, die Ihre Aufmerksamkeit erringen sollen. Da muss man schon mit sehr viel Fingerspitzengefühl ans Werk gehen, um nicht noch größeren Schaden anzurichten. Wenn die Ratschläge, die ich im Verlauf dieses Kapitels noch geben werde, nichts fruchten, sollten Sie auf jeden Fall professionelle Hilfe in Anspruch nehmen. Vorbeugen ist allemal besser als Heilen. Ein Scherbenhaufen lässt sich kaum noch kitten.

Kleinkinder unter fünf bekommen viele Veränderungen oft gar nicht richtig mit. Diese Unbedarftheit schützt sie noch vor den sonst schädlichen Auswirkungen gravierender Veränderungen im Familienleben. Sofern der Stiefvater oder die Stiefmutter ein solches Kind annimmt und ins Herz schließt und es gelingt, den Kontakt zum ausgezogenen Elternteil einigermaßen geschickt zu organisieren, dürfte es mit den Kleinen nicht allzu viele Probleme geben.

Von Ihren erwachsenen Kindern dürfen Sie nicht erwarten, dass der neue Partner sofort mit offenen Armen aufgenommen wird. Er ist für sie eine völlig fremde Person, die nun die Mutter- oder Vaterrolle übernehmen soll. Da braucht es schon Zeit, bis sich die neue Beziehung entwickelt.

Wie man für eine neue Beziehung den Boden bereitet

Es ist eine anerkannte Tatsache, dass es ausschlaggebend für den Erfolg einer sich neu bildenden Familie ist. Das ist auch der Grund, warum zwischen Trennung und Wiederverheiratung Zeit verstreichen sollte. Auf diese Weise bekommen die Kinder die Gelegenheit, sich mit der Scheidung zu arrangieren, bevor sie sich mit einem Stiefvater oder einer Stiefmutter konfrontiert sehen.

Es ist gar nicht so einfach, Zusammenhalt in eine neue Familie zu bringen. Die Befragung von über 2.000 Kindern mit Stiefeltern ergab, dass in dem neuen Familienverband mehr Stress und Verunsicherung, aber weniger Zusammengehörigkeitsgefühl herrschten als in der ursprünglichen Familie. Es ist auch offenbar schwieriger, die Rolle der Stiefmutter zu übernehmen als die Rolle des Stiefvaters. Und Stieftöchter haben größere Anpassungsprobleme als Stiefsöhne.

Wenn Sie also Stiefmutter für Stieftöchter werden,

dann haben Sie mit diesen Mädchen oder jungen Frauen jedenfalls größere Mühe zu erwarten als mit Söhnen. Sie werden mehr Fingerspitzengefühl, Geduld, Freundlichkeit und Leidensbereitschaft mitbringen müssen. Wenn der Erfolgt auf sich warten lässt, sollten Sie sich nicht selber die Schuld dafür geben. Sie haben in dieser Konstellation einfach schlechtere Karten. Erwarten Sie nicht den Abstieg von einer Steilküste, sondern den mühseligen Aufstieg über viele Serpentinen. Es tut mir Leid, dass ich Ihnen hier keine erfreulichere Perspektive bieten kann. Aber man muss den Tatsachen ins Auge sehen! Erwarten Sie nicht zu viel von sich. Wenn Sie das Gefühl haben, Ihre Aufgabe kaum bewältigen zu können, dann liegt das daran, *dass sie so schwierig ist!*

Am meisten gefährdet ist der verlassene Ehepartner, der wieder heiratet, bevor er seinen Groll abgelegt hat. Er kann in viele Fettnäpfchen treten. Mit vielen nicht aufgearbeiteten Problemen im Hinterkopf muss er dann an zwei Fronten kämpfen. Auf der einen Seite ist der alte Konflikt mit dem Expartner und auf der anderen der Gewöhnungsprozess mit dem neuen Freund oder der neuen Freundin. Und die Kinder sitzen zwischen allen Stühlen.

So ging es der 15-jährigen Tochter einer Familie, die bei mir in der Therapie war. Die Mutter, die vom Mann verlassen worden war, hatte aus Frustration viel zu schnell wieder geheiratet. Und so war ihre Kraft bald aufgebraucht, weil der noch andauernde Streit mit ihrem Exmann andauerte, während sie gleichzeitig lernen musste, ihren neuen Ehepartner mit seiner Art anzunehmen.

Obwohl sie eine gläubige Frau war, konnte sie sich nicht überwinden, ihrem ersten Mann all die schlimmen Verletzungen zu vergeben, die er ihr zugefügt hatte. Selbst die neue Ehe mit einem ausgesprochen liebevollen Mann konnte nicht die tiefen Verletzungen heilen, die dadurch entstanden waren, dass ihr Expartner sie verstoßen hatte.

Was will uns das lehren? Je eher ungelöste Fragen und Probleme aus der Vergangenheit bearbeitet und erledigt werden, desto eher können sich alle Beteiligten an eine neue Situation gewöhnen.

Suchen Sie den Partner, der in Ihre Familie passt

Nur wenige geschiedene Eltern sind sich im Klaren darüber, dass sie ihren neuen Partner so auswählen sollten, dass er gut *zu ihrer ganzen Familie passt.*

Wie Eheberatung für junge Verlobte ein absolutes Muss ist, so entscheidend ist meiner Meinung nach auch Seelsorge für Geschiedene, die wieder heiraten wollen, für Erfolg oder Misserfolg ihrer neuen Partnerschaft. Ganz leicht hat man nicht nur den falschen Partner erwischt, sondern man heiratet auch noch aus falschen Motiven. Deshalb sollte jeder, der zum zweiten Mal heiratet, mit seiner vorigen Beziehung reinen Tisch gemacht haben.

Da jede Scheidung anders verläuft, gibt es auch keine allgemein gültigen Regeln. Doch es gibt ein paar Punkte, über die sich jeder im Klaren sein sollte, der an eine neue Partnerschaft denkt. Wenn Sie mit Bedacht Schritt für Schritt vorgehen, vermeiden Sie es, erneut in eine Katastrophe zu schlittern.

Das Drama „Scheidung und dann wieder heiraten“ hat drei Akte:

1. Die Familie, in der die Kinder aufgewachsen sind, löst sich auf.
2. Die Kinder und die bei ihnen bleibende Mutter organisieren ihr Leben um und suchen nach neuen Wegen in ihrer Beziehung zum abwesenden Vater.
3. Die neue Ehe zwingt die Kinder zu einer dritten großen Anpassungsleistung.

Das Drama braucht Zeit, um bewältig zu werden. Wer sein Kind zu früh zwingt, sich wieder in eine neu gebildete Familie zu integrieren, riskiert emotionale Schäden.

Die meisten Fachleute sind der Meinung, dass ein Kind zwei bis drei Jahre braucht, um die ersten zwei Akte des Scheidungsdramas durchzustehen. Diese Erkenntnis deckt sich auch mit meinen eigenen klinischen Beobachtungen. Es kommt natürlich immer wieder vor, dass Eltern aus den verschiedensten Gründen nicht so lange warten können oder wollen. Dennoch sollte man diesen Zeitrahmen als grobe Richtlinie nehmen.

Was können Eltern beitragen, um die Chancen zu erhöhen, dass der neue Partner ohne größere Reibungsverluste in die Familie integriert wird?

Schon in der ersten Phase des Kennenlernens müssen Sie sich ernsthaft fragen, ob der neue Freund/die neue Freundin in Ihre Familie passt.
Versuchen Sie so früh wie möglich herauszubekommen, wie gut Sie zueinander passen und wie gut die Kinder mit der betreffenden Person harmonieren werden. Ist das zu viel verlangt? Vielleicht! Es steht aber zu viel auf dem Spiel, als dass man hier nachlässig sein dürfte.

Seien Sie zu sich selber so ehrlich wie irgend möglich, denn alles, was Sie jetzt entscheiden, hat weit reichende Konsequenzen. Wenn Sie sich schon zu sehr für eine neue Beziehung engagieren, ohne genügend darüber nachgedacht zu haben, wird es irgendwann immer schwieriger, wenn nicht unmöglich, sich wieder zurückzuziehen. Eine durchdachte Entscheidung schon in einem frühen Stadium Ihrer Beziehung kann Ihnen so manches spätere Herzeleid ersparen.

Beobachten Sie aufmerksam, wie der Freund und Ihre Kinder in ganz bestimmten Situationen miteinander zurechtkommen. Achten Sie darauf, dass diese Begegnungen in ganz unterschiedlichen Situationen stattfinden. Es dauert immer eine Weile, bis in einer Beziehung Vertrautheit entsteht. Wenn jedoch nach vielen Wochen oder Monaten die Atmosphäre zwischen Ihrem Partner in spe und den Kindern immer noch frostig ist, sollten Sie überlegen, ob Sie diese Beziehung nicht besser beenden.

Bereiten Sie Ihre Kinder auf die neue Ehe vor.
Die Kinder sollten Ihre Absichten kennen. Erzählen

Sie also so viel wie möglich über Ihre Begegnungen mit dem Freund oder der Freundin. Die Kinder sollten aber auch die Freiheit haben, Ihre Gefühle, Ängste und Erwartungen bezüglich der neuen Familiensituation auszusprechen. Von unbegründeten Ängsten erfahren Sie nur, wenn Sie gut zuhören. Und erst dann können Sie etwas dagegen unternehmen.

Bereiten Sie Ihren zukünftigen Partner auf Ihre zweite Ehe vor.
Erzählen Sie Ihrem zukünftigen Partner, was Ihre Kinder von ihm denken und wie sie sich die Zukunft mit ihm vorstellen. Diskutieren Sie auch über die zukünftige Rollenverteilung in der neu zu bildenden Familie.

Wichtige Fragen, die abgeklärt werden müssen, sind: Wäre es besser, wenn der zukünftige Partner seine Erwartungen bezüglich der Kinder noch einmal überdenkt? Sollte er bestimmte Erziehungsaufgaben übernehmen, oder sollte er sich aus der Erziehung völlig heraushalten und sich in jedem Fall neutral verhalten? Viele ernste Konflikte können vermieden werden, wenn man über solche Fragen rechtzeitig spricht.

Achten Sie darauf, dass Sie auch in der Zeit der Verliebtheit nach der Hochzeit noch genügend Zeit für Ihre Kinder haben.
Ihr neuer Ehepartner sollte von vornherein akzeptieren, dass er Sie mit den Kindern teilen muss. Ihre Kinder dürfen bestimmte Rechte nicht einfach verlieren. Vor allem ihr Recht auf Zuwendung darf hin-

ter die Rechte des Partners nicht zurücktreten. Das ist der Preis, den Sie für Ihre zweite Ehe zahlen müssen.

Ihre Heiratspläne sollten für die Kinder nicht aus heiterem Himmel kommen.
Die Kinder sollten rechtzeitig mitbekommen, dass Sie jemand kennen gelernt haben und sich mit ihm öfter treffen, so dass sie sich an den Gedanken einer neuen Ehe gewöhnen können. Andererseits sollten Sie einen neuen Freund oder eine neue Freundin nur dann der Familie vorstellen, wenn Sie das Gefühl haben, es könne wirklich etwas daraus werden. Nichts beunruhigt Kinder mehr als mitzuerleben, wie der Vater oder die Mutter ständig mit einem neuen Freund ankommt, bei dem man nie weiß, ob er der neue Lebenspartner werden wird. Wenn Sie eine Wiederverheiratung nicht ernsthaft erwägen und nur hin und wieder eine lockere Bekanntschaft pflegen, sollten Sie die betreffenden Personen nicht gleich zu Hause vorstellen. Die Kinder müssen davor bewahrt werden, immer wieder mit fremden Personen konfrontiert zu werden.

Gewöhnen Sie die Kinder an den Stiefvater oder die Stiefmutter

Wenn Sie ein weiteres Mal heiraten, muss sich Ihre Familie erst an eine ganze Reihe von Veränderungen gewöhnen. Dieser Gewöhnungsprozess läuft in drei klar definierbaren Phasen ab.

Erste Phase: „Flitterwochen" in der Familie. Jeder

ist zu jedem höflich und freundlich. Die Atmosphäre mag ein wenig angespannt sein, aber zu echten Reibungen kommt es noch nicht.

Zweite Phase: Konflikte. Die „Flitterwochen" in der Familie sind vorüber und man kehrt auf den Boden der Tatsachen zurück. Jeder ist gereizt, angespannt und ungeduldig bei kleinsten Fehltritten. Es stört plötzlich die Fliege an der Wand. Und manchmal hat man das Gefühl, gleich werde alles in die Luft fliegen.

Dritte Phase: Konsolidierung. Sofern die Ehe die zweite Phase überlebt, geht sie in die Konsolidierungsphase über. Man hat sich an die neuen Lebensbedingungen gewöhnt, jeder hat sich abreagiert, und die zunächst störenden Angewohnheiten des neuen Ehepartners werden nun hingenommen. Jetzt macht Familie erst wieder richtig Spaß.

Wer diese dritte Phase erreichen will, sollte folgende Punkte beachten:

Setzen Sie Ihren neuen Partner nicht unter Druck, Ersatzvater oder Ersatzmutter für Ihre Kinder zu werden, auch wenn der Expartner nichts mehr für Sie tun will.
Nach meiner Erfahrung ist solch eine Erwartung die größte Gefahr für die neu gebildete Familie.

Wie läuft es normalerweise? Die Mutter, die die Kinder behalten hat, ist überhaupt nicht gut zu sprechen auf den abwesenden Exmann. Als Vater ist er für sie ein Versager. Da die Kinder aber einen guten Vater als Vorbild brauchen, soll der neue Partner diese Rolle übernehmen.

Kann ein Stiefvater wirklich die Rolle des leiblichen Vaters übernehmen? (Diese Frage gilt natürlich auch für die Stiefmütter.) Nach meiner Meinung kaum! Es gibt natürlich Ausnahmen. Der abwesende Vater hat vielleicht jeden Kontakt zu den Kindern abgebrochen, so dass er seine Erziehungsrolle nicht mehr wahrnimmt. Doch in der Mehrzahl der Fälle besteht immer noch Kontakt zum Vater. Dann sollten die leiblichen Eltern die Erziehung gemeinsam gestalten.

Ich kann dazu aus eigener Erfahrung sprechen: Mein Stiefvater war für mich ein großartiges Vorbild. Er tat für mich mehr, als die meisten Väter für ihre leiblichen Kinder tun. Doch von Anfang an machte er mir klar, dass er niemals meinen leiblichen Vater ersetzen kann. Ich verstand damals noch nicht, was er damit meinte. Doch im Laufe der Jahre wurde es mir klar. Die Folge war, dass ich nicht nur meinen leiblichen Vater behielt, sondern auch noch einen wunderbaren Stiefvater dazubekam. Statt Anfeindungen von zwei Seiten zu erleben, bekam ich doppelten Segen!

Das bedeutet natürlich nicht, dass der Stiefvater oder die Stiefmutter in Erziehungsfragen überhaupt kein Mitspracherecht haben. Jeder Versuch aber, unsensibel in die Rolle des leiblichen Elternteils zu schlüpfen, wird unweigerlich Konflikte hervorrufen.

Versuchen Sie nicht, die zweite Phase abzukürzen.
Man kann Freundschaft nicht erzwingen. Zwar haben Stiefeltern ein Recht darauf, die Freundschaft ihrer Stiefkinder zu gewinnen. Wer dies aber mit zu viel Druck betreibt, läuft Gefahr, zu polarisieren und einen Keil in die Familie zu treiben.

Seien Sie immer gesprächsbereit für Ihre Kinder.
Wenn Ihnen bewusst ist, was Ihre Kinder denken und fühlen, wird es Ihnen nicht schwer fallen, sie zu verstehen. Und Sie gewinnen zudem noch ihr Vertrauen. Jedem Missverständnis liegen fehlende Informationen zugrunde. Genauso sollte die Kommunikation mit Ihrem neuen Lebenspartner gut funktionieren. Reden Sie über seine Erfahrungen und Erlebnisse. Das wird Ihnen beiden helfen, entstehende Probleme gleich richtig einzuordnen und zu lösen.

Vermeiden Sie es, Partei zu ergreifen – entweder für die Kinder oder für den Partner.
Lassen Sie es nicht dazu kommen, dass Sie ständig zwischen Partner und Kindern Partei ergreifen müssen. Sollten die Kinder sich dem Stiefvater oder der Stiefmutter gegenüber schlecht benehmen, sagen Sie es ihnen, wenn der Partner nicht anwesend ist. Umgekehrt gilt aber auch: Kritisieren Sie den Partner nur unter vier Augen. Wenn Sie Kritik immer nur mit der betroffenen Seite besprechen, bekommt niemand das Gefühl, Sie würden sich mit der einen oder der anderen Partei solidarisieren. Gehen Sie weise vor!

Machen Sie Ihrem neuen Ehepartner klar, dass es normal ist, wenn Kinder vor allem in der Anfangszeit misstrauisch sind und sich überfahren fühlen.
Diese Gefühle verschwinden bald, wenn der Stiefvater oder die Stiefmutter nicht durch eigene Verärgerung Porzellan zerschlagen.

Ihr Umgang mit den Kindern sollte möglichst frei von Wut und Groll sein.

Zeigen Sie Ihren Kindern durch Ihr gutes Beispiel, dass Sie Konflikte und Frustrationen auch ohne Wutausbrüche und Schimpfkanonaden in den Griff bekommen. Ihr Verhalten ist jedenfalls aussagekräftiger als tausend Worte. Hat Ihre Scheidung nicht schon genug Wut und Ärger mit sich gebracht?

13. Allein erziehend ohne Manko

Wenn allein erziehende Mütter oder Väter zu mir kamen, haben sie letztlich immer die eine sie alle bewegende Frage gestellt: „Kann ich als Single eine genauso gute Mutter sein wie eine verheiratete Frau?“ Meine Antwort ist ein klares Ja! Und sie gilt natürlich auch für die Väter! Allerdings wird diese Aufgabe Ihren ganzen Einsatz verlangen.

Kindererziehung ist immer eine Aufgabe, die viel von uns fordert. Niemand schüttelt alle nötigen Fähigkeiten einfach aus dem Ärmel. Und so kommt es, dass Eltern im Normalfall stets das Gefühl haben, mehr oder weniger zu versagen.

Wenn schon die verheirateten Eltern so empfinden, wie groß sind dann erst die Versagensängste bei allein stehenden Vätern und Müttern! Ehepartner können sich gegenseitig beobachten und kontrollieren, und die unterschiedlichen Perspektiven sorgen dafür, dass man nicht so leicht vom einmal eingeschlagenen Weg abweicht. Es ist immer jemand da, der sich meldet, wenn man grobe Fehler macht. Doch sobald Sie als allein Erziehender zurechtkommen müssen, hängt alles an Ihnen – an Ihnen allein.

Das bedeutet aber nicht, dass Sie eine schlechtere Mutter oder ein schlechterer Vater sein müssen. Sie müssen der ganzen Sache nur mehr Aufmerksamkeit schenken und Ihren Pflichten gewissenhafter nachgehen. Von morgens früh bis spät abends sind Sie gefordert, und immer müssen Sie am Ball bleiben.

Die Kinder allein stehender Eltern

Im Laufe der Jahre bin ich vielen außergewöhnlichen Persönlichkeiten begegnet. Erstaunt hat mich dabei immer wieder, dass es oft Menschen waren, die von allein stehenden Müttern großgezogen worden waren. Da mich das Thema interessiert, habe ich öfter bewusst nachgefragt.

Ich kann also aus eigener Anschauung bestätigen, dass viele lebenstüchtige Menschen, die mir begegnet sind, von allein erziehenden Eltern großgezogen worden sind. Die einen hatten ihren Vater oder ihre Mutter zur Unzeit durch Tod verloren, während bei anderen sich die Eltern scheiden ließen. Einige kannten ihre Väter nicht, weil diese sich schon kurz nach der Geburt aus dem Staub gemacht hatten. Doch so widrig die Verhältnisse auch gewesen sein mochten, es sind begabte und lebenstüchtige Menschen daraus hervorgegangen. Ein Grund dafür mag der eiserne Wille gewesen sein, dennoch aus ihrem Leben etwas zu machen. Ich erinnere mich, dass auch ich mich sehr darum bemühte, im Leben einen Ausgleich für erlittenes Unheil zu erlangen.

Das heißt natürlich nicht, dass man am Ende besser dran ist, wenn man von einer allein stehenden Mutter großgezogen worden ist. Nicht jeder, der nur bei Mutter oder Vater aufwächst, ist später im Leben auch erfolgreich. Es gibt auch unter diesen Menschen viele, die versagen – mehr sogar als aus intakten Familien. Was ich aber sagen will, ist dies: Wer nur bei Mutter oder Vater aufwächst, ist nicht von vornherein ein hoffnungsloser Fall! Allein erziehende Eltern, die ganz bewusst daran arbeiten, ein guter Vater bzw.

eine gute Mutter zu sein, sind erstaunlich oft erfolgreich in ihren Bemühungen. *Familien mit nur einem Elternteil können also durchaus gut funktionieren.* Es ist deshalb keine vordringliche Aufgabe, sofort Ersatz für den Expartner zu suchen.

Viele Zweitehen scheitern gerade deshalb, weil einer der Partner sie nur einging, um seinen Kindern den allein erziehenden Vater oder die allein erziehende Mutter zu ersparen. Da ohnehin der getrennt lebende leibliche Vater die Erziehungsaufgaben mit wahrnehmen muss, wird die zweite Ehe nicht die Lösung sein, wenn sie nur um der vollständigen Familie willen geschlossen wurde.

Stiefeltern können natürlich durchaus eine Hilfe sein. Der Stiefvater sorgt für die Finanzen und hilft der Mutter bei der Durchsetzung ihrer Erziehungsziele. Die Stiefmutter kann trösten und eine Schulter zum Anlehnen bieten. Doch eine zweite Ehe kann auch so viele Probleme mit sich bringen, dass die Nachteile mehr ins Gewicht fallen als alle Vorteile. Fragen Sie sich also, ob die Motive stimmen, wenn Sie wieder heiraten wollen. Stürzen Sie sich nicht in das Abenteuer einer weiteren Ehe, nur weil Sie Hilfe in der Kindererziehung erwarten.

Was allein erziehende Eltern in Stress geraten lässt

Es sind in den allermeisten Fällen die Mütter, die nach der Scheidung als allein Erziehende ihrer Familie vorstehen und arbeiten gehen müssen, um den Lebensunterhalt für sich und die Kinder zu verdienen. Allerdings sind nicht alle geschiedenen Frauen nur aus finanziellen Gründen berufstätig. Viele arbeiten auch außer Haus, um einem seelischen Kollaps zu entgehen. Bei der Arbeit finden sie wieder Anerkennung und Erfüllung. Die Hausarbeit kann eine sehr einsame Tätigkeit sein, die, weil wenig beachtet, meist wenig Erfüllung bringt, besonders wenn man verlassen und tief verletzt worden ist.

Doch selbst wenn die Arbeit Spaß macht und auch genug Geld einbringt, sind die Anforderungen für berufstätige Frauen meist größer und mit mehr Stress verbunden als für Männer. Das belegen Forschungsergebnisse eindeutig. Dieser Stress raubt die Energie, die eigentlich für die Aufgaben in der Familie übrig bleiben müsste. So manche neue Freundschaft leidet darunter, weil nicht genug Zeit bleibt, sie zu pflegen. Oft ist die Freizeit der Frauen derart begrenzt, dass sie nur noch gereizt, ungeduldig und unfreundlich zu jedermann sind – auch zu ihren Kindern. Selbstverständlich ist das einer gesunden und erfolgreichen Kindererziehung abträglich. Jede Mutter muss also sehr darauf achten, inwieweit der Beruf die Erziehung der Kinder beeinträchtigt. Nur so kann sie verhindern, dass ihre Berufstätigkeit die Familie gefährdet.

Der allein stehende Vater, der das Sorgerecht für die Kinder hat, steht unter ähnlichem Stress. Auch er muss stets dafür sorgen, dass die Kinder gut versorgt sind, während er seinem Beruf nachgeht. Nach einem langen Arbeitstag müssen noch alle Haushaltspflichten erfüllt werden, und er muss zudem noch die emotionalen Bedürfnisse seiner Kinder abdecken, für die im Normalfall die Mutter zuständig ist. Das ist keine leichte Aufgabe für einen Einzelnen. Deshalb müssen oft die älteren Geschwister mithelfen, indem sie zusätzliche Aufgaben im Haushalt übernehmen. Ältere Schwestern werden dadurch oft zu Ersatzmüttern, und die älteren Brüder übernehmen die Rolle des Vaters.

Ist das gut oder schlecht für die Kinder? Ich stelle diese Frage, weil ich immer wieder die Meinung gehört habe, dass Kinder auf keinen Fall eine Elternrolle übernehmen sollten. Ich bin anderer Meinung und überzeugt, dass es sogar gut für Kinder ist, wenn sie frühzeitig lernen, für andere zu sorgen. In vielen Teilen der Welt ist es eine Selbstverständlichkeit, dass ältere Kinder ihre jüngeren Geschwister betreuen. Ich bin in Südafrika aufgewachsen, und da war das in den ländlichen Gebieten gang und gäbe. Alle in der Familie lernen auf diese Weise, füreinander Verantwortung zu übernehmen.

Eine Reihe von Problemen, die durch die alleinige Verantwortung nur eines Elternteils entstehen, können dadurch abgemildert werden, dass man versucht, mit einer Halbtagsstelle finanziell auszukommen. Außerdem sollten die Abende und die Wochenenden so gestaltet werden, dass noch genug Zeit für persönliche Begegnungen zwischen Mutter und Kindern bleibt. Keins der Kinder darf dabei bevorzugt oder benachteiligt werden. Gleichzeitig sollten Sie aber immer daran denken, dass Sie den Kindern nicht Ihre ganze freie Zeit schulden. Kinder müssen auch lernen, sich selbst zu beschäftigen. Die Mutter ist nicht der Alleinunterhalter für sie. Auch der ausgezogene Vater muss seine Pflicht erkennen, der

Expartnerin unter die Arme zu greifen. Er muss sich ihr zur Verfügung stellen, um die eine oder andere lästige Pflicht zu übernehmen, wenn ihr alles über den Kopf zu wachsen droht.

Ehe oder Lebensgemeinschaft?

Untersuchungen an der University of Pennsylvania belegen, dass Kinder, deren Mütter mit dem neuen Partner ohne Trauschein zusammenleben, viel öfter Verhaltensstörungen aufweisen als Kinder, deren Mütter geheiratet haben. (Maria Isaacs und George Leon, *Journal of Marital and Family Therapy,* April 1988. Bd. 14(2), S. 163-173.)

Man kann also ganz allgemein davon ausgehen, dass es für die Entwicklung der Kinder besser ist, wenn die Mutter den neuen Lebenspartner heiratet, statt mit ihm nur so zusammenzuleben. Es ist nachvollziehbar, warum die Forschung zu diesem Ergebnis gekommen ist. Abgesehen von den moralischen Aspekten, schafft das Zusammenleben ohne Trauschein eine Atmosphäre der begrenzten Gültigkeit aller Zusagen. Und das ist keine gute Voraussetzung für eine stabile Entwicklung. Die Kinder empfinden diese Situation als verunsichernd. Ihr Leben ist wie ein Campingurlaub: Jeden Moment kann der Aufbruch angeordnet werden, und man zieht woanders hin. Die Ehe dagegen macht alles etwas berechenbarer, und das hilft den Kindern in unruhigen Zeiten.

Eine Lebensgemeinschaft ohne Trauschein verwischt auch die Rollen innerhalb der Familie. Ist der Lebensgefährte nun eigentlich der Stiefvater? Ist die

Partnerin die Stiefmutter? Welche Rechte haben die Kinder bei solch einer Konstellation? Wenn sie noch im ursprünglichen Haushalt leben, wissen sie oft nicht, welche Rolle der „Gast" in der Familie spielt. Kinder mögen keinen Eindringling, der so tut, als gehöre er zur Familie, ohne dies durch eine Hochzeit und die damit verbundene Verantwortung beglaubigt zu haben.

Verstehen Sie meine Ausführungen nicht als Rat, um jeden Preis zu heiraten. Ich meine nur, dass Sie sich um der Kinder willen entscheiden müssen: Entweder Sie heiraten, weil Sie mit einem Partner zusammenleben wollen, oder der neue Partner zieht noch nicht zu Ihnen, bis Sie sich klar sind, dass Sie ihn heiraten wollen.

Berufstätig sein – oder lieber nicht?

Nicht jede allein stehende Mutter hat die Wahl, ob sie arbeiten will oder nicht. Normalerweise verringert eine Scheidung den Lebensstandard aller Beteiligten, so dass eine berufliche Tätigkeit nicht Option, sondern Pflicht ist. Doch Beruf und Familie sind für eine allein stehende Mutter sehr schwer unter einen Hut zu bringen.

Die Frage stellt sich, ob solch eine Doppelbelastung dem Wohlbefinden abträglich oder möglicherweise sogar zuträglich ist. In Fachkreisen wird diese Frage tatsächlich kontrovers diskutiert. Es geht um zwei sich widersprechende Hypothesen. Die erste besagt, dass jeder Mensch nur ein begrenztes Maß an Zeit und Energie aufbringen kann. Wer sich also mit zu vielen Anforderungen und sich überlappenden Rollen konfrontiert sieht, der gerät in Stress und überlastet jene Systeme, die dem Stress entgegenwirken sollen. Mit anderen Worten: Wir sind nicht unbegrenzt belastbar. Weil aber das Leben große Anforderungen an eine allein stehende Mutter stellt und sie ständig in einen Rollenkonflikt gerät, muss sie darauf achten, sich nicht über Gebühr zu belasten.

Die zweite Hypothese besagt, dass die größeren Anforderungen und die Verquickung verschiedener Rollen das Selbstwertgefühl und die soziale Einbindung stärken. Und das gleiche die zusätzlichen Belastungen wieder aus.

Welche Hypothese ist richtig? Wie so oft im Leben enthalten beide Aussagen Wahres. Zweifellos sind Kinder im Leben einer berufstätigen Frau eine emotionale Bereicherung, auf die kinderlose Frauen verzichten müssen. Doch die Kinder sorgen auch für mehr Spannungen in der Familie, was zu mehr Stress und Belastungen führt.

Der Zuwachs an Selbstwertgefühl durch vielfältige Anforderungen und die daraus erwachsende Gewissheit, gebraucht zu werden, hat auch seine Grenzen. Das alles funktioniert noch recht gut, solange nicht alle Energiereserven ganz ausgeschöpft sind und man noch nicht an seine Leistungsgrenzen gestoßen ist. Doch wer diesen Punkt überschreitet, erlebt die zerstörerische Kraft allzu hoher Anforderungen. Die Grenzen ergeben sich aus dem ganz individuellen Leistungsvermögen, so dass man sich kaum mit anderen in ähnlicher Lage vergleichen kann.

Was bei solchen Theorien häufig übersehen wird,

ist die individuelle Verquickung ganz verschiedener Lebensumstände. Wenn Sie finanziell abgesichert sind und nicht unbedingt berufstätig sein *müssen,* dann ist die Arbeit auch nicht so anstrengend. Dafür aber ist sie erfüllender und stärkt das Selbstwertgefühl. Sie kommen dann am Ende eines Arbeitstages nach Hause und haben noch genug Elan, sich mit Ihren Kindern zu befassen.

Es gibt noch eine Reihe aufschlussreicher Erkenntnisse zu diesem Thema: Für Frauen ist die Doppelbelastung durch Beruf und Haushalt belastender als für Männer. Frauen fällt es nämlich im Allgemeinen schwerer als Männern, sich von einem anstrengenden Arbeitsalltag emotional zu lösen. Wie Forscher herausgefunden haben, sind Frauen in ihrem Beruf emotional engagierter. Sie sind sozusagen mit Leib und Seele dabei. Männer sind distanzierter und befassen sich eher selektiv mit einzelnen Problemen.

Es fällt Frauen deshalb schwerer, emotionale Grenzen zwischen Arbeitswelt und Familie zu ziehen. Deshalb ein paar Vorschläge, was Sie dagegen tun können:

Wenn Sie von der Arbeit nach Hause kommen, sollten Sie erst einmal eine geistige Reinigung vornehmen.
Nutzen Sie die Zeit bei der Heimfahrt im Bus, im Zug oder auf der Autobahn, um alles zu verarbeiten, was Sie belastet. Legen Sie Probleme ad acta. Wenn Sie sich etwas unbedingt für den nächsten Tag merken müssen, so schreiben Sie es auf. Solch eine mentale Reinigung ist wie eine Dekontaminierung, der sich z.B. Chemiearbeiter unterziehen müssen, die mit

Giften gearbeitet haben. Sie ziehen sich ganz aus und reinigen sich von Kopf bis Fuß. Auf diese Weise nehmen sie keine Giftpartikel mit nach Hause. Ihre Dekontamination muss sozusagen im Kopf ablaufen. Lassen Sie Ihre Arbeit in der Fabrik oder im Büro! Und nehmen Sie Ihre Probleme nicht mit nach Hause. Da Sie für Ihr Kind zu Hause der einzige erwachsene Ansprechpartner sind, braucht es Ihre ganze Aufmerksamkeit. Schenken Sie sie ihm, so gut es geht.

Vermeiden Sie Überstunden.
Mütter, die immer wieder Überstunden machen, haben so viel zusätzlichen Stress, dass auch noch die Wochenenden davon in Mitleidenschaft gezogen werden. Sie werden durch Überstunden stärker belastet als Männer, wenn diese noch mehr arbeiten. Gerade für allein erziehende Mütter sind die Wochenenden besonders wichtig, um unerledigte Arbeit zu tun und soziale Kontakte zu pflegen.

Versuchen Sie erst gar nicht, die Supermutti zu werden.
Ihrer Mutterrolle werden Sie am besten dann gerecht, wenn Sie Ihre Aufgaben erfüllen, ohne ständig darüber nachzudenken. Sollten Sie jedoch ständig versuchen, irgendwelche selbst gesteckten Ziele zu erreichen, machen Sie wahrscheinlich mehr Fehler, als wenn Sie entspannt sind und tun, was sich gerade ergibt.

Es wäre natürlich schön, immer in allem die Beste zu sein und viel Applaus für all das Erreichte zu kassieren. Aber wie sieht es dann bei Ihnen im Innern aus? Lohnt sich der ganze Stress, um eine schöne Fassade zu errichten? Es ist wichtiger, dass Sie innerlich ausgeglichen sind. Schrauben Sie deshalb Ihre Erwartungen auf ein gesundes Maß herunter. Setzen Sie sich Ziele, die Sie auch ohne großen Stress erreichen können.

Ziehen Sie in Erwägung, sich selbständig zu machen, und vermeiden Sie Heimarbeit.
Die Arbeitsbedingungen sind inzwischen immer flexibler geworden. Es gibt die Gleitzeit, und es werden vermehrt Heimarbeitsplätze angeboten. Doch immer noch gilt, dass Selbständige und Menschen, die zur Arbeit das Haus verlassen, mehr Befriedigung bei der Arbeit finden als Angestellte und Heimarbeiter. Das kann sich auf die Situation in der Familie auswirken.

Gerade wenn Sie ausgesprochen kontaktfreudig sind, kann Ihnen zu Hause bei der Heimarbeit sehr schnell die Decke auf den Kopf fallen. Wenn jedoch der Stress am Arbeitsplatz überhand nimmt und die Bedingungen sehr unerfreulich sind, kann es durchaus von Vorteil sein, mit dem Arbeitgeber abzusprechen, mehr zu Hause zu arbeiten und Ihre Arbeitszeit flexibler zu gestalten.

Knüpfen Sie ein soziales Netz, das Ihnen Schutz bietet.
Was allein erziehenden Müttern und Vätern am meisten fehlt, sind enge und verlässliche Freundschaften. Knüpfen Sie deshalb solche Freundschaften, wann immer sich die Gelegenheit dazu bietet. Und lebendig erhalten werden Sie sie nur, wenn Sie Beziehungen oberste Priorität einräumen. Mir ist bewusst, dass

so etwas immer Zeit braucht – Zeit, die man sonst für die Kinder investieren könnte. Es ist aber auf lange Sicht trotzdem gut angelegte Zeit. Enge Freundschaften tragen dazu bei, dass wir unsere Standpunkte korrigieren und sich unsere Konflikte relativieren. Vor allem aber gewinnen wir unser Selbstvertrauen zurück und stärken unseren Glauben an Gott.

Allein erziehende Väter

Ich möchte nicht den Eindruck erwecken, es gäbe ausschließlich allein erziehende Mütter. Nachdem sich jahrelang der Gesetzgeber, die Forschung und die Therapeuten kaum für den allein erziehenden Vater interessierten, hat in letzter Zeit ein Umdenken stattgefunden. Die Zahl der Väter, die Kinder allein großziehen, hat sich zwischen 1970 und 1990 verdreifacht und steigt noch immer. Fachleute, die sich mit der Frage beschäftigt haben, wie Väter allein mit der Erziehung zurechtkommen, sind zu der Erkenntnis gelangt, dass die väterlichen Bemühungen durchaus von Erfolg gekrönt sein können. Dennoch haben Väter große Schwierigkeiten, Beruf und Kinderbetreuung unter einen Hut zu bringen. Sie scheinen weniger Zeit für die Kinder und für den Aufbau sozialer Kontakte zu haben. Väter, die freiwillig die Elternrolle übernehmen, machen ihre Sache jedenfalls besser als Väter, die durch die Umstände gezwungen werden, diese Rolle auszufüllen.

Es gibt immer noch genug Skeptiker, die bezweifeln, dass Väter fürsorglich genug sind und genauso ihre Liebe zeigen können wie Mütter. Viele Väter können das tatsächlich nicht. Sie brauchen die Unterstützung durch Familienangehörige, damit die Kinder die ganze Bandbreite einer echten Liebesbeziehung mitbekommen.

Doch zunehmend entdecken auch Männer die tieferen Dimensionen ihrer Liebe, und sie erfahren, wie diese Liebe Seele und Geist gut tut. Ich empfehle allein erziehenden Vätern dringend, sich einer Selbsthilfegruppe anzuschließen, in der sie lernen können, die durch ihre Natur verborgenen Liebesregungen frei zu entfalten. Das gelingt Männern oft nicht von allein. Wir brauchen dazu Anleitung. Ein guter Vater muss nicht nur seinen Kinder zuhören können und wissen, wie man mit ihnen spielt – so wichtig das ist. Er muss auch in der Lage sein, seine Liebe und Zuneigung offen zu zeigen. Vielleicht fühlen Sie sich zunächst ziemlich unbeholfen, wenn Sie zum ersten Mal versuchen, sich „mütterlich" zu geben.

Da sich Männer heute schon vielfach recht gut mit dem Internet auskennen und vielleicht nicht so gern im Buchladen stöbern: Sie finden im Internet Informationen, die man sich vor ein paar Jahren noch nicht so leicht beschaffen konnte und die Sie auch nicht in Ihrem Buchladen finden. Nehmen Sie Kontakt auf. Es hat keinen Sinn, wenn Sie als allein erziehender Vater noch einmal das Rad neu erfinden wollen. Nutzen Sie die Erfahrungen, die andere vor Ihnen gemacht haben.

Sie sind immer noch eine Familie

Die Erkenntnis ist noch recht neu, wie wichtig es ist, sich auch weiterhin als *Familie* zu begreifen. *Sie und Ihre Kinder sind noch immer eine Familie!* Allein erziehende Väter und Mütter sind sich dessen allerdings oft nicht bewusst.

Jim Smoke, der im christlichen Bereich einiges über das Leben als Single veröffentlicht hat und ein anerkannter Autor ist, schreibt: „Der Traum von der heilen Familie ist am Tag der Scheidung mit der Sonne am Horizont untergegangen. An seine Stelle ist die finstere Realität von Geldmangel und vielen offenen Wünschen getreten. Unter dem Druck des täglichen Existenzkampfes bleibt nicht genug Zeit für Zwischenmenschliches – für Spaß und emotionale Nähe. Viele glauben deshalb, dass sie aufgehört haben, eine Familie zu sein. Sie fühlen sich wie der traurige Rest von dem, was wie ein Traum begann."

Smoke ruft allein erziehende Eltern mit ihren Kindern auf, sich auf das Recht zu berufen, von anderen als Familie bezeichnet zu werden und sich auch als solche zu fühlen.

Wie kann man das als allein Erziehender erreichen? Stärken Sie Ihr „Familienbewusstsein". Bezeichnen Sie sich ganz bewusst immer wieder als Familie, so dass auch Ihre Kinder es mitbekommen und verinnerlichen. Beziehen Sie die weitere Verwandtschaft mit ein. Auch sie ist Teil *Ihrer* Familie. Sagen Sie niemals, Ihre *Familie* sei in die Brüche gegangen. Ihre Ehe mag gescheitert sein, doch Sie und die Kinder reichen aus, um eine Familie zu sein.

Jim Smoke nennt ein paar praktische Tipps, die

ich hier und da noch ein wenig ergänzt habe. Sie sollen Ihnen helfen, sich noch mehr als Familie zu fühlen.

Planen Sie Ausflüge für die Familie, an denen alle teilnehmen können.
Gehen Sie nicht angeln, wenn ein Familienmitglied keinen Spaß daran hat. Suchen Sie nach Aktivitäten, die *alle* mögen. Versuchen Sie es mit innerfamiliärer Demokratie, so dass möglichst Einstimmigkeit erzielt wird.

Besuchen Sie so oft wie möglich die Verwandtschaft.
Ich erinnere mich, wie gut mir das damals getan hat. Wir besuchten Tanten und Onkel, Großeltern und auch entferntere Verwandte. Das gab mir das Gefühl, zu einer großen Familie zu gehören.

Seien Sie füreinander da.
Unterstützen Sie sich gegenseitig, wo es geht. Helfen Sie bei den Schularbeiten. Feuern Sie Ihre Lieben bei Sportveranstaltungen an. Und stärken Sie einander den Rücken bei allem, was Sie in der Familie unternehmen.

Bewahren Sie sich liebe Gewohnheiten und langjährige Familientraditionen.
Es geschieht oft, dass allein erziehende Eltern mit bestimmten Familientraditionen brechen. Tun Sie alles, um sie lebendig zu erhalten! Und zögern Sie nicht, neue einzuführen.

Achten Sie darauf, dass Ihre Familie auch weiterhin geistlich wächst.
Halten Sie auch an geistlichen Gewohnheiten fest wie Familienandachten, Gebetszeiten, und besuchen Sie weiter Gottesdienste. Nehmen Sie bewusst an Familienveranstaltungen der Gemeinde teil, um zu demonstrieren, dass auch Sie noch immer eine Familie sind. Schieben Sie jeden Selbstzweifel beiseite.

Schaffen Sie eine fröhliche und ausgelassene Atmosphäre bei sich zu Hause.
In Familien mit allein erziehenden Müttern oder Vätern herrscht oft eine düstere, melancholische Stimmung. Man hat ja am Anfang tatsächlich nicht viel zu lachen in solch einer Familie. Versuchen Sie trotzdem, die Stimmung aufzuheitern. Seien Sie zu Späßen bereit und spielen Sie Spiele, bei denen man viel lachen kann. Weinen Sie seltener, denn Lachen ist die beste Medizin für Körper und Geist.

Die Gemeinden könnten oft mehr helfen.
Immer wieder habe ich in diesem Buch versucht, Eltern zu zeigen, wie sie ihren Kindern helfen können, das Trauma einer Scheidung ohne größere Schäden zu überstehen. Ich bin allerdings auch überzeugt, dass die christliche Gemeinde eine wichtige Rolle bei dieser Aufgabe spielen kann und sollte. Viele Gemeinden ignorieren die besonderen Nöte und Bedürfnisse zerbrochener Familien. Wenn Sie zu solch einer Gemeinde gehören, sollten Sie einmal mit Ihrem Pastor reden und sehen, ob sich etwas verändern lässt. Wenn das nicht möglich ist, können Sie sich immer

noch eine andere Gemeinde suchen. Das Wohl Ihrer Familie ist immer wichtiger als jede Loyalität einer Gruppe gegenüber, die sich Gemeinde nennt.

Für Pastoren und Gemeindeleiter und natürlich auch für betroffene Eltern habe ich ein paar Gedanken aufgeschrieben, wie Gemeinden ganz konkret helfen können:

Man muss die Gemeinde anleiten, Scheidungskindern und ihren Eltern mit sehr viel mehr Liebe und Verständnis zu begegnen.
Ich habe schon wahre Horrorgeschichten darüber gehört, wie Gemeinden allein erziehende Eltern behandelt haben – vor allem, wenn die Mutter oder der Vater geschieden war. Solche Gemeinden sollten sich für ihre Lieblosigkeit schämen. Ganz gleich, wie Christen über eine Scheidung denken – es gibt immer Lebensumstände, für die niemand wirklich etwas kann. Und die Kinder sind dann die Opfer, die schon gar nicht zur Verantwortung gezogen werden können. Ich bin davon überzeugt, dass die Gemeinde eine wichtige Rolle bei der Heilung von so manchem Scheidungstrauma spielen kann, wenn sie die Kinder annimmt, ohne sie zu stigmatisieren, und den Eltern nicht die Vergebung Gottes abspricht. Wer weiß, ob nicht die eine oder andere Gemeinde durch Aktivitäten in diese Richtung ein Stück geistliche Heilung erleben würde. Durch Liebe und Annahme können Scheidungskinder für den Glauben gewonnen werden, denn viele von ihnen haben das Vertrauen in einen liebenden Gott bereits verloren.

Pastoren sollten mehr Verständnis für die Zwänge geschiedener alleinerziehender Eltern entwickeln und in größeren Gemeinden Selbsthilfegruppen gründen.
Die gegenwärtige Praxis ist keineswegs optimal, alleinstehende Eltern, Geschiedene ohne Kinder und noch nie verheiratete Singles in Gesprächsgruppen zusammenzufassen. Die Lebensumstände dieser drei Gruppen sind zu unterschiedlich, als dass man ihnen gleichzeitig gerecht werden könnte. Jede Problemgruppe sollte ihren eigenen Schutzraum suchen. Besonders die allein erziehenden Eltern brauchen ihre eigene Betreuung. Sie brauchen Unterstützung bei der Erziehung und Versorgung ihrer Kinder. Es werden Babysitter gebraucht, und der Kontakt zu „normalen" Familien muss aufrechterhalten werden. Vor allem aber brauchen sie Beistand und so manches Mut machende Wort.

Pastoren können unter Umständen die Einstellung des abwesenden Vaters dahin gehend beeinflussen, dass er mehr Verantwortung für die Erziehung seiner Kinder übernimmt.
Manche Väter, die die Familie verlassen und wieder geheiratet haben, gehen in eine neue Gemeinde, tun so, als sei nichts gewesen, und meinen, ihren Kindern gegenüber keinerlei Verpflichtungen mehr zu haben. Sie hätten ja nun eine neue Familie, für die sie da sein müssten. Pastoren können einiges tun, um diese Väter über ihre doppelte Pflicht aufzuklären.

Gemeinden müssen sich aktiver darum bemühen, Seelsorge für geschiedene Eltern und deren Kinder anzubieten.

Es wird immer wichtiger, dass kompetente Seelsorger der Gemeinde mit ihrem Dienst zur Verfügung stehen. Es müssen nicht immer Mitarbeiter der Gemeinde sein. Wichtig ist, dass Ansprechpartner bekannt sind und man diese Möglichkeiten überhaupt nutzt. Jede Scheidung ist ein schmerzliches Ereignis. Aber es ist meine Überzeugung, dass viele ihrer fatalen Folgen durch Seelsorge verhindert werden können. Die christliche Gemeinde, die immer eine Verteidigerin der Familie gewesen ist, sollte die Mittel dafür zur Verfügung stellen. Die Krise, in die die Familie heutzutage geraten ist, verlangt ein beherztes Gegensteuern. Wenn das die Christen nicht leisten, wer dann?

14. Neue Familie – neues Glück

Es gibt mannigfache Gründe, warum Zweit- oder Drittehen scheitern, doch einer davon ist meiner Meinung nach der entscheidende: Es gelingt dem Paar nicht, ihre zwei Familien harmonisch ineinander zu fügen.

Ineinander fügen heißt in unserem Zusammenhang, zwei allein stehende Elternteile mit ihren Kindern so in einer neuen Beziehung zu vereinen, dass daraus ein gesundes und funktionierendes Familiensystem entsteht. Manchmal bringt nur einer der Partner Kinder aus erster Ehe mit. Hier ist die Aufgabe zwar etwas leichter zu lösen, aber heikel bleibt es dennoch.

In der Regel (von der es bekanntlich immer Ausnahmen gibt) kann man davon ausgehen, dass die Probleme mit wachsender Kinderzahl zunehmen. Das ist im Grunde ganz logisch, weil bei einer größeren Kinderschar mehr Personen beteiligt sind, deren Bedürfnisse berücksichtigt werden müssen. Da das Zusammenfügen zweier Familien manchmal die Personenzahl verdoppelt, muss jeder der Beteiligten sich auf einen schwierigen Anpassungsprozess einstellen.

Das Leben in einer natürlich gewachsenen großen Familie ist nicht zu vergleichen mit dem Leben in einer sich plötzlich neu findenden Familie mit vielen Personen. In einer Familie mit vielen Kindern kann es manchmal sehr ausgelassen zugehen. Kinder, die viele Geschwister haben, sind normalerweise gesünder und ausgeglichener als Kinder aus der heute typischen Kleinfamilie. Diese kinderreichen Familien sind natürlich gewachsen. Große Familien, die sich nach Scheidungen zusammenfinden, entstehen dagegen von heute auf morgen.

Ich möchte betonen, dass man auf kein Patentrezept für das Zusammenfügen zweier Familien zurückgreifen kann. Es gibt so viele Varianten, wie Familien zueinander finden. Wenn Sie gleich zu Anfang eine Idealvorstellung im Kopf haben, sollten Sie sie augenblicklich fallen lassen. Erfolgreich vereinte Familien sind auf unterschiedlichste und ganz individuelle Weise entstanden. Ich kenne Familien, bei denen die Integration letztlich doch geglückt ist, obwohl Kinder jahrelang nicht miteinander gesprochen haben oder man unterschiedliche Tischzeiten verabreden musste, um den Frieden zu wahren. Wenn man trotz allem fair miteinander umgeht, dann ist jedes Mittel recht, um eine Familie am Ende doch noch zusammenzufügen.

Ganz entscheidend für den Erfolg war immer die Liebe, die die Eltern füreinander empfanden, und ihre Entschlossenheit, gemeinsam zu überleben. Man ist an den Schwierigkeiten gewachsen und hat persönliche Differenzen und Konflikte zwischen den Kindern überwunden, weil es gelang, nach und nach ein Gefühl der Solidarität untereinander zu entwickeln.

Was bringen Sie ein in Ihre neue Familie?

Um den Vorgang des Zusammenfügens zweier Familien besser zu durchschauen, sollten Sie sich zuallererst fragen, was Sie persönlich in Ihre neue Familie einbringen. Es ist wichtig, dass Sie hier ganz ehrlich vor sich selber sind und den Tatsachen tapfer ins Auge sehen.

Wenn Sie wissen, was Sie selber mitbringen, sind Sie eher in der Lage, die möglichen Fußangeln und Fettnäpfchen zu orten, die zu Problemen führen könnten. Mit weiser Voraussicht wird es Ihnen immer wieder gelingen, Krisen schon im Keim zu ersticken.

Überlegen Sie, welche Probleme auf Sie zukommen könnten

Hier ein paar Anregungen für Punkte, die Sie bei Ihrer Bestandsaufnahme berücksichtigen sollten:

Welche guten oder schlechten Gewohnheiten gibt es bei Ihnen in der Familie?

Fragen Sie sich: Welche Verhaltensweisen – gute oder schlechte – könnten zu Problemen führen? Zanken sich z.B. Ihre Kinder ausgesprochen häufig? Kämpfen sie um jeden Zentimeter ihres „Territoriums“? Reizen sie sich oft bis aufs Blut? So werden Sie auf Bereiche aufmerksam, die besonders beachtet werden müssen.

Welche Ängste fallen Ihnen auf?

Fragen Sie sich: Unter welchen Ängsten leiden meine Kinder? Fürchten sich Ihre kleineren Kinder vor der

Dunkelheit? Trauen sie sich oft nicht auf die Straße? Haben sie Angst vor dem Schläger in der Schule, vor dem Lehrer oder vor Nachbars Hund? Gerade der Hund könnte ein Problem werden, wenn der zukünftige Partner zum Beispiel einen Pitbull mitbringen will.

Welche größeren Konflikte hat es früher bei Ihnen gegeben?
Lehnen sich Ihre Kinder gegen zu viel Autorität auf? Neigt Ihr zukünftiger Partner eventuell dazu, sich zu autoritär zu geben? Wenn Ihre Kinder früher schon Probleme mit autoritären Personen hatten, sind Konflikte vorprogrammiert.

Welche konkreten Geschwisterrivalitäten sind bei Ihnen schon aufgetreten?
Bestehende Geschwisterkonflikte werden sich in der neuen Familiensituation verschlimmern. Die Parteien werden versuchen, Rückendeckung von den Stiefgeschwistern zu bekommen, und so kommt es zu Solidarisierungen und Bündnissen. Man sollte versuchen, solche Entwicklungen vorauszusehen, damit man ihnen frühzeitig entgegenwirken kann. Lassen Sie sich beraten, und sehen Sie zu, dass nicht alte Auseinandersetzungen in die neue Familie mit hineingetragen werden.

Welche Verhaltensauffälligkeiten hat es bei Ihnen in der Familie gegeben?
Wenn ein Kind bereits bockig ist, sich in der Schule danebenbenimmt, stiehlt, lügt, sich rauft oder klei-

ne Betrügereien begeht, dann dürfen Sie nicht erwarten, dass diese Dinge so ohne weiteres in der neuen Familie verschwinden. Die neue Situation ist geradezu ein ideales Betätigungsfeld für alle möglichen Unarten. Seien Sie deshalb nicht blind für die Charakterzüge und Verhaltensprobleme Ihres Kindes.

Welche seelischen Probleme sind Ihnen bisher aufgefallen?
Kindern mit seelischen Problemen (wie Ängste und depressive Verstimmungen) gelingt es selten, sich ohne Hilfe in die neue Familiensituation einzufügen. Manche seelischen Probleme können verhältnismäßig schnell durch geeignete Therapie und Medikation unter Kontrolle gebracht werden. Das wird dann auch die Anpassungsfähigkeit des Kindes stärken. Zögern Sie also nicht, therapeutische Hilfe in Anspruch zu nehmen. Es überrascht immer wieder, wie oft schwere Depressionen oder ein durcheinander geratenes Hormonsystem als Ursache für Verhaltensstörungen übersehen werden. Bevor Sie also zwei Familien zu einer verschmelzen, sollten Sie kompetente Hilfe in Anspruch nehmen.

Hindernisse auf dem Weg zur neuen Familie

Welche Hindernisse stellen sich einem friedlichen Ineinanderfügen zweier Familien in den Weg? Meist handelt es sich um Relikte aus den vorangegangenen Ehen.

Stellas Geschichte ist ein gutes Beispiel, wie sich

solch ein Relikt auswirken kann. Ihr Mann verließ sie, als sie im sechsten Monat schwanger war. Er eröffnete ihr, dass er sich in ihre beste Freundin verliebt habe. Stella fühlte sich von ihrem Mann emotional und finanziell im Stich gelassen und wurde zur Ensiedlerin. Sie zog sich von Freunden und Angehörigen zurück. Sie brachte ihren Sohn zur Welt und versuchte ihr Leben so einzurichten, dass sie ohne die Hilfe von Freunden und Bekannten zurechtkam.

Sie war durch das Verhalten ihres Mannes tief verletzt und konnte niemandem mehr trauen. Sie fürchtete sich davor, auch noch von ihren Freunden verlassen zu werden. Und so ließ sie sich auf keine engere Beziehung mehr ein.

Sechs Jahre vergingen. Dann begegnete sie Frank. Der geschiedene Kaufmann fing bei der Firma an, in der auch Stella arbeitete. Sie kam endlich wieder auf andere Gedanken, und für eine Weile durfte sie sich wieder geliebt fühlen und Vertrauen fassen. Die beiden heirateten, aber bereits nach den ersten Wochen begann Stella, an Franks Liebe zu zweifeln. Sie war eifersüchtig, voller Misstrauen und verhielt sich zuweilen schwer neurotisch. Sie hatte panische Angst davor, Frank könne sie wie ihr erster Mann verlassen.

Das wirkte sich natürlich auch auf ihren Sohn aus. Auch er wurde schwierig. Ein paar Mal kam es vor, dass er sich auf Frank stürzte, um auf kindliche Weise seine Mutter zu beschützen.

Die Ehe verschlechterte sich zusehends. Irgendwann begriff Frank jedoch, dass Stellas Ängste auf unverarbeitete Verletzungen aus ihrer ersten Ehe zurückzuführen waren. Und so suchte er professionelle Hilfe –

nicht nur für Stella, sondern für die ganze Familie. Schon nach ein paar Wochen Therapie begann sich die Beziehung zu verbessern.

Manchmal hängen solche alten Geschichten auch den Kindern an. So können z.B. Ängste, Wut und Verhaltensprobleme, die durch einen alkoholkranken Vater entstanden sind, die Versuche, eine neue Familie zu bilden, stark behindern. Die Eifersucht eines Elternteils oder auch eines Kindes, unverarbeiteter Groll gegen den Expartner oder persönliche Marotten müssen rechtzeitig behandelt werden, wenn die neue Familie möglichst heil zusammenwachsen soll.

Ich staune immer wieder, wie lebensnah die Aussagen der Bibel sind. So heißt es an einer Stelle, dass die Sünden der Väter (und Mütter) von Generation zu Generation weitergegeben werden. Da ist die Gründung einer neuen Familie ein günstiger Augenblick, um die Kette der geerbten Neurosen zu unterbrechen und einen Neuanfang mit neuen Werten zu wagen.

Schrauben Sie Ihre Erwartungen zurück

Es überrascht nicht, dass allzu hohe Erwartungen an das reibungslose Funktionieren der neuen Familie ebenfalls zum Stolperstein werden können.

Es ist nur zu natürlich, dass man nach einer großen Enttäuschung hohe Erwartungen an eine zukünftige Beziehung knüpft. Setzen Sie sich nicht zu niedrige Ziele, um Ihre neue Beziehung so gut wie möglich zu gestalten. Aber übertreiben Sie auch nicht, denn wenn die Ziele unrealistisch hoch angesetzt werden, werden Sie daran scheitern. Es ist immer besser, so realistisch wie möglich zu sein. Gehen Sie Hindernisse mutig an. Und verschließen Sie nicht die Augen vor tatsächlich vorhandenen Problemen. Seien Sie darauf gefasst, dass es Konflikte und Missverständnisse geben wird, und bereiten Sie sich darauf vor, Schwierigkeiten aus dem Weg zu räumen. Denken Sie aber immer daran: Gute Ehen und gesunde Familien sind wie Ziergärten. Sie entfalten ihre ganze Schönheit nur, wenn sie mit viel Hingabe gehegt und gepflegt werden. Überlässt man sie dagegen sich selbst, verkommen sie schnell zu einem Gelände voller Gestrüpp und Unkraut.

Unrealistische Erwartungen setzen alle Familienmitglieder unter Druck. Sie werden oft von irgendwelchen Idealfamilien „übernommen", die es in der Realität meist gar nicht gibt. Es gibt auch keine allgemein gültigen Regeln für die ideale Familie. Für manche ist es wichtig, die Mahlzeiten miteinander einzunehmen. Bei anderen funktioniert es auch gut, wenn jeder isst, wann und wo es ihm gerade passt. Beide Lebensarten sind je nach den Umständen akzeptabel.

Es führt fast unweigerlich zum Untergang einer Familie, wenn Sie sie zwingen, sich einem Idealbild anzupassen. Geben Sie Ihrer Familie Raum, damit sie ihre individuelle Form des Zusammenlebens ganz natürlich entwickeln kann. Das ist die beste Garantie für eine erfolgreiche Zukunft.

Die Erkenntnis, dass sich jede Familie individuell entwickeln und diese Individualität auch bewusst wahrnehmen muss, ist befreiend. Ich erinnere mich, dass ich mich als Sieben- oder Achtjähriger (lange bevor meine Eltern sich scheiden ließen) sehr für das Zusammenleben anderer Familien interessierte. Bei den anderen schien immer alles prächtig zu laufen, und bei uns funktionierte gar nichts. Die anderen Familien bildeten eine Einheit, bei uns aber war alles chaotisch.

Eines Tages unterhielt ich mich mit einem Freund aus solch einer „idealen" Familie. Ich erzählte ihm, wie ich seine Familie damals wahrnahm und was ich von ihr hielt. Zu meinem großen Erstaunen berichtete er, dass alle Kinder uns wegen unserer lockeren Lebensart und unserer nicht so strengen Eltern beneideten. Sie hielten sich lieber bei uns auf als bei sich zu Hause. Ich dagegen war lieber bei anderen zu Gast. Was für ein Durcheinander!

Diese Entdeckung war ganz wichtig für mich. Ich lernte daraus, dass man Familien nicht miteinander vergleichen kann. Lernen Sie also, diese Individualität zu schätzen und zu respektieren. Und vor allem: Lernen Sie, mit Ihrer Individualität glücklich zu werden! Wenn meine Eltern dieses Prinzip ein bisschen besser verstanden hätten, vielleicht hätte dann ihre Ehe nicht in einer Scheidung enden müssen. Doch da haben wir es wieder: Auch ich erwarte wieder zu viel.

Mit der Familie zu einer neuen Identität

Besonders in einer sich neu bildenden Familie wird die Spannung zwischen Individualität und Identität akut zutage treten. Diese neue Familie sollte zwar grundsätzlich ihre eigene Identität finden, aber die Eltern sollten auch berücksichtigen, dass es wegen der Unterschiede zwischen den Ausgangsfamilien nötig sein wird, Offenheit und Toleranz zu praktizieren. Man wird eine einheitliche Identität niemals erzwingen können. Gehen Sie deshalb lieber schrittweise vor.

Im Grunde möchte ich Paaren sogar abraten, sich die große Einheit zum Ziel zu setzen. Streben Sie lieber die Solidarität aller Beteiligten an, die dann in ihrer Vielfalt die Freiheit haben, sich selber treu zu bleiben. Wenn Sie dadurch den Eindruck haben, Ihre Familie sei wie ein bunter Flickenteppich, dann lassen Sie es doch dabei bewenden! Und warten Sie ab, ob nicht die vielen Farben eines Tages doch noch ein schönes Muster ergeben.

Wie man in solch einer Situation konkret vorgeht, hängt weitgehend vom Alter der Kinder ab. Einer Mutter mit Kleinkind, die einen kinderlosen Mann heiratet und selbst keine Kinder mehr bekommen kann, wird die Integration nicht schwer fallen. Schwieriger wird es dagegen für ein Paar, bei dem beide drei Kinder im Alter von sechs bis 16 mitbringen. In diesem Fall müssen die Eltern sehr bereit sein, Vielfalt mit Toleranz hinzunehmen.

Sie tun gut daran, sich Ihre Familie zunächst einmal als eine Gemeinschaft von zwei „Mini-Familien" vorzustellen. Jede behält ihre Identität, Gewohnheiten und Marotten. Es kann nämlich Jahre dauern, bis eine wirkliche Integration stattfindet und das Gefühl einer gemeinsamen Identität entsteht.

In manchen Familien bleibt dieses Gefühl sogar ganz aus. Doch selbst dieser Ausgang ist akzeptabel. Das eigentliche Ziel muss nicht sein, dass sich alle Beteiligten einer großen Familie zugehörig fühlen. Viel wichtiger für den Einzelnen ist es, ohne Zwang in einer Atmosphäre zu leben, in der man sich lieb hat, annimmt und friedlich toleriert.

Das sollte unser Ziel sein. Alles andere ist zweitrangig. Schreiben Sie dieses Ziel auf ein größeres Blatt Papier, und hängen Sie es dort auf, wo man es immer wieder lesen kann:

Das ist unser großes Ziel: Wir wollen ohne Zwang in einer Atmosphäre leben, in der man sich lieb hat, annimmt und friedlich toleriert.

Entwicklungsphasen einer zusammenfindenden Familie

Wenn sich zwei Familien zusammentun, gibt es mehrere klar erkennbare Entwicklungsstufen. Sofern man sie rechtzeitig identifiziert, kann man jede einzelne mit etwas Weitsicht und Planung gut überstehen.

In der ersten Phase geht es darum, allen Beteiligten zu helfen, einander anzunehmen. Das braucht Zeit. Viel hängt vom Alter der Kinder ab. Kleinkinder und ältere Teenager sind schneller bereit, sich in die neuen Verhältnisse einzufügen. Kleinkinder haben noch zu wenig Vergleichsmöglichkeiten, und die älteren Teenager besitzen schon soziales Empfinden, um sich mit der ungewohnten Situation zu arrangieren. Kinder zwischen fünf und dreizehn sind es, die gewöhnlich die größten Schwierigkeiten haben. Es ist hilfreich, immer wieder darauf aufmerksam zu machen, dass „jemand mögen“ und „jemand akzeptieren“ nicht dasselbe ist. Man kann sich nicht dazu zwingen, jemanden zu mögen. Mögen ist ein Gefühl, das sich unter Umständen erst nach einer längeren Zeit des Kennenlernens einstellt. Toleranz ist dagegen eine Form der Höflichkeit. Man kann sich augenblicklich dafür entscheiden, zu akzeptieren, dass der andere mit dem gleichen Recht da ist wie man selber. Das ist eine Entscheidung und kein Gefühl.

Berufen Sie eine Familienkonferenz ein, oder sprechen Sie mit jedem Kind einzeln, um über Ihre Erwartungen zu reden. Sagen Sie, dass Sie Toleranz erwarten, und loben Sie die Kinder, wenn sie bereits freundlich und zuvorkommend miteinander umgehen. Drohen Sie Strafen bei Verhaltensweisen an, die Respekt und Toleranz vermissen lassen. Und seien Sie konsequent, wenn es nötig ist.

Vor allem müssen Sie viel Geduld mitbringen. Erwarten Sie von Ihren Kindern nichts, was Sie nicht selber vorleben.

In der zweiten Phase muss es darum gehen, das neue Familiensystem zu kontrollieren und zu steuern. Erst jetzt wird es in vielen Fällen problematisch. In diesem Bereich machen Eltern die meisten Fehler – mehr als in allen anderen Bereichen des Zusammenlebens.

Es ist für die Zukunft entscheidend, ob es Ihnen gelingt, eine Exekutive im System der Familie zu errichten. Doch auch diese gesetzgebende Gewalt, die Grenzen setzt und Wege aufzeigt, darf nicht fehlen.

In diesem Zusammenhang möchte ich gleich auf

den fundamentalen Unterschied zwischen Strafe und Zurechtweisung hinweisen. Strafe ist Vergeltung für erlittenes Unrecht. Zurechtweisung aber ist Schulung und Lehre, durch die das Kind lernen soll, sich sozial verträglich zu verhalten. Strafe zur Vergeltung schadet mehr, als dass sie nutzt. Zurechtweisung dagegen hilft weiter. Man könnte die Unterschiede wie folgt zusammenfassen:

Strafe ...	**Zurechtweisung ...**
Wird immer aus Wut verhängt	Erfolgt immer mit Gelassenheit
Will immer Vergeltung	Will immer helfen
Kommt meist aus heiterem Himmel	Kommt nicht aus heiterem Himmel
Erfolgt aus Ungeduld	Setzt Geduld voraus
Hat Rache zum Motiv	Hat Liebe zum Motiv

Bevor Sie auf ein bestimmtes Verhalten Ihres Kindes reagieren, sollten Sie kurz nachdenken, ob der Schalter bei Ihnen auf „Zurechtweisung“ und nicht auf „Strafe“ steht. Dazu sollten Sie sich folgende Fragen stellen:

1. Bin ich im Augenblick zu wütend, um objektiv und hilfreich zu sein?
2. Will ich zurückschlagen oder helfen?
3. Habe ich vorher genug ermahnt, um dem Kind die Gelegenheit zu geben, etwas zu ändern und die Konsequenzen zu vermeiden?

4. Ist es möglich, dem Kind auch jetzt noch eine Chance zum Umdenken zu geben?

Wenn Sie die ersten beiden Fragen mit ja und die dritte und vierte mit nein beantworten müssen, dann sind Sie drauf und dran zu strafen, statt zurechtzuweisen.

Die Grundregeln effektiver Erziehung und Maßregelung sind keineswegs kompliziert.

1. Wenn Ihr Kind etwas anstellt, was Sie nicht gutheißen, dann sagen Sie ihm so ruhig wie möglich, es möge dies nicht noch einmal tun.
2. Drohen Sie konkrete Konsequenzen bei einer Wiederholung an. Diese Konsequenzen müssen dem Fehlverhalten angemessen sein. Ein Monat Fernsehabstinenz für ein nicht aufgeräumtes Kinderzimmer wäre übertrieben. Sprechen Sie mit Ihrem Kind darüber, was wohl in dieser Situation ein fairer Denkzettel wäre. Denken Sie auch immer daran, dass Kinder noch kein ausgeprägtes Langzeitgedächtnis haben. Erwarten Sie deshalb nicht, dass sie sich an die Drohung von vorgestern heute noch erinnern. Rufen Sie deshalb rechtzeitig Ihr Verbot in Erinnerung.
3. Sorgen Sie dafür, dass die angedrohten Konsequenzen nie ausbleiben, wenn das Kind sich nicht an das Verbot hält. Sofern das Kind überhaupt versteht, was man von ihm will, und die Konsequenzen fair sind, werden solche Maßnahmen meist positive Wirkung zeigen.
4. Wenn das Kind dann immer noch ungehorsam

ist, dürfen die Konsequenzen auch drastischer ausfallen. Bauen Sie jedoch Ihrem Kind immer die Brücke zum Rückzug, falls es sein Verhalten doch noch ändern will und seine Rechte zurückbekommen möchte.

5. Körperliche Bestrafungen sollten nur der Abwendung von Gefahren vorbehalten bleiben. „Wenn du deiner Schwester noch mal Sand in die Augen streust ..." Oder: „Wenn du noch einmal auf die Straße läufst, setzt es was!" Müssen Sie Ihre Drohung tatsächlich wahr machen, so sollten Sie nicht gerade furchtbar wütend sein.

Es ist in jedem Fall besser, wenn nur die leiblichen Eltern für solche disziplinarischen Maßnahmen zuständig sind. Die Gründe dafür werde ich im nächsten Abschnitt erläutern.

Die dritte Phase des Zusammenwachsens einer neuen Familie ist die Harmonisierung in der Gemeinschaft. Besser ist es, von relativer Harmonie zu sprechen, denn es ist unrealistisch, eine vollkommene Harmonie in einer Familie zu erwarten. Ein faires Maß an gegenseitigem Respekt und an Zuneigung ist jedoch immer möglich!

Wer sollte erziehen und zurechtweisen?

Ein gravierender Fehler, den viele Stiefeltern begehen, ist die allzu eilfertige Übernahme von Erziehungsaufgaben. Es gilt aber das wichtige Prinzip, an das sich jeder halten sollte: *Vor allem verantwortlich für die Erziehung ihrer Kinder sind die leiblichen Eltern!*

Warum bestehe ich immer wieder darauf? Die Antwort ist einfach: Wenn „Fremde“ disziplinarische Maßnahmen ergreifen, verletzen sie damit das Rechtsempfinden des Kindes. Instinktiv akzeptieren Kinder nämlich das Recht der leiblichen Eltern, sie zu erziehen. Sie wehren sich aber innerlich dagegen, wenn Stiefeltern dieses Recht für sich in Anspruch nehmen – so berechtigt deren Maßnahmen im Einzelfall auch sein mögen.

Das ist instinktives menschliches Verhalten. Doch viele Stiefeltern wollen das nicht wahrhaben. Sie entdecken alle möglichen Fehler an ihren Stiefkindern (die sie an ihren leiblichen Kinder allerdings gern übersehen) und wissen immer ganz genau, wie mit dem Gör zu verfahren sei. Diese Einstellung disqualifiziert sie bereits für die Erziehung der Stiefkinder. So manche Mutter übergibt allzu bereitwillig dem neuen Partner die Verantwortung für die Kindererziehung, ohne sich darüber klar zu werden, wie viel inneren Widerstand das heraufbeschwört.

Wenn es allerdings um die Abwendung von Gefahren geht, dann muss sofort gehandelt werden. Es spielt dann keine Rolle mehr, wer die disziplinarischen Maßnahmen ergreift – selbst wenn es die herbeigerufene Polizei ist. Die Probleme des täglichen Lebens aber sind bei den leiblichen Eltern in besten Händen. Deshalb sollte der nicht mehr im Haus wohnende Vater (oder die Mutter), sooft es geht in die Kindererziehung mit einbezogen werden. Als Stiefvater oder Stiefmutter können Sie sich zwar nach und nach das Recht verdienen, in die Funktion des Erziehungsberechtigten einzutreten. Überstürzen Sie jedoch nichts! Stehen Sie Ihrem Partner zur Seite, und treten Sie zunächst einmal ins zweite Glied zurück, wenn es darum geht, Ihre Stiefkinder zu maßregeln.

Konfliktlösungen

Wir Eltern sollten geübte Konfliktlöser sein. Konflikte tauchen mit schöner Regelmäßigkeit in jeder Familie auf. Deshalb sind konfliktfreie Familien auch unnatürlich. Ich habe inzwischen die Erfahrung gemacht, dass erst dann, wenn die Kinder das Haus verlassen haben, die Konflikte abnehmen. Die Abwesenheit offener Konflikte in einer Familie mit Kindern ist kein gutes Zeichen. Wahrscheinlich hat sich nur eine dünne Kruste über einem tätigen Vulkan gebildet.

Jedes Familienmitglied hat seine eigenen Bedürfnisse, und die werden früher oder später mit den Bedürfnissen der anderen kollidieren. Heile Familien sind deshalb gesund, weil man es versteht, Konflikte schnell zu lösen. Und Eltern, die sich als gute Schiedsrichter erweisen, sind immer die besseren Eltern.

Es gibt vier Grundtypen familiärer Konflikte:

1. Konflikte aufgrund unterschiedlicher Charaktere

Dies sind die häufigsten. Sie entstehen schon, wenn man zwei Menschen zusammenbringt, die sich nicht leiden können. Manchmal entsteht die Abneigung, weil man sich zu ähnlich ist und die eigenen Charakterzüge am anderen nicht sehen will. Manchmal sind aber auch die Unterschiede so groß, dass jegliches

Verständnis füreinander fehlt. Man gerät ständig aneinander. Der eine sagt hü, der andere hott. Bei allen Fragen scheint man grundsätzlich anderer Meinung zu sein.

Solche Konflikte müssen nicht zu einem Problem werden, wenn es die Beteiligten verstehen, zivilisiert miteinander umzugehen. Verlangen Sie, dass man sich stets respektiert!

Sollte der Konflikt wegen unvereinbarer Charakterzüge eskalieren, müssen Sie unter Umständen die betreffenden Kinder räumlich trennen. Ein gemeinsames Zimmer kommt dann überhaupt nicht in Frage. Und geben Sie auch sonst den zwei Streithähnen die Möglichkeit, sich aus dem Weg zu gehen.

2. Konflikte wegen ungestillter Bedürfnisse

Werden einem Kind seine Bedürfnisse nicht gestillt, macht sich sofort Groll und Wut bemerkbar. Ist z.B. ein Junge von seinem leiblichen Vater getrennt worden, braucht aber dessen Zuneigung und Aufmerksamkeit, wird er auffällig aggressiv. Oder eine Tochter, die die Aufmerksamkeit ihrer Mutter nicht bekommt, weint viel, weil die Mutter sich nun häufiger ihrem neuen Partner zuwendet.

Die Lösung ist einfach: Helfen Sie Ihren Kindern, deren Bedürfnisse zu stillen. Wenn das im Augenblick nicht möglich ist, geben Sie ihnen die Gelegenheit, ausgiebig über ihre Probleme und Sehnsüchte zu reden. Oft wissen Kinder gar nicht, warum sie innerlich unter Druck stehen. Es wird Ihnen und Ihrem Kind helfen, die Ursache seines Unbehagens herauszubekommen, wenn Sie aufmerksam und geduldig zuhören. Haben Sie die Ursache ergründet, ist eine Lösung meist bald gefunden.

3. Konflikte aufgrund von Missverständnissen

Akzeptieren Sie die Tatsache, dass es immer Augenblicke gibt, in denen Ihre Kinder (leibliche oder angenommene) Sie nicht ausstehen können. Diese Abneigung ist in solchen Fällen häufig nur fehlgeleitete Liebe.

Vielfach sind die Kinder noch zu unreif, um eine Situation ganz zu durchschauen. Und wir als Eltern nehmen uns häufig nicht die Zeit, die Umstände zu erklären und verständlich zu machen. Eltern schulden ihren Kindern verständliche Erklärungen! Und man muss ihnen die Gelegenheit geben, aus Fehlern zu lernen.

4. Konflikte wegen fehlender Autorität

Eltern schulden ihren Kindern ein gewisses Maß an Autorität. Sie bietet Schutz und zeigt klar die Grenzen einer sonst ausufernden Freiheit. In Familien, in denen die Kinder das Sagen haben, herrscht Chaos und Unzufriedenheit. Es ist recht schwierig, ältere Kinder an Autorität zu gewöhnen, wenn sie es nicht von klein auf gelernt haben.

Lassen Sie sich aber trotzdem nicht aus der Fassung bringen, so dass Sie ungewollt handgreiflich werden. Lernen Sie es, nein zu sagen, ohne Schuldgefühle zu bekommen. Seien Sie konsequent. Kinder brauchen ständig unsere Kurskorrektur. Nur dadurch lernen sie etwas fürs Leben. Vermeiden Sie jedoch Titulierungen wie schlecht, böse, zu nichts zu gebrauchen oder blöd. So etwas untergräbt das Selbstwertgefühl des Kindes.

Einige Prinzipien zur Konfliktlösung

Das Thema Konfliktlösung ist zu umfangreich, um es in diesem Buch umfassend behandeln zu können. Doch es gibt drei Grundprinzipien, an die man sich halten sollte, wenn man innerfamiliäre Konflikte lösen will.

1. Jeder sollte als Sieger daraus hervorgehen. Keine Konfliktlösung ist perfekt, wenn jemand dabei der Verlierer ist.
2. Versuchen Sie alles, um Verständnis füreinander zu bekommen. Verständnis ist immer wichtiger als einer Meinung zu sein.
3. Versuchen Sie niemals, einem anderen Menschen das Selbstwertgefühl zu nehmen. Keine Konfliktlösung ist von Dauer, die Probleme auf Kosten der Selbstachtung eines Beteiligten löst.

Wie kann man diese drei Ziele erreichen?

Niemand möchte der Verlierer sein! Gerade kleinere Kinder können sehr schlecht verlieren. Deshalb sollte aus einer Auseinandersetzung niemand gedemütigt als Verlierer herausgehen.

Die Kunst, Kompromisse zu schließen, ist hier sehr hilfreich. Fragen Sie sich jedes Mal: „Was kann ich anbieten, damit der andere leichter seine Position aufgibt?"

Verständnis ist wichtiger als gleicher Meinung zu sein. Doch die meisten von uns spüren ein gewisses

Unbehagen, wenn sie versuchen, die andere Seite zu verstehen. Haben wir eventuell Angst, wir müssten uns am Ende selbst ändern? Deshalb ist ja gerade das Bemühen um Verständnis so wertvoll. Man ist zunächst nicht krampfhaft um Übereinstimmung bemüht (was zu Blockaden führen kann). Dennoch kommt es dann doch immer wieder zum Umdenken, weil wir plötzlich den anderen besser kennen lernen.

Ich möchte Ihnen ein Beispiel geben: Nehmen wir an, ihr halbwüchsiger Stiefsohn möchte am Wochenende bei einem Kumpel übernachten. Sie mögen diesen Freund überhaupt nicht, weil Sie ihm nicht über den Weg trauen. Ihnen wäre lieber, wenn der Stiefsohn am Sonntag mit der ganzen Familie zum Gottesdienst ginge. Sie nutzen Ihre Autorität und sagen schließlich nein. Sie erklären, dass Sie nichts von jenem Freund halten und seine anständige Gesinnung anzweifeln. Der Stiefsohn entgegnet: „Das stimmt nicht. Er ist ein prima Kumpel." Sie sagen: „Er ist ein ziemlich verlotterter Kerl." Sie möchten, dass der Sohn seinen Freund aufgibt. Er aber möchte seinen Freund behalten.

Was kann man da tun? Versuchen Sie zuallererst Verständnis füreinander zu bekommen. Vergessen Sie Ihre Bemühungen, Ihren Stiefsohn umzustimmen. Setzen Sie sich zusammen und reden Sie über alles: „Du weißt ja, dass wir, was deinen Freund anbetrifft, nicht einer Meinung sind. Deshalb möchte ich verstehen, warum du ihn so magst. Erzähl mir etwas über ihn." Selbst wenn es nach solch einem Gespräch keine Fortschritte gibt, haben Sie zumindest erreicht, dass Ihr Stiefsohn Sie ein wenig mehr respektiert, weil Sie versucht haben, seinen Standpunkt zu verstehen. Und die Chancen steigen, dass er oder Sie selbst die eigene Einstellung ändern.

Was immer Sie zur Konfliktlösung tun, eins sollten Sie in jedem Fall sicherstellen: Bewahren Sie Ihrem Partner und Ihren Kindern die Selbstachtung. Das ist eine Verpflichtung, die jederzeit für alle Eltern gilt. Ein positives Selbstwertgefühl ist der Grundstein einer gesunden Psyche. Ein Kind, das ständig kritisiert und abgekanzelt wird und dem andauernd Geschwister, Verwandte und Freunde als leuchtendes Beispiel vorgehalten werden, wird resignieren und nicht mehr den Versuch unternehmen, sich zu verändern. Diese Kinder verlieren jede Motivation, sie werden lethargisch oder rebellisch. Kinder haben nämlich die Eigenart, sich so zu verhalten, wie man es ihnen einredet.

Was Sie in jedem Fall unterlassen sollten

Lassen Sie nicht zu, dass die Kinder Herr im Hause sind. Besonders wenn geschiedene Eltern von Schuldgefühlen geplagt werden, bekommen die Wünsche der Kinder oft oberste Priorität. Eltern trauen sich nicht mehr, nein zu sagen, Verbote auszusprechen oder Strafen zu verhängen. Sie fürchten, nicht mehr geliebt zu werden, und meiden deshalb jede Konfrontation. Drücken Sie sich nicht vor Ihrer Verantwortung!

Fürchten Sie sich nicht davor, die Zügel in die Hand zu nehmen. Kinder testen aus, wie weit sie gehen können. Das ist purer Instinkt! Und sie verlieren jeden Respekt vor Eltern, die ständig immer nur nachgeben. Regeln sollten klar formuliert und durchgesetzt werden.

Erwarten Sie nicht von sich, dass Sie gleich zu Anfang für Ihre Stiefkinder Liebe empfinden. Aber erwarten Sie auch umgekehrt nicht, dass Ihre Stiefkinder Sie sofort in ihr Herz schließen. Man muss der Liebe die Gelegenheit geben, sich zu entfalten. Lieben Sie zuerst! Eines Tages werden Sie dann auch Liebe ernten.

Vergleichen Sie nicht ständig Ihre Stiefkinder mit Ihren leiblichen Kindern. Das führt nur zu verschärften Konflikten in der Familie.

Wehren Sie sich dagegen, Lieblinge unter Ihren Kindern zu haben. Seien Sie fair zu allen.

Was Sie in jedem Fall tun sollten

Antworten Sie mit Liebe, ganz gleich, was Ihr Kind auch anstellt. Beständigkeit ist für die Kinder wichtig.

Führen Sie regelmäßig mit allen Ihren Kindern intensive Gespräche, um immer zu wissen, was sie denken und fühlen. Regelmäßige Familienzusammenkünfte können helfen, Missverständnisse gar nicht erst aufkommen zu lassen.

Sorgen Sie für eine Atmosphäre, in der man offen über seine Gefühle reden kann. Wer Gefühle nicht zulässt, hortet Konflikte. Doch negative Emotionen wie Wut und Zorn sollten niemals an anderen abreagiert werden. Das müssen Sie verhindern. Es reicht, wenn man sich offen aussprechen kann.

Seien Sie offen für neue Erfahrungen mit Ihren Stiefkindern. Sie werden ganz neue Charaktere kennen lernen und sich damit auseinander setzen müssen.

Beten Sie so oft wie möglich. Bitten Sie Gott, er möge Ihnen helfen, Ihre Liebe zum neuen Partner, zu den eigenen Kindern und zu den Stiefkindern lebendig zu erhalten. Sehen Sie es als eine besondere Aufgabe und Berufung an, diese Ihnen zunächst fremden Kinder in Ihre Obhut zu nehmen und zu versorgen. Gehen Sie dabei mit derselben Entschlossenheit zu Werke, wie Sie auch anderswo im Missionsfeld tätig werden würden. Es gibt keine heiligere Aufgabe als das Gestalten einer Familie, in der Gott im Mittelpunkt steht.

Fragen zum Nachdenken

Bevor Sie diese Fragen beantworten, sollten Sie das entsprechende Kapitel mindestens einmal ganz durchgelesen haben.

1. Geschiedene Eltern – und ich war erst zwölf

1. Schreiben Sie ein paar Gründe auf, warum sich Paare scheiden lassen. Welche dieser Gründe empfinden Sie als legitim und welche nicht?
2. Auf welche Weise beeinflusst eine christliche Lebenseinstellung die Argumente für oder gegen jeden einzelnen der genannten Gründe? Gibt es auch Gründe, die dadurch nicht beeinflusst werden?
3. Falls Sie selber ein Scheidungskind sind – welche emotionalen Auswirkungen hat dieses Ereignis auf Ihr Leben gehabt?
4. Welche Faktoren, Erfahrungen oder Personen haben dazu beigetragen, dass Sie die Heilung Ihrer Gefühle erleben konnten? Wie könnten Sie anderen helfen, die solch eine Heilung ebenfalls nötig haben?

2. Die Scheidung und ihre schlimmen Folgen

1. Welche fatalen Folgen hat die Einstellung, Kinder würden eine Scheidung ohne Schaden überstehen?

2. Der Schaden, den eine Scheidung anrichtet, hängt weitgehend vom Entwicklungsstand des Kindes bei diesem Ereignis ab. Welches Alter ist besonders betroffen, welches am wenigsten? Warum?
3. Woran liegt es, dass sich einige Scheidungen schädlicher auf die Kinder auswirken als andere?
4. Es gibt Umstände, unter denen eine Scheidung oder zumindest eine Trennung die beste Lösung ist. Welche Umstände sind das?

3. Geheilt von aller Bitterkeit

1. Wo muss die Heilung beginnen? Was bedeutet das für Ihr Leben?
2. Warum ist Verbitterung eine so zerstörerische Emotion?
3. Es gibt keine Emotion, an der wir so leidenschaftlich festhalten wie an unserer Bitterkeit. Was hat das mit unserer sündigen und egoistischen Natur zu tun?
4. Vergegenwärtigen Sie sich noch einmal die Schritte zur Überwindung von Bitterkeit und Zorn, und wenden Sie die gewonnenen Erkenntnisse auf Ihr eigenes Leben an.

4. Fehler, die die Eltern machen

1. Wie gehen Sie normalerweise mit Ihren Schuldgefühlen um? Was hat Gott angesichts all unserer Schuld und Verfehlungen getan?

2. Es sind meistens die Väter, die ausziehen und die Familie verlassen. Die meisten Kinder kommen zwar irgendwann darüber hinweg, dass der Vater nicht mehr im Haus ist. Was fehlt ihnen dennoch? Was trägt der Vater zu einer gesunden Entwicklung seiner Kinder bei?
3. Warum fällt es einem Kind leichter, sich an die Folgen einer Scheidung zu gewöhnen, wenn die Veränderungen schrittweise eingeleitet werden? Gibt es Umstände, die schnelles Handeln und abrupte Veränderungen erfordern?
4. Wir reifen schneller und werden eher Menschen, wie Gott sie sich vorstellt, wenn wir aus unseren Fehlern lernen. Schreiben Sie die gröbsten Fehler auf, die Sie im Laufe Ihres Lebens gemacht haben. Was können Sie aus ihnen lernen?

5. Die Gefühlswelt Ihres Kindes

1. Die Gefühlswelt eines Kindes ist sehr kostbar und schutzwürdig. Sie ist aber auch ausgesprochen verletzlich. Wie können wir sie vor, während und nach einer Scheidung vor Schaden bewahren?
2. Welche durch eine Trennung der Eltern ausgelösten Gefühle werden Sie bei den meisten betroffenen Kindern finden?
3. Die Gefühle, die ein Kind nach einer Scheidung empfindet, ähneln denen nach einem Trauerfall. Welche Parallelen gibt es zwischen Scheidung und Tod? Was stirbt in jedem Fall? Was überlebt?

6. Was Kinder aus der Scheidung lernen

1. Jede Scheidung ist ein Lernprozess. Wir machen schlechte, aber auch lehrreiche Erfahrungen. Was lehrt ein solcher Konflikt die Kinder?
2. Warum sind positive und gesunde Verhaltensweisen den Kindern schwerer vorzuleben als zerstörerische?
3. In diesem Kapitel habe ich Ihnen sechs Ratschläge gegeben, wie Sie die Flexibilität und Widerstandskraft Ihres Kindes entwickeln und stärken können. Wählen Sie einen dieser Ratschläge aus und schreiben Sie dazu auf, wie Sie ihn ganz konkret bei Ihren Kindern anwenden könnten.
4. Fällt es Ihnen schwer, Ihren Kindern offen und ehrlich entgegenzutreten? Warum?

7. Das Scheidungskind und seine Ängste

1. Warum sind Kinder anfällig, Ängste zu entwickeln? Was verunsichert ein Kind ganz besonders bei einer Scheidung?
2. Wie sehr fürchten Sie sich vor dem Verlassenwerden? Können Sie diese Ängste auf frühere Erlebnisse zurückführen?
3. Bedenken Sie noch einmal die drei Kategorien von Angstsymptomen. Mit welcher haben Sie Ihre größte Not?
4. Warum ist es für Eltern so wichtig, die Gefühle Ihrer Kinder zu verstehen? Hängt die Fähigkeit

Ihres Kindes davon ab, sich an die neuen Lebensumstände zu gewöhnen?

8. Das Scheidungskind und sein Zorn

1. Der Zorn eines Kindes ist nicht immer offenkundig. Auf welche Weise kann er sich dennoch zeigen?
2. Was ist damit gemeint, wenn man sagt, der Zorn sei passiv? Erkennen Sie auch an sich selber *passive* Zornreaktionen?
3. In unserer Gesellschaft gibt es keine einheitliche Meinung darüber, wann Zorn berechtigt und wann er unangemessen ist. Vergegenwärtigen Sie sich noch einmal den Unterschied zwischen dem Zorn als Emotion und dem Zorn als Handlung. Welche Haltung sollte der Christ dazu einnehmen?
4. Jungen und Männer haben ein gemeinsames Problem, was den Umgang mit ihren Gefühlen betrifft. Wie kann man ihnen helfen, es zu überwinden?

9. Das Scheidungskind und sein verlorener Selbstwert

1. Was kann die Entwicklung eines gesunden Selbstwertgefühls bei einem Kind behindern?
2. Wie unterscheiden sich Selbstliebe und Selbstachtung? Und was ist der Unterschied zwischen einem gesunden Selbstwertgefühl und Selbstgefälligkeit?

3. Welche Fehler haben Sie begangen, dass es Ihrem Kind nicht recht gelingen will, ein gesundes Selbstwertgefühl zu entwickeln? Was können Sie tun, um Ihre Fehler wieder gutzumachen?
4. Durch welche Folge Ihrer Scheidung wurde das Selbstwertgefühl Ihres Kindes am meisten beeinträchtigt?

10. Das Scheidungskind und seine Depressionen

1. Warum machen Scheidungen Kinder depressiv? Gibt es Möglichkeiten, dies zu verhindern?
2. Welche Aufgabe hat die Depression?
3. Wenn Sie einen größeren Verlust zu verkraften haben, erkennen Sie dann an sich selber Anzeichen einer Depression? Welches ist das auffälligste Symptom?
4. Wir verarbeiten Verluste dann am besten, wenn wir darüber reden können. Kinder aber haben es oft noch nicht gelernt, über ihre Gefühle zu reden. Wie kann man ihnen helfen, ihre Gefühle auf andere Weise zum Ausdruck zu bringen?

11. Der Expartner als Elternteil

1. Warum möchte ein Expartner die Kinder am liebsten ganz von dem anderen fern halten?
2. Welche Hindernisse stellen sich normalerweise dem ausgezogenen Expartner in den Weg, wenn er ein

gutes Verhältnis zu seinen zurückgelassenen Kindern aufrechterhalten will?
3. Wie kann man diese Hindernisse abbauen?
4. Welche Eigenschaften disqualifizieren den Expartner für die Kindererziehung?

12. Konfrontiert mit einem Stiefkind

1. Es ist niemals einfach, die Rolle eines Stiefvaters oder einer Stiefmutter zu übernehmen. Welche Phantasien quälen Kinder oft, die von der erneuten Heirat der Mutter oder des Vaters hören?
2. Versetzen Sie sich in die Lage des Kindes. Wie würden Sie sich fühlen, wenn Ihre Mutter oder Ihr Vater wieder heirateten?
3. Welchen Rat würden Sie Ihren Eltern für deren Zukunftspläne geben?

13. Allein erziehend ohne Manko

1. Warum hat es ein Alleinerziehender immer schwerer als gemeinsam erziehende Eltern?
2. Reden Sie mit anderen über die Vor- und Nachteile des Alleinerziehens?
3. Die Doppelbelastung durch Berufstätigkeit und Haushaltspflichten ist für Frauen meist ein akuteres Thema als für Männer. Was sollten die Mütter tun, um sich einen Ausgleich zu verschaffen?
4. Gerade allein stehende Väter müssen es lernen, ihre Gefühle offener zu zeigen und mehr von ih-

rem Seelenleben zu offenbaren. Was können Sie tun, diese Fähigkeit weiterzuentwickeln?
5. Sprechen Sie mit anderen darüber, wie die Gemeinde allein erziehenden Eltern helfen kann, ihre Aufgaben besser zu erfüllen.

14. Neue Familie – neues Glück

1. Was aus der früheren Ehe wird oft mit in die neue Familie gebracht? Warum ist es so wichtig, sich dessen bewusst zu werden?
2. Welche Hindernisse stellen sich immer wieder in den Weg, wenn man aus zwei Familien eine bilden will? Was kann man tun, um diese Hindernisse zu überwinden?
3. Welche Ziele wollen Sie mit Ihrer neuen Familie verwirklichen? Sind sie realistisch?
4. Mit welchen Konflikten haben Sie in Ihrer gegenwärtigen Lebensphase zu kämpfen? Welche Maßnahmen könnten Sie ergreifen, um sie zu überwinden?

Weitere Bücher zum Thema:

Gary Chapman
Getrennt – für immer?
Trennung muss nicht das Ende sein
Bestell-Nr. 330 636
ISBN 3-86122-636-7
160 Seiten, Taschenbuch

Auch unter Christen ist die Trennung der Partner kein Tabu mehr. Aber eine Trennung muss nicht das Ende der Ehe bedeuten. Chapman weist Wege aus der Krise und macht viel Mut, nach einer Trennungsphase neu zu beginnen.

Dieses Buch will versuchen, eine Antwort zu finden. Es geht auf die ganz konkreten Schwierigkeiten während der Trennungsphase vor der Scheidung ein. „Eine Trennung kann durchaus auch dazu führen, dass die Ehe wiederhergestellt wird und sich fortan positiv entwickelt. Denn eine Trennung muss keineswegs endgültig sein. Sie ist vielmehr die Phase, an deren Ende über Neubeginn oder Ende einer Ehe entschieden wird."

Gary Chapman

Die fünf Sprachen der Liebe

Bestell-Nr. 330 621

ISBN 3-86122-621-9

160 Seiten, Paperback

Es gibt 5 Wege, dem anderen seine Liebe mitzuteilen. Gehen Sie ans Werk, lernen Sie die persönliche Liebessprache dessen, der Ihnen am meisten bedeutet und wenden Sie diese Sprache unbeirrt an – Sie werden die Veränderung zum Guten erleben. Denn Liebe, die bei anderen auch ankommt, wird dort Gegenliebe wecken, wo Sie es nicht mehr für möglich hielten.

Der Erfolg dieses Buches spricht für sich:

„Bestes Ehebuch, das ich kenne. Es gibt auch Ehepartnern, die sich auseinander gelebt haben, neue Hoffnung. Wenn jedes verliebte Paar sich mit diesen Liebesspachen beschäftigen würde, könnten wahrscheinlich unzählige Scheidungen verhindert werden!“

Weltweit mehr als 1 Mill. verkaufte Exemplare

Martin Grabe
Lebenskunst Vergebung
Befreiender Umgang mit Verletzungen
Bestell-Nr. 330 534
ISBN 3-86122-534-4
176 Seiten, Paperback

Vergebung – richtig verstanden – kann eine ausgesprochen befreiende Wirkung auf unser Leben entfalten.

Wer von schweren Verletzungen betroffen ist, gerät leicht in einen Kreislauf hinein, wo ihm Grübeleien und negative Gedanken auf lange Sicht weit größeren Schaden zufügen als das eigentliche Unrecht. Dieses Buch möchte Wege zeigen, die es möglich machen, nicht nur den Schaden durch erlittenes Unrecht zu begrenzen, sondern dabei Wesentliches für seine Persönlichkeit zu gewinnen.

Das Wort „Vergebung" könnte während des Lesens einen völlig neuen Klang für Sie bekommen.